Antje Kosemund
Sperlingskinder

Antje Kosemund, geboren in Hamburg 1928, ist seit mehr als 20 Jahren im Landesvorstand Hamburg der Vereinigung der Verfolgten des Naziregimes – Bund der Antifaschistinnen und Antifaschisten e.V. (VVN) aktiv. Außerdem ist sie Mitglied im Stiftungsrat des Auschwitz Komitees und im Beirat der Hamburger Stiftung für NS-Verfolgte. Seit etwa 20 Jahren hält Antje Kosemund Vorträge in Fach- und Gesamtschulen, Gewerkschaften und anderen Organisationen und setzt sich für ein würdiges Erinnern an die Opfer der Euthanasie in der NS-Zeit ein.

Antje Kosemund
Sperlingskinder
Faschismus und Nachkrieg:
Vergessen ist die Verweigerung der Erinnerung!

VSA: Verlag Hamburg 2011

www.vsa-verlag.de

Fotonachweis:

S. 137: Foto Michael Meyborg, Archiv Ulla Suhling; S. 165: Ulla Suhling; S. 173: media wien; S. 177, 179: Michael Wunder

Zeichnung auf der Umschlag-Rückseite: Margaritha Wanitschek

Die übrigen in diesem Band abgedruckten Fotos stammen aus dem Privatbesitz der Autorin.

© VSA: Verlag 2011, St. Georgs Kirchhof 6, 20099 Hamburg
Alle Rechte vorbehalten
Druck und Buchbindearbeiten: Beltz Druckpartner GmbH & Co. KG, Hemsbach
ISBN 978-3-89965-494-3

Inhalt

Danksagung 8
Vorwort 9

Teil 1: 1932-1942

Kindheitsjahre in Hamburg 11
Umzug nach Wulfsmoor 38
Schule in Wulfsmoor 50
Wieder in Hamburg 67
Abschied von der Mutter 73

Teil 2: 1942-1958

Allein und ohne Mutter mit 13 Jahren 76
Wie der Krieg die Bevölkerung trifft 82
Kriegsende und Befreiung von Faschismus 95
Jugendlicher Protest 101
Die Schwestern und der Wunsch nach eigener Familie 108

Teil 3: 1959-2010

Wie ich ein politischer Mensch wurde 125
Ein widerständiger Mensch 132
Wie ich Irma wiedergefunden habe 139
Vier Generationen in meiner Zeit 147
Neue Herausforderungen ab 1987 151
1994: neue Spuren von Irma 153
Unterstützung beim Kampf um eine Gedenkstätte 166
Zum Abschluss noch dieses 178

Chronik der Sperlingskinder 180
Literaturhinweise 181

Für Sophie und Martin
und meine Schwester Ursula

Ihr aber lernet, wie man sieht, statt stiert.
Und handelt, statt zu reden noch und noch.
So was hätt einmal fast die Welt regiert.
Die Völker wurden seiner Herr, jedoch,
Dass keiner uns zu früh da triumphiert,
Der Schoß ist fruchtbar noch,
Aus dem das kroch.

aus: Bertolt Brecht,
»Der aufhaltsame Aufstieg des Arturo Ui«

Danksagung

Mein Dank gilt meiner Tochter Elisabeth, sie hat mich immer wieder ermuntert, mit dem Schreiben unserer Familiengeschichte zu beginnen. Bei dem Entstehen dieses Buches ist sie mir mit ihrer konstruktiven Kritik zur Seite gestanden und hat mich mit vielen wertvollen Anregungen über zwei Jahre dabei begleitet.

Meiner lieben Sophie danke ich für ihre Neugier und für manchen klugen Rat.

Ingrid und Willi Goesweiner haben sich die Mühe gemacht, die erste Fassung des Manuskripts zu lesen. Dank für ihre mutmachende Einschätzung.

Christiane und Georg haben die Arbeit mit nie nachlassendem Interesse verfolgt. Für ihre Freundschaft, für viele hilfreiche Gespräche und ständige Ermutigung habe ich zu danken.

Über Petra-Marinas freundliches Angebot, die professionelle Korrektur des Textes zu übernehmen, habe ich mich besonders gefreut. Für die wertvollen, detaillierten Anregungen und ihr großes Engagement, für die freundschaftliche Zuwendung danke ich ihr sehr.

Claudia und Kathrin, die beiden kompetenten Freundinnen, waren mir unverzichtbare Ansprechpartnerinnen. Sie waren stets zur Stelle, mir mit Rat und Tat zu helfen, wenn ich wieder einmal nicht wusste, wie es weitergehen sollte. Es ist auch ihnen zu verdanken, wenn meine Erinnerungen nun, da ich fast dreiundachtzig Jahre alt bin, veröffentlicht werden können.

Die alten Fotoaufnahmen wurden für den Druck bearbeitet und aufbereitet, dafür herzlichen Dank an Viktorya.

Ein ganz besonderes Geschenk machte mir Margaritha mit der Zeichnung auf der Rückseite des Buches, ihr gilt dafür mein besonders herzlicher Dank.

Antje Kosemund
Hamburg, Oktober 2011

Vorwort

Antje Kosemund wurde 1928 in Hamburg geboren und wuchs mit neun Geschwistern auf. Ihre Kindheit erinnert Antje – trotz Armut und ständigem Kranksein der Mutter – als ereignisreich und glücklich, voller Lieder und fröhlicher Stunden vor allem dank der besonderen Begabung ihrer Mutter. Antje war 13 Jahre alt, als ihre Mutter starb, und hatte zunächst allein für die jüngeren Geschwister zu sorgen. Wer Antje kennt, kann sich gut vorstellen, dass sich daraus eine sehr interessante Geschichte entwickelt hat, die jetzt ausführlich nachzulesen ist.

Antje Kosemund ist eine engagierte Mutter und Großmutter, war aktiv als Mitglied im Personalrat und im Amtsgruppenvorstand der Postgewerkschaft (Vertrauensfrau), ist Mitglied im Stiftungsrat des Auschwitz Komitees und im Beirat der Hamburger Stiftung für NS-Verfolgte. Seit etwa 20 Jahren hält Antje Kosemund anschauliche Vorträge als Zeitzeugin in Fach- und Gesamtschulen, Gewerkschaften und anderen Organisationen.

Kennengelernt haben wir Antje Kosemund am 8. März 2009 bei einer Veranstaltung zum Internationalen Frauentag in Hamburg. Wir kamen auf dem Nachhauseweg ins Gespräch zu ihren Plänen, ihre Familiengeschichte einmal wirklich aufzuschreiben und ein richtiges Buch daraus zu machen. Beim Umsteigen nach Mitternacht an den Landungsbrücken wurde dann verabredet, dass wir Antje bei diesem Projekt begleiten würden. Seither haben wir das gemeinsame Überlegen und Wägen und Tun als eine schöne und vor allem außergewöhnliche Aufgabe empfunden, für die wir Antje sehr dankbar sind. Wir schätzen und lieben Antje für ihr demokratisches Einstehen in vielen Bereichen und für ihre Offenheit und Neugier für gesellschaftskritische Bewegungen. In ihrer Wertschätzung für das linke Engagement junger Leute ist sie uns ein wichtiges Vorbild geworden.

Kathrin Hahn und Claudia Koltzenburg

Teil 1: 1932-1942

Kindheitsjahre in Hamburg

Wie ist es mit der Erinnerung der frühen Kinderjahre – sind es nur Bilder oder auch Stimmungen, sind es Erzählungen in der Familie, die sich zu Bildern wandeln? Seit einigen Jahren haben Freunde und meine Familie mich aufgefordert und ermahnt: »Schreib auf, was du uns erzählt hast.« Nun mache ich mich daran, meine Familiengeschichte zu erzählen.

Meine ersten, sehr deutlichen Erinnerungen gehen zurück zum November 1932, als das Unheil der Hitler-Diktatur Deutschland und die Welt unmittelbar bedrohte. Damals war ich vier Jahre alt. Manche Ereignisse wurden mir durch Gespräche mit den Schwestern wieder gegenwärtig.

Der Anlass, endlich mit dem Schreiben anzufangen, ist letztlich das Schicksal unserer Schwester Irma. Die Schwester, die fast vergessen war, sie wird im Mittelpunkt dieser Geschichte stehen, sie soll mit dieser Geschichte wieder ihren Platz in der Familie finden.

Wir lebten damals im Arbeiterwohnviertel Barmbek, in der Rönnhaidstraße 30 in der 2. Etage.

Mein Vater, Bruno Hans Julius Sperling, war Angestellter bei der Allgemeinen Ortskrankenkasse Hamburg. Meine Mutter, Anna Katharina Helene Pappermann, hatte im Kaufhaus »Hermann Tietz« (später Alsterhaus) eine Ausbildung machen können. Vor dem Ersten Weltkrieg war es für junge Mädchen durchaus nicht üblich gewesen, eine Lehre als Verkäuferin abzuschließen. Sie und ihre beiden älteren Schwestern, Louise und Käthe Pappermann, gehörten der Wandervogel-Bewegung an und gingen an den Wochenenden mit Jungens »auf Fahrt«. Die Mädchen trugen Reformkleider und weigerten sich, Korsetts anzulegen, was zu der Zeit als unschickliche Neuerung galt. Sie wurden von ihren Eltern unterstützt, die schon vor dem Ersten Weltkrieg Mitglieder der Sozialdemokratie waren.

Nach ihrer Heirat hat Mutti ihren Beruf nicht mehr ausgeübt. Es wäre auch gar nicht möglich gewesen, in rascher Folge vergrößerte sich die

1917, die Eltern als Brautpaar: Anna Katharina Helene Pappermann und Bruno Hans Julius Sperling

Familie. Zu der Zeit, in der meine Erinnerung einsetzt, waren wir schon neun Kinder.

Unsere Wohnung in Barmbek war typisch für die erste Hälfte des 20. Jahrhunderts, ein langer, dunkler Flur führte von den vorderen Stuben in die nach hinten liegenden Räume. Vor dem Wohnzimmer lag der Balkon, wenn sie eines der Kinder zum Einkaufen schickte, stand unsere Mutti oft dort oben und passte auf, dass dem Kind nichts geschehen konnte.

Vom Wohnzimmer führte eine große Flügeltür in das Kinderzimmer, wo wir Schwestern zu zweit in einem Bett schliefen. Das jeweils jüngste Kind hatte sein Kinderbettchen im Elternschlafzimmer, und dann war da noch das halbe Zimmer, das der ältesten Schwester gehörte.

Durch die Rönnhaidstraße fuhr eine Straßenbahn, hin und wieder war das laute Klingeln zu hören, wenn Passanten die Straße überquerten oder ein Brauereiwagen den Weg versperrte. Die Wagen, die riesige Bierfässer transportierten, wurden von mächtigen Pferden gezogen. Kräftige Männer, bekleidet mit einem Lederschurz, rollten die Fässer mit dem Bier in die Eckkneipe in unserer Straße.

Ganz selten fuhr ein Auto vorbei, wenn etwas transportiert werden musste, wurde die Schottsche Karre genommen und durch die Straße geschoben.

Zwischen unserem Wohnhaus und dem Nachbarhaus führte ein Torbogen zu den so genannten Terrassen. Die kleinen finsteren Wohnungen in den engen Hinterhäusern hatten keine eigenen Toiletten. Im Treppenhaus befand sich auf jeder Etage eine Außentoilette, die über eine steile Treppe erreicht wurde. Bei den Familien im Hinterhaus ging es noch ärmlicher zu als bei uns. Oft besaßen sie kaum die notwendigsten Möbel. Wenn sie umziehen mussten, genügte meistens eine Schottsche Karre, um die wenigen Habseligkeiten zu transportieren. Trotz Armut und Mangel war bei den einfachen Menschen vielfach gegenseitige Hilfe und Zusammenhalt zu finden.

Mit Beginn der Dämmerung trat der »Laternenanzünder« in Aktion, die Straßenlampen wurden mit Gas beleuchtet und mit einer langen Stange angezündet. Das war für mich als kleines Mädchen eine geheimnisvolle Begebenheit. Ich überlegte mir, wie das Licht aus dieser Stange wohl in die Lampe gelangen könnte.

Ein weiteres Geheimnis gab uns die Warnung der Mutter auf, die sagte, dass wir uns vor dem »Mitschnacker« hüten sollten, das sei ein ganz böser und gefährlicher Mann. Dieser Mitschnacker machte mir Angst, ich wusste ja nicht, wie er aussah, und stellte mir einen großen schwarzen Kerl mit bösen Augen vor. Mit einem Fremden durfte man also nicht sprechen, auch kein Geschenk von ihm annehmen, und am besten sollten wir gleich davonlaufen.

Von Zeit zu Zeit zogen Straßenmusikanten durch die Wohnviertel, die »Pankokenkapelle«. Meist waren es vier Musiker, sie trugen dunkle Kleidung und Melonen. Mit Trompete, Tenorhorn, Tuba und Posaune spielten sie ihre Lieder und Tänze auch gern in den Hinterhöfen. Bei den kleinen Kindern war ein Auftritt der Pankokenkapelle sehr beliebt, sie hielten sich an den Händen und tanzten vergnügt um die Musikanten herum.

Für die Mütter mag es eine willkommene Abwechslung bei ihrer Hausarbeit gewesen sein. Hatten die Musiker ihre Darbietung beendet, wickelten die Frauen Fünf- und Zehnpfennigstücke in Papier und warfen sie aus dem Fenster in den Hof oder auf den Gehweg, wo einer der Musiker das Geld einsammelte.

Nur wenige Familien konnten sich damals den Luxus leisten, ein Radio anzuschaffen. Somit erfüllten die Musiker auch eine soziale Funktion. Sie konnten ihre Familien ernähren und brachten gleichzeitig ein wenig Farbe in den zumeist tristen Alltag der Menschen in den Arbeiterwohnstraßen.

An die Verhaftung meines Vaters durch die Stapo (Staatspolizei) am 5. Mai 1933 erinnere ich mich sehr genau. Es war nachts, als wir Kinder durch fremde, laute Stimmen geweckt wurden. In unserem Kinderzimmer standen Männer, die uns unbekannt waren, einige von ihnen trugen Zivil, andere waren in Polizeiuniform. Wir Kinder wurden aus den Betten geholt, Schränke wurden entleert, die Matratzen aus den Betten gerissen. Es war eine Stimmung voller Angst und Schrecken. Der Vater wurde abgeführt, und ich weiß noch, dass Mutti auf dem Balkon stand und dem Auto, welches meinen Vater mitnahm, weinend nachschaute.

Viel später erst erfuhr ich den Grund der Verhaftung. Vater war Mitglied im »Antifaschistischen Kampfbund« in Barmbek-Süd, der schon während der Weimarer Republik gegen den aufkommenden Faschismus kämpfte. Ihm gehörten Mitglieder der SPD, der KPD und der Gewerkschaften an. Ich kann mich, damals ein kleines Ding von viereinhalb Jahren, an diese bedrohliche Situation sehr gut erinnern. Als mein Vater mit den fremden Männern die Wohnung verlassen musste, waren die älteren Schwestern ganz aufgeregt und verstört, versuchten unsere Mutter zu trösten.

Vater hatte noch Glück. Einer der Kripobeamten, ein alter Sozialdemokrat, hatte das gefunden, wonach die Gestapo suchte, nämlich verbotene Bücher, Flugblätter und die Mitgliedsliste des Antifaschistischen Kampfbundes. Das alles war in einem Spielemagazin versteckt, das im kleinen Zimmer auf einem Eckbord lag. Der Kripobeamte lenkte die Stapo ab und sagte zu einem dazukommenden Nazi: »Hier ist alles sauber«, um dann in einem günstigen Moment unserer Mutter zuzuflüstern, »alles vernichten!«

In der kurzen Zeit seit der Machtübergabe an die Nazis waren zu unserem Glück noch nicht alle politisch »unzuverlässigen« Beamten entlassen und gegen nazitreue Leute ausgetauscht worden. Mein Vater wäre wahrscheinlich nie wieder zurückgekommen, wenn die Stapo diese Sachen gefunden hätte. Er wurde in das Stadthaus gebracht, wo die Stapo mit dem »Kommando zur besonderen Verwendung« an der Stadthausbrücke ihren Sitz hatte. Bald darauf wurde die Staatspolizei (Stapo) umbenannt und hieß nun »Geheime Staatspolizei« (Gestapo). Dort im Stadthaus wurden die politischen Häftlinge von Polizisten und Schlägern der SA verhört und misshandelt.

Die Gegend um die Stadthausbrücke war damals ein Wohngebiet mit engen Straßen. Bei den Verhören der festgenommenen politischen Nazigegner ist es immer wieder zu furchtbaren brutalen Übergriffen und Folterungen gekommen.

Die Anwohner der umliegenden Wohnhäuser fühlten sich häufig, besonders nachts, durch die Schmerzensschreie der geschlagenen Menschen gestört. Das berichteten überlebende so genannte Schutzhäftlinge nach ihrer Befreiung aus den Konzentrationslagern und Gefängnissen. Von Widerstandskämpfern, die nach Haft und KZ zurückkehrten, wissen wir, dass die Häftlinge erleichtert waren, wenn sie aus der Gestapohaft in das Untersuchungsgefängnis überführt wurden. Dort waren sie erst einmal vor den Misshandlungen der Gestapo und der SA sicher. Sie wurden endlich ärztlich versorgt, denn auch im Untersuchungsgefängnis waren zu der Zeit noch die Beamten im Dienst, die schon während der Weimarer Republik angestellt worden waren.

Dort, wo damals die Gestapo gewütet hat, befindet sich derzeit noch die Behörde für Stadtentwicklung und Umwelt. Im Eingangsbereich ist eine Gedenktafel angebracht, die auf die Nutzung des Hauses während der Nazidiktatur hinweist.

Wie es damals üblich war, wurde der Kinderwagen von einem Kind an das nächste weitergegeben, es war ein Ungetüm mit Riesenrädern, in dem auch zwei der Kleinen Platz fanden. Nachdem die Polizei unsere Wohnung verlassen hatte, haben die beiden ältesten Schwestern die gefährlichen Bücher und die Flugblätter in dem Kinderwagen versteckt und verschwanden damit aus dem Haus.

Nach dem Ende der Nazizeit erfuhren wir, wie Gesa und Ursel, die beiden ältesten Schwestern, die Schriften entsorgt haben. Sie dachten sich einen Streich aus und haben die Bücher in die Briefkästen von Nazianhängern gesteckt, dann ging es weiter zum Eilbekkanal, um die Flugblätter loszuwerden.

Selbst zwölf Jahre später war ihnen die Panik anzumerken, als sie davon erzählten, wie die Flugblätter, nachdem sie im Kanal gelandet waren, noch eine Weile auf dem Wasser schwammen, bevor sie endlich untergingen.

Was wäre wohl geschehen, wenn jemand die Vernichtung der antifaschistischen Flugblätter beobachtet und an die Polizei gemeldet hätte? Es ist wahrscheinlich, dass Vater nicht wieder entlassen worden wäre und man ihn in »Schutzhaft« ins KZ verbracht hätte.

So aber kam Vater, nach schweren Misshandlungen und Verhören, am 21. Mai wieder nach Hause. Sein Rücken war schwarz geschlagen, und bei den Verhören hatte er einige Zähne verloren.

Unsere Mutter hatte währenddessen in großer Angst und Sorge auf ihren Mann und den Vater der Kinder gewartet. Während der Haftzeit wurde Vater, als Angestellter der AOK (Allgemeine Orts-Krankenkasse) im Zuge des »Gesetzes zur Wiederherstellung des Berufsbeamtentums« entlassen. Für die Familie mit mittlerweile neun Kindern war Vaters Entlassung eine richtige Katastrophe. Tatsächlich bedeutete es für Vater ein Berufsverbot.

Ich erinnere mich daran, dass wir Kinder oft Hunger hatten, weil einfach kein Geld da war, um genügend Lebensmittel zu kaufen.

Trotz aller schlimmen Ereignisse, die wir Kinder in diesen Wochen mehr oder weniger bewusst miterlebten, hatten wir auch in diesem Sommer 1933 schöne Tage. Ob wir sie noch sozialen Projekten der Weimarer Republik verdankten, kann ich nicht sagen. Jedenfalls fuhren wir, Gertrud, Käte und ich, in den Sommerferien morgens mit der U-Bahn nach St. Pauli an die Landungsbrücken. Dort lag eine Fähre für uns bereit, die uns zu Ferienkolonien brachte, wo wir tagsüber in frischer Luft und in der Sonne spielten. Bei der Abfahrt der Fähre spielte eine Blaskapelle die Hamburg-Hymne »Stadt Hamburg an der Elbe Auen«. Wir sangen voller Begeisterung mit. Wo es im Text heißt: »Heil über dir, Heil über dir, Hammonia«, sangen wir aber: »Heil über dir, Knackwurst im Papier« und freuten uns diebisch, wenn die erwachsenen Begleiter uns ermahnten, diese Alberei zu unterlassen.

Wie meine Schwester Käte mir erzählte, war die Einrichtung der Ferienkolonie ein Relikt des SPD-Senats aus der Zeit der Weimarer Republik. Zu Beginn der Nazidiktatur konnten die Ferienkolonien wohl zunächst weiter bestehen.

Ich gehörte zu den Vorschulkindern, die den Tag am Köhlbrand verbrachten. Wir nahmen draußen an langen Tischen das Mittagessen ein und hatten anschließend eine Stunde Mittagsruhe, für die in einer offenen Halle Liegen bereit standen. Wir plantschten im Elbwasser, spielten im Sand und tobten herum, und abends ging es wieder nach Hause. Gertrud und Käte hatten ihren Ferienplatz am Strand in Moorwerder, wo sich eine Kolonie für Schulkinder befand. Für uns waren die Ferientage an der Elbe ein großartiges Abenteuer, das uns noch lange beschäftigte.

Wenn gerade einmal etwas Geld im Haus war, ist Vater bisweilen sonntags früh zum Fischmarkt nach Altona gegangen. Dann brachte er einen Eimer voll grüner Heringe mit, die damals noch ganz billig waren. Die Fische wurden ausgenommen, geschuppt und gebraten. Das gab für uns ein richtiges Festessen ab, die übrig gebliebenen Bratheringe wurden in einen Sud mit Essig und Zwiebeln eingelegt, in Norddeutschland bekannt als Delikatesse. Zusammen mit Pellkartoffeln hatte die Familie eine wunderbare Mahlzeit auf dem Tisch.

Der Altonaer Fischmarkt hatte in früheren Zeiten andere Funktionen als in jetzigen Tagen. Viele Elbfischer verkauften ihren Fang direkt vom Kutter aus, sie riefen dann »lebennige Schulln« oder andere Sprüche, um die Leute zum Kaufen anzulocken.

Früh am Sonntagmorgen, um fünf Uhr, kamen die ersten Käufer, und das Leben und Treiben in der alten Fischmarkthalle und auf dem Marktgelände begann. Aus den Vierlanden, dem Alten Land und aus Holstein boten die Bauern ihre Erzeugnisse an: Obst, Gemüse und Eier, das alles war garantiert frisch. Für uns Kinder war es besonders interessant, die vielen lebenden Tiere zu sehen. Da gab es Hühner, Küken, Kaninchen, Tauben und weiße Mäuse, aber auch größere Tiere, zum Beispiel Ferkel und Ziegen, sind dort verkauft worden.

Es war zwar üblich, dass angeheiterte Leute nach einem Reeperbahnbesuch über den Fischmarkt bummelten, aber die Marktschreier von heute gab es damals nicht. Früher war der sonntägliche Fischmarkt nur den eigenen Erzeugnissen der Fischer und Bauern vorbehalten. Pünktlich um zehn Uhr ertönte eine Glocke, damit musste der Verkauf sofort beendet werden. Ein Besuch auf dem Hamburger Fischmarkt, der heute wie damals nur sonntags stattfindet, war für die Kinder immer ein besonderes Erlebnis.

Bei diesen Ausflügen, an denen die Kinder aber nur selten dabei sein konnten, blieb unsere Mutter, wenn ich es recht erinnere, immer zu Hause. Wahrscheinlich wird sie sich derweilen um die Kleinen und um das Baby gekümmert haben.

Die älteste Schwester Gesa, 1919 geboren, lebte später bei den Großeltern Pappermann. Sie war auch das einzige der Geschwister, das ein Gymnasium besuchen konnte. Gesa ging auf die Lichtwark-Schule, eine Reformschule, die an begabte Kinder, deren Eltern den Besuch eines Gymnasiums nicht finanzieren konnten, Stipendien vergab, denn der Besuch eines Gymnasiums war damals im Gegensatz zur Volksschule kostenpflichtig.

Die Lichtwarkschule wurde 1914 mit dem Anspruch gegründet, als reformpädagogisches Schulinstitut den Schülerinnen und Schülern die Möglichkeit zu bieten, verantwortlich und selbstbestimmt an der demokratischen Ausrichtung des gesellschaftlichen Lebens teilzunehmen. Ihren Namen bekam die Schule von einem der Begründer der Museumspädagogik und der Kunsterziehungsbewegung, Alfred Lichtwark. Er war der erste Direktor der Hamburger Kunsthalle. Die Lichtwarkschule, damals die einzige Reformschule in Hamburg, war bestrebt, die Kultur und das

Prinzip der Gemeinschaft in den Mittelpunkt der Erziehung zu stellen. Auch der Sportunterricht und das gemeinsame Lernen von Mädchen und Jungen stellten in dieser Schule etwas völlig Neues dar.

Nach der Machtübergabe an das Hitlerregime wurde die Lichtwark-Schule im Jahre 1933 »gleichgeschaltet«. Damit wurde der Lehrplan im Sinne der neuen Ideologie angepasst. Die meisten Mitglieder des Lehrerkollegiums wurden 1934 im Zuge des NS-Gesetzes »Zur Wiederherstellung des Berufsbeamtentums« aus dem Schuldienst entlassen oder an andere Schulen versetzt.

So wurde auch bei den Arbeiter- und anderen Sportvereinen verfahren. Organisationen wie Gewerkschaften, Jugendorganisationen oder Vereine der Arbeiterhilfe wurden aufgelöst oder ebenfalls von den Organisationen der NSDAP übernommen. Lehrende, die der NSDAP nicht beitreten wollten oder als politisch unzuverlässig galten, wurden entlassen.

Erna Stahl, eine Lehrerin der Lichtwark-Schule, hat später in ihrer Wohnung mit einigen ihrer ehemaligen Schülerinnen und Schüler Leseabende mit den Büchern verbotener Autoren organisiert und mit ihnen darüber diskutiert. Später hatte sie Kontakte zur Widerstandsgruppe »Weiße Rose Hamburg«. So ist es nicht zu verwundern, dass fünf ihrer ehemaligen Schülerinnen und Schüler als Widerstandskämpfer hingerichtet worden sind. Aber das ist eine eigene Geschichte.

In der großen Familie, mit den vielen kleinen Kindern und in den beengten Räumlichkeiten, war es für Gesa kaum möglich, ihre Hausaufgaben für die Schule zu erledigen, und so fand sie bei den Großeltern Pappermann liebevolle Aufnahme. Das war schließlich auch die Ursache für die zeitweilige Entfremdung von den jüngeren Geschwistern, denn wenn Gesa hin und wieder die Familie besuchte, waren die drei älteren Schwestern meistens unter sich. Der Altersunterschied von neun Jahren ließ eine Vertrautheit nicht recht zu.

Gesa hat nach dem Schulabschluss einige Jahre in einer Im- und Exportfirma, die ihren Sitz im Chilehaus hatte, als Sekretärin gearbeitet.

Eigentlich habe ich meine älteste Schwester erst kennengelernt, als ich erwachsen geworden war. Das war einige Zeit nach der Befreiung von Krieg und Faschismus, als wir eine entstandene Entfremdung erst einmal überwinden mussten. Wir Schwestern waren ja während des Krieges alle an verschiedenen Orten »kriegsdienstverpflichtet«. Tatsächlich hatten einige der Geschwister sich seit Jahren nicht gesehen. Während des Zweiten Weltkriegs ist Gesa als Nachrichtenhelferin der Deutschen Wehrmacht kriegsdienstverpflichtet gewesen. Soviel ich weiß, war sie in dieser Zeit auch in Holland und Dänemark stationiert.

Gesa war übrigens eine der wenigen Nachrichtenhelferinnen im Offiziersrang. Welche Aufgaben sie in dieser Funktion hatte, weiß ich nicht. Im letzten Kriegsjahr erwartete Gesa ihr erstes Kind, und weil ihre Wohnung während der Luftangriffe im Juli 1943 zerstört worden war, fand sie Aufnahme in einem Mütterheim und brachte dort ihre Tochter Elke auf die Welt. Gesa musste schließlich mit dem Baby eine Wohnung in Fuhlsbüttel mit anderen Mitbewohnern teilen.

Zu meiner Kindheit gehört auch Großmutti Sperling, Vaters Mutter, die ich als eine unglaublich liebevolle, warmherzige Frau in Erinnerung habe. Wenn sie von Erlebnissen aus ihrer Kindheit und Jugendzeit in Stralsund erzählte, haben wir viel mit ihr gelacht.

An eine Begegnung mit Großvater Sperling erinnere ich mich nur bei einem Anlass. Er saß in unserer Küche auf einem Stuhl. Ich bin mir sicher, ich habe ihn nur einmal gesehen. Er hatte einen schwarzen Vollbart und ganz dunkle Augen, und ich fürchtete mich sehr vor ihm. Damals muss ich noch sehr klein gewesen sein. Großvater Sperling war Polizeibeamter und Leiter eines Polizeirevieres in Hamburg-St. Georg. Er hatte, so wurde gesagt, Probleme mit Alkohol, wurde frühzeitig in Pension geschickt und ist bald darauf gestorben.

Die Großeltern Sperling hatten in St. Georg eine große Wohnung, in der sie einige Zimmer an Pensionsgäste vermieteten. Oft waren es Artisten, die am nahen Hansatheater engagiert waren. Großmutter erzählte aus dieser Zeit manchmal witzige und skurrile Geschichten. Einmal zum Beispiel hat sie morgens im Badezimmer ein Krokodil in der Badewanne vorgefunden, das von einem ihrer Gäste dort deponiert worden war und sie erst einmal in Angst und Schrecken versetzt hat.

Ein anderer Gast, Florian Fanninger, der aus Salzburg stammte, arbeitete im »Hippodrom«. Das war eine viel besuchte Lokalität in der Großen Freiheit, auf St. Pauli. Dort gab es eine Manege, in der angeheiterte Leute zum Gaudi der anderen Gäste versuchten, sich auf dem Rücken der armen Pferde zu halten. Florian Fanninger war Pferdepfleger oder so etwas Ähnliches.

Jedenfalls verliebte sich Vaters jüngste Schwester Lilly in Florian, und die zwei haben geheiratet und ein langes und gutes Leben miteinander gehabt. Den Onkel Florian habe ich sehr gern gehabt.

Nach dem Krieg sind die Fanningers nach Salzburg, in Florians Heimatstadt in Österreich, verzogen. Dort habe ich Lillusch, wie ich Tante Lilly später nannte, immer wieder einmal besucht. Als es mir endlich möglich war zu reisen, war Onkel Florian leider schon gestorben.

Nach einer Reihe von Jahren besuchte ich Lillusch wieder einmal in Salzburg. Sie öffnete mir die Tür, und ich glaubte im ersten Moment, meine Großmutter Sperling vor mir zu sehen. Tante Lilli war im Alter ihrer Mutter so unglaublich ähnlich geworden. Sogar die Stimme und ihre Art, sich zu bewegen, erinnerten auf eine erstaunliche und merkwürdige Weise an Großmutti Sperling. Ich fühlte mich fast in meine Kinderzeit, in eine lange vergangene Zeit zurückversetzt.

Zu unserer Kindheit gehörte eine Person ... – kein anderes Kind weit und breit konnte über dergleichen berichten. Wir hatten eine »Muhme«, das war eine Bezeichnung aus dem vergangenen Jahrhundert, unsere Muhme Anna. Sie war unsere Großtante, die Schwester von Großvater Pappermann. Muhme Anna war Lehrerin, ihr Verlobter war im Ersten Weltkrieg »gefallen« für Kaiser, Vaterland und Ehre. So wurde und wird noch heute der Tod eines Menschen benannt, der in den Krieg geschickt und getötet wurde. Muhme Anna jedenfalls ist nie eine neue Verbindung eingegangen, sie sah ihre Lebensaufgabe in der Bildung und Ausbildung junger Menschen.

Die Muhme war eine eindrucksvolle Persönlichkeit, dabei von zierlicher Statur, ihre Kleidung war stets in dunklen Farbtönen gehalten. Gab es in den Familien der Pappermann-Töchter Schwierigkeiten, oder eines der Kinder verhielt sich nicht gut, dann wurde Muhme Anna gerufen, die oft eine Lösung für aufgetretene Konflikte fand. In der Familie galt sie als eine Art moralischer Instanz, deren Rat meist befolgt wurde. Sie bewohnte eine schöne Wohnung in Eppendorf, dorthin lud sie einmal monatlich die Großeltern und die Pappermanntöchter und ihre Ehemänner ein.

Desgleichen wurde einmal im Monat, an einem Donnerstagnachmittag, ein Kindertag veranstaltet, dann wurden die Kinder der Pappermannschwestern von Muhme Anna eingeladen. Weil es in den Familien mittlerweile fünfzehn Kinder gab, konnten immer nur einige der Kinder kommen, sodass man nicht allzu oft dabei sein durfte.

Mutti ermahnte uns vor einem Kindertag bei der Muhme stets, uns gut zu betragen, nicht vorlaut zu sein und bei der Begrüßung den Knicks nicht zu vergessen. So blieb ein Besuch bei Muhme Anna immer etwas ganz Besonderes, zumal ihre Wohnung mit sehr schönen Möbeln eingerichtet war. Im Wohnzimmer stand in einer Ecke ein großer Spiegel, darunter lag ein weißes Schaffell, auf dem man herrlich liegen konnte.

Wir wurden mit Kuchen und Kakao bewirtet, auch das war für uns etwas ganz Besonderes, ein Genuss, der uns nur selten geboten wurde.

Aus ihrer schönen Kommode, die für mich immer etwas Geheimnisvolles hatte, durften wir uns dann ein Buch oder ein Spielzeug nehmen, mit dem behutsam umgegangen werden musste. Mich faszinierte besonders ein Kaleidoskop: Man hielt es gegen das Licht und wenn es bewegt wurde, entstanden immer neue, bunte Figuren und Formen. Nachdem wir aus Hamburg fortgezogen waren, während der fünf Jahre auf dem Lande, habe ich Muhme Anna nur selten gesehen.

Weihnachten 1933, das war sicher für die Eltern eine böse Zeit!

Wir waren gewiss keine verwöhnten Kinder, eher zur Bescheidenheit angehalten, und konnten uns über kleine Geschenke unglaublich freuen.

Das Weihnachtsfest begann traurig, Mutti hatte uns darauf vorbereitet, dass wir keinen Tannenbaum und auch keine Geschenke bekommen würden. Wir saßen also im Kinderzimmer beieinander. Auf dem Tisch, an dem wir gewöhnlich unsere Hausaufgaben für die Schule machten, lagen Tannenzweige mit Lametta geschmückt. Einige brennende Kerzen zauberten jedoch eine feierliche Stimmung.

Wir sangen unsere schönen, alten Weihnachtslieder, als an der Wohnungstür geläutet wurde. Vater ging und schaute nach, wer uns am Weihnachtsabend wohl besuchen wollte. Im Flur war Gepolter, Geflüster und eine geheimnisvolle Unruhe zu hören, und auch im Wohnzimmer wurde umher rumort. Nach einer Weile ertönte das Klingeln einer Glocke, die Flügeltür zum Wohnzimmer öffnete sich, und ein geschmückter Weihnachtsbaum leuchtete uns entgegen.

Dieser Abend war voller wunderbarer Überraschungen!

Nachdem alle Kinder unter dem Tannenbaum ein Weihnachtsgedicht aufgesagt hatten, sangen wir, wie es Familientradition war, alle zusammen »Oh Tannenbaum, wie grün sind deine Blätter«, dann begann die Bescherung! Für jedes Kind gab es einen Teller mit Nüssen, Äpfeln und einer Apfelsine (die gab es sowieso nur zum Weihnachtsfest), auf dem bunten Teller lag auch etwas Marzipan und Schokolade, Leckereien, die zum Weihnachtsfest einfach dazugehörten.

Alle Geschwister bekamen ein Geschenk, für die Kleinen war es ein Spielzeug, die großen Schwestern wurden mit einem Buch bedacht. Auch etwas Nützliches war dabei, etwa ein Paar Strümpfe oder ein warmer Schal. Auch mit Schulheften oder Taschentüchern wurden wir beschenkt. In einer Ecke des Wohnzimmers stand ein richtiges Kasperle-Theater mit einem Vorhang und den schönsten Kasperlefiguren, die man sich vorstellen konnte.

Die drei ältesten Schwestern sind gleich daran gegangen, ein Stück aufzuführen, mit Hans und Grete und der Großmutter, mit Polizist, Teufel, dem gefährlichen Krokodil und allen anderen Kasperlepuppen, die zu einer Geschichte gehörten. Wir, die Kleinen, waren hell begeistert und konnten gar nicht genug von Kasper und seinen Geschichten bekommen. Wobei der Kasper mit seinen Späßen natürlich die Hauptperson war.

Traurigkeit und Enttäuschung waren nun vergessen. Später wurde uns erzählt, dass die Großeltern Pappermann, Muttis Schwestern, Tante Käte und Tante Lissy mit ihren Familien – sie gehörten alle dem linken Flügel der SPD an – gemeinsam mit Genossen des antifaschistischen Widerstandes diese wunderbare, großartige Aktion geplant und durchgeführt hatten.

Wenn man bedenkt, wie ärmlich und bescheiden sich das Leben der einfachen Menschen in der Zeit gestaltete, ist dieses Zeichen der Solidarität umso höher einzuschätzen. Ich habe diesen Abend, den ich als Fünfjährige erlebte, als kostbare Erinnerung meiner Kinderzeit bewahrt. Ich weiß noch, Tante Käte schenkte mir ein Taschentuch, das sie sehr hübsch umhäkelt hatte. Darin eingehüllt war ein winzig kleines Fläschchen »Kölnisch Wasser«, und auch daran erinnere ich mich, wie sehr ich mich über dieses Geschenk gefreut habe.

Um uns mit der notwendigsten Nahrung zu versorgen, begann Vater dann in der Wohnung mit einem kleinen Seifenhandel. Es kamen die Genossen oder ihre Frauen zu uns und kauften Persil, Sil und Kernseife. Die großen Schwestern gingen mit Seifenartikeln zu vertrauenswürdigen Familien und lieferten dort Seifenartikel aus.

So konnten ganz kleine Gewinne durch das solidarische Verhalten der Nazigegner erzielt werden. Andere Genossen, die sich in einer ähnlichen Situation befanden, handelten mit Kaffee und Tee, mit Garn, Nähnadeln und anderen Kleinigkeiten des täglichen Bedarfs, um ihren Familien das Allernötigste beschaffen zu können.

Meine Schwester Ursel, Jahrgang 1920, war acht Jahre älter als ich, sie war unserer Mutter eine stets große Hilfe bei der Versorgung der kleinen Geschwister. Eines Tages brachte sie meine Schwester Käte und mich morgens zum Kindergarten in die Bachstraße. Es muss im Sommer 1934 gewesen sein, meine Schwester und ich waren zwei kleine Steppkes, sieben und fünf Jahre alt.

»Am Alten Schützenhof«, auf der anderen Straßenseite, kamen uns zwei Männer in SA-Uniform entgegen. Mit unseren piepsigen Stimmen krähten wir »Nazi verrecke, scheiß in die Ecke, Hitler das Schwein, tritt da hinein!« Wo oder wann wir diese Worte gehört hatten und ob wir wussten, was sie bedeuteten, ich weiß es nicht mehr.

Jedenfalls nahm Ursel uns an die Hand und wir rannten ins nächste Haus, dann über den Hinterhof, und machten uns davon, weil die SA-Männer uns ja auf keinen Fall erwischen durften. Es wäre uns, und vor allem den Eltern, übel ergangen.

Später wurden wir tüchtig ausgeschimpft, weil wir so schmutzige Worte gesagt hatten, unsere Eltern achteten sehr auf unsere Sprache, und »schlechte Worte« waren bei uns tabu. Wir wussten auch, ohne dass es uns ausdrücklich gesagt worden war, dass nichts, was in der Familie gesprochen wurde, nach draußen erzählt werden durfte.

Auch wenn die Erwachsenen in Gegenwart der Kinder vorsichtig waren, bekamen wir doch mit, wenn es im Familien- oder Freundeskreis Verhaftungen gab. Oder wir hörten, dass Onkel Karl, von dem noch die Rede sein wird, gesucht wurde und irgendwie verschwunden war. Wenn wir auch nicht verstanden, worum es tatsächlich ging, wir Kinder spürten, es war gefährlich, über bestimmte Dinge zu reden.

Viele Jahre später haben wir erfahren, dass unsere Großeltern und die Schwestern meiner Mutter und ihre Familien dem antifaschistischen Widerstand angehörten. Ständig bestand die Gefahr, denunziert zu werden. Bei Gesprächen mit Nachbarn oder Arbeitskollegen musste man darauf achten, wem zu trauen war. Eine unbedachte Äußerung konnte lebensgefährlich sein. Auch das Singen von Liedern der Arbeiterbewegung, die Kritik am Regime, die Äußerung demokratischer Gedanken waren verboten und gefährlich.

Nach 1933 konnten die verbotenen Lieder nur leise und heimlich gesungen werden, weil deren Texte der Nazi-Führung gefährlich erschienen. Sie besangen die Freiheit und die Ideale der Arbeiterbewegung und des Humanismus.

Ein Lied ist mir in all den Jahren in der Erinnerung geblieben:

Die Gedanken sind frei, wer kann sie erraten?
Sie fliehen vorbei wie nächtliche Schatten.
Kein Mensch kann sie wissen, kein Jäger sie schießen,
Es bleibet dabei: die Gedanken sind frei!

Ich denke was ich will und was mich beglücket,
Doch alles in der Still und wie es sich schicket.
Mein Wunsch und Begehren kann niemand verwehren.
Es bleibet dabei: Die Gedanken sind frei.

Und sperrt man mich ein im finsteren Kerker,
das alles sind rein vergebliche Werke;
Denn meine Gedanken zerreißen die Schranken
Und Mauern entzwei: Die Gedanken sind frei.

Jetzt will ich auf immer den Sorgen entsagen
Und will mich auch nimmer mit Grillen mehr plagen.
Man kann ja im Herzen stets lachen und scherzen
Und denken dabei: Die Gedanken sind frei.

Ich liebe den Wein, mein Mädchen vor allen,
Die tut mir allein am besten gefallen.
Ich bin nicht alleine bei meinem Glas Weine,
Mein Mädchen dabei: Die Gedanken sind frei.

Die erste Textfassung ist datiert von 1805, eine etwas veränderte Fassung wurde in der Revolution 1848 gesungen, sie hat sich bis heute erhalten. Nach der Befreiung, zwölf Jahre später, konnte ich noch alle Strophen auswendig singen. Ich bin der Meinung, diese Texte wie auch andere Lieder des Widerstands sind wieder ganz aktuell, wir singen sie heute noch manches Mal.

Die Bücher vieler Autoren und die Musik jüdischer Komponisten waren von einem strengen Verbot betroffen. So ist einer ganzen Schülergeneration ein wichtiger, wertvoller Teil der Weltliteratur und der Musik verschlossen geblieben.

Mir ist eine Geschichte sehr lebendig im Gedächtnis geblieben. Es war im August 1939, etwa zehn Tage vor dem Überfall auf Polen muss es gewesen sein. Ich durfte in den Schulferien einige Tage bei den Großeltern verbringen, die eine große Wohnung in der Banksstraße bewohnten. Ganz allein durfte ich mit der Eisenbahn von Wrist zum Hamburger Hauptbahnhof fahren.

Zu den Großeltern war es dann nicht mehr weit zu gehen. Wenn man in die Wohnung kam, betrat man einen viereckigen großen, hellen Korridor, durch ein Fenster schaute man in den Innenhof. Im hinteren Teil der Wohnung waren zwei Zimmer an eine ältere Dame vermietet. Neben den Wohn- und Schlafräumen der Großeltern und der Wohnküche gab es eine kleine Kammer, dort auf einem Sofa sollte ich nun schlafen.

Eines Tages läutete es an der Tür, ich war ein neugieriges Mädchen, und so lief ich mit Großmutter zur Wohnungstür. Ein Mann in brauner

Uniform, wahrscheinlich der Blockwart, stand draußen vor der Wohnungstür und grüßte mit »Heil Hitler!« Mit gespielt unschuldigem Augenaufschlag schaute meine kleine, rundliche Großmutter zu ihm auf. In einem naiv spöttischem Tonfall meinte sie: »Ist der denn immer noch nicht geheilt?«

Es ist kaum möglich, heute noch verständlich zu machen, wie gefährlich derartige Äußerungen gewesen sind. Die Szene mit meiner Großmutter muss mich so sehr beeindruckt haben, dass sie mir im Gedächtnis geblieben ist und ich mich an die Situation und an die Worte genau erinnern kann.

Weshalb der Mann die Großmutter nicht denunziert hat, weiß ich natürlich nicht, möglicherweise waren sie früher einmal gute Nachbarn gewesen? Denn die Großeltern sind in ihrer Nachbarschaft beliebt und angesehen gewesen.

Eine Tatsache ist jedoch bemerkenswert: Der Parteimensch hatte schon im August 1939 den alten Leuten die Lebensmittelkarten ins Haus gebracht, die erst mit dem Beginn des Krieges gültig wurden.

Unsere Familie wohnte in den dreißiger Jahren noch im Arbeiterstadtteil Barmbek. In der Zeit vor der Machtübergabe an die Nazipartei war es immer wieder zu Straßenkämpfen zwischen Mitgliedern der beiden Arbeiterparteien SPD und KPD und den Anhängern der Nazi-Organisationen gekommen. Die Anhänger der SPD und KPD schlugen sich hauptsächlich in ihrem antifaschistischen Kampf mit den uniformierten Trupps der SA, die versuchten, die Versammlungen der Arbeiterparteien zu stören.

Vater war im Ersten Weltkrieg als Sanitäter ausgebildet worden, er hatte nie auf »Feinde« geschossen. Selbstverständlich hat er auch die Verwundeten dieser Straßenkämpfe versorgt. Bei den beengten Räumlichkeiten haben die Schwestern es natürlich mitbekommen, wenn Vater mit seinem Verbandskoffer die Wohnung verließ und in der Nacht, manchmal mit Blut befleckt, wieder heimkam.

Wie es damals üblich war, gab es in unserer Wohnung kein Bad. Die einzige Wasserstelle war ein »Handstein« in der Küche, mit einem Wasserhahn über dem so genannten Ausguss.

Mir ist es heute noch »schleierhaft«, wie Mutti sagen würde, dass sie es trotzdem schaffte, uns sauber zu halten und ihre große Kinderschar mit sauberen Kleidern in die Schule und in den Kindergarten zu schicken.

Wie man sich vorstellen kann, konnten sich diejenigen, welche als »kleine Leute« bezeichnet wurden, weder eine Waschmaschine noch einen Kühlschrank leisten. Ein Telefon oder der Luxus einer Urlaubsreise waren für die Arbeiter und die kleinen Angestellten unvorstellbar.

Wir Kinder wurden schon in relativ jungen Jahren mit bestimmten Aufgaben betraut, die wir ganz selbstverständlich übernommen haben, und die uns sogar (nicht immer) Freude bereiteten.

Mutti war trotz ständiger Krankheit und immer mit einem Baby an der Brust eine lebensbejahende Frau, die nie klagte. Sie sang mit uns Kleinen die Kinderlieder und brachte uns die Fingerspiele mit den alten Reimen bei. Mit ihrer schönen Sopranstimme sang sie uns die Arien der italienischen Opern vor. So hörten wir von Mutti die Melodien von Verdi, Puccini und aus anderen Opern, auch Schubert hatte sie in ihrem Repertoire. Ich erinnere mich noch sehr lebhaft an ein Lied aus der Oper »Martha« von Flotow, »Ach wie so lieb, ach wie so traut, hat mein Auge sie erschaut.«

Mit großem Vergnügen haben wir manchmal auch die Küchenlieder gesungen, die mit dramatischer Gestik und Mimik begleitet wurden, wobei wir uns köstlich amüsierten. Das waren Lieder, deren Texte Liebestragödien oder dergleichen besangen, Balladen, die gerne vom »Küchenpersonal« gesungen wurde.

Damals besaß man auch kein Radio, und so wurde oft bei der Hausarbeit gesungen, oder es wurden Geschichten erzählt. Die Lieder der Wandervogelbewegung waren uns früh vertraut, wie auch die Lieder der Arbeiterbewegung, die in der ganzen Pappermann-Familie gesungen wurden.

Wir haben trotz Armut sehr viel Gutes und Schönes von den Eltern und der weiteren Familie mitbekommen. Wenn ich es recht bedenke, ist damals mein Interesse für Literatur und Musik geweckt worden, es hat mich mein ganzes Leben lang begleitet, und ich glaube, einiges davon haben wir an die nächste Generation weitergegeben.

Für uns, die kleinen Schwestern, war es allerdings nicht schön, dass wir immer die Kleider und auch die Schuhe der Großen auftragen mussten. Manchmal bekamen wir Kleidung und Schuhe von unseren Cousinen geschenkt.

Einmal waren es wunderschöne, rote Spangenschuhe, die ich anziehen durfte, auf die ich sehr stolz war, die mir aber wohl nicht so recht passten. Als wir nämlich eines Tages von einem Ausflug in den Stadtpark heimkehrten, hatte ich große Blasen an beiden Füßen, was ziemlich schmerzhaft war. Ich habe noch heute Mitleid mit dem kleinen Mädchen, das ich damals war. Für uns Kinder war es immer ein freudiges Ereignis, wenn wir ein Paar neue Schuhe oder ein neues Kleid bekamen. Doch leider waren es immer nur die »Großen«, die manchmal etwas Neues bekamen.

In den Sommermonaten ging Vater mit uns am Sonntag hin und wieder in den Stadtpark. Die Familie Lenz, mit der die Eltern befreundet waren, besaß dort einen wunderschönen Schrebergarten mit einer Laube. Dort saßen wir beisammen und tranken Zitronenlimonade. Auf einem in der Nähe liegenden Sportplatz wurde Schlagball gespielt, auch die Erwachsenen machten dabei mit. Manchmal waren es zehn oder zwölf von uns, die da mitmachten. Einmal sahen uns einige Halbwüchsige zu und fragten, ob sie in dem »Sportverein« Mitglied werden könnten. Anscheinend konnten sie sich nicht vorstellen, dass es nur die Kinder von zwei Familien waren, die hier so vergnügt miteinander spielten.

Zur Familie Lenz gehörten einige halberwachsene Söhne, mit denen wir gemeinsam sangen, musizierten und Spiele veranstalteten. Einer der Lenzsöhne, er hieß Alexander, ist mir besonders im Gedächtnis geblieben, er war mein Kleinmädchenschwarm, weil er so wunderbar Gitarre spielte und auch so schön singen konnte. Jedenfalls war dieser Alexander ein freundlicher Bursche, der wohl auch Kinder gern hatte, ich war ja noch ein kleines Ding von ungefähr vier Jahren, und irgendwie habe ich später immer mal wieder an ihn gedacht.

Die Mitglieder der Familie Lenz waren, wie ich später erfahren habe, allesamt im kommunistischen Widerstand gegen das NS-Regime. Max, der Vater, wurde am gleichen Tag wie Vater verhaftet und ist später von Gestapobeamten erschlagen worden. Was aus den anderen Familienmitgliedern geworden ist, weiß ich nicht.

Mit der Familie Lenz musste später der Kontakt abgebrochen werden, weil es für uns alle zu gefährlich wurde. Mein Vater hatte die Verantwortung für die große Familie und musste besonders vorsichtig sein, um der Gestapo keinen Grund für neuerliche Repressalien zu geben. Wie uns nach dem Krieg erzählt wurde, hat der Familienrat zusammen mit den im Widerstand stehenden Mitstreitern beschlossen, unseren Vater aus dem Widerstand herauszuhalten. Übrigens tauchte die Gestapo Jahre später dann doch wieder bei uns auf, doch davon mehr an anderer Stelle.

Sonnabends war Badetag, die große Zinkwanne, in der normalerweise die Wäsche gewaschen wurde, wurde in der Küche aufgestellt. Das Wasser musste auf dem Gasherd in einem Topf erhitzt werden. Die kleineren Kinder saßen zu zweit in der Wanne, wurden von Mutti eingeseift und

tüchtig abgeschrubbt. Dann wurde für die nächsten zwei Kinder das Wasser gewechselt.
Die großen Schwestern gingen in die öffentliche Badeanstalt in der Humboldtstraße. Dort konnten sie für wenige Groschen ein Wannenbad benutzen.
Im Sommer haben wir im Stadtparksee gebadet. Manchmal ging es auch an die Elbe, der Fluss galt damals noch als sauber genug, sodass es einige Badestellen gab, an denen man baden durfte. Denn durch den Schiffsverkehr der großen Überseedampfer war es an manchen Uferstellen sehr gefährlich.
Viele Familien hielten sich in den Sommerferien den ganzen Tag über an der Elbe auf, um sich von der Arbeit zu erholen und um Sonne und frische Luft zu tanken. Es war für uns Kinder selbstverständlich, dass wir auch größere Strecken zu Fuß liefen, denn für die vielen Kinder war die Fahrt mit der Straßenbahn viel zu teuer, und die Eltern mussten ja jeden Groschen umdrehen.

Meine Mutter ist, so lange ich zurückdenken kann, nie gesund gewesen. In den Jahren meiner Nachforschungen kam ich auch in den Besitz der Krankenakte unserer Mutter aus der Geburtsklinik »Finkenau«, wo sie acht ihrer zwölf Kinder zur Welt gebracht hatte.
Dort heißt es in der Anamnese am 20.1.1930: Masern, Keuchhusten, Rippenfellentzündung, 5-mal Gelenkrheumatismus, Gallenblasen OP, Herzbeutelentzündung.
Mutti war damals erst zweiunddreißig Jahre alt, und schon das siebte Kind sollte geboren werden. Dazu wurde in der Akte von zwei Fehlgeburten berichtet, was bedeutet, dass es in elf Jahren zu neun Schwangerschaften gekommen war. Wie soll ich die Gefühle beschreiben, die mich bewegten, als ich, inzwischen ein erwachsener Mensch, die Akte gelesen habe? Sie schwankten zwischen Mitgefühl für meine Mutter und Unverständnis darüber, wie es möglich war, dass die Eltern die vielen Schwangerschaften zugelassen hatten.
Das Leben meiner Mutter gleicht dem Schicksal vieler Frauen in der ersten Hälfte des vorigen Jahrhunderts. Verhältnisse, wie sie damals bestanden, sind glücklicherweise für die jetzige Frauengeneration, jedenfalls in Mitteleuropa, nicht mehr vorstellbar.
Am 20. Januar 1930 kam Irma zur Welt, das siebte Kind der Familie. Im Bericht der Klinik ist zu lesen; Gewicht 3220 Gramm, Länge 50 cm. Bei dem Kind war augenscheinlich alles im normalen Bereich. Mutti war während der Schwangerschaft an einer Kopfrose erkrankt, wie man

heute weiß, ist es eine bösartige Viruserkrankung. Deshalb musste sie für eine längere Zeit im Krankenhaus bleiben.

Die fünf älteren der sechs Kinder sind während der Zeit bei den Großeltern und den Schwestern der Eltern aufgenommen worden. Ich war ein Baby von 15 Monaten, und wie ich mehr als fünfzig Jahre später aus den Berichten der Familienfürsorge ersehen konnte, wurde ich in einem Waisenhaus untergebracht. Erst als Vater durch die Fürsorgeschwester schriftlich aufgefordert worden war, mich wieder abzuholen, wurde ich nach einigen Wochen aus dem Waisenhaus nach Hause geholt. Ansonsten hätte man seitens der Behörde eine Unterbringung in einem Kinderheim oder in einer Pflegestelle in Betracht gezogen.

An Irma kann ich mich gut erinnern, sie war ein hübsches Kind mit braunen Augen und dunklem Haar. Bald stellte sich heraus, dass Irma in ihrer Entwicklung verzögert war. Sie lernte spät das Laufen, ich kann mich nicht daran erinnern, ob Irma gesprochen hat. Ich sehe sie auf dem Arm meiner Schwester Ursel, die Irma badete, wickelte, sie fütterte und liebevoll betreute.

In der Familie wurde, trotz aller Not, oft mit Freunden gesungen und musiziert, darüber freute Irma sich offensichtlich sehr. Sie saß dann in ihrem kleinen Bett, strahlte über das ganze Gesichtchen und schlug mit ihren kleinen Händchen den Takt.

Es war deutlich zu sehen, dass Irma musikalisch war, sie liebte es, mit ihrer Spieldose zu spielen, und war überhaupt ein freundliches, anscheinend zufriedenes Kind. Möglichweise war die Krankheit unserer Mutter während ihrer Schwangerschaft die Ursache für Irmas Behinderung.

Ich erinnere mich, dass Irmas rechter Daumen mit einer Mullbinde umwickelt war, damit die Kleine sich nicht verletzte. Sie hatte nämlich die Angewohnheit, sich mit dem Daumen ins Ohr zu stoßen. Heute ist es nicht mehr zu ergründen, welches der Grund und die Art der Behinderung der kleinen Irma gewesen ist. Den vorliegenden psychiatrischen Gutachten kann man ganz gewiss nicht trauen, weil nicht einmal die Beschreibung ihrer äußeren Erscheinung stimmig ist. Die Ausdrucksweise der Berichte ist geprägt von einem Ton der Abwertung und der Verachtung. Irma könnte ein Kind mit Autismus gewesen sein – die Wahrheit werden wir nie mehr erfahren. Nach meiner Überzeugung ist Irma in den ersten vier Lebensjahren, im Familienkreis, gut aufgehoben gewesen.

Mittlerweile gab es zwei weitere Kinder bei uns: Bruno, der einzige Junge, ist am 22. Juni 1931 in der Finkenau geboren, und Luise ist am 13. November 1932 zur Welt gekommen. Also hat meine Mutter im Verlauf von genau vier Jahren vier Kinder geboren. Sie hatte so viel Arbeit, um für die große Kinderschar zu sorgen. Dazu kam nun Irma, die ja besondere Aufmerksamkeit und Pflege benötigte. Dies alles war schon für eine gesunde Frau kaum zu leisten, wie mühsam muss es für die kranke und ständig schwangere Mutter gewesen sein. Hinzu kam die tägliche Sorge, für alle Kinder genug Nahrung und Kleidung beschaffen zu müssen. Welch eine unglaubliche Anforderung an die Stärke und an die Willenskraft unserer Mutter!

Als Kind habe ich etwas doch sehr vermisst; ich hatte dafür zu sorgen, dass die Kleinen trockene Höschen anhatten, damals war ich etwa acht Jahre alt. Da wäre ich so furchtbar gerne einmal von Mutti in den Arm genommen worden, so war ich manchmal neidisch auf die Kleinen, die eher schon mal gehätschelt wurden. Ich kann mich an ein einziges Mal erinnern, dass wir in der Küche saßen und Mutti mich auf dem Schoß hatte, ich muss da aber noch ganz klein gewesen sein.

Es ist seltsam, wie weit mein Kindergedächtnis zurückreicht. Ein Beispiel dafür ist die Geburt unserer Schwester Luise, sie ist vier Jahre und eine Woche nach mir geboren und muss nachts auf die Welt gekommen sein. Mutti hatte es anscheinend nicht mehr geschafft, in die Klinik zu kommen, denn wir Kinder wurden am Morgen in das Elternschlafzimmer geführt, wo ein neues Schwesterchen, ein neues Baby in seinem Bettchen lag.

Eines weiß ich noch genau: Gertrud war acht Jahre alt, und als sie das Baby sah, lief sie aus dem Zimmer und schrie: »Ein Teufel, ein Teufel!« Möglicherweise hatte das Neugeborene nach der Geburt ein so rotes Gesichtchen, und unsere Schwester Gertrud besaß schon immer eine blühende Fantasie. Beim abendlichen Zusammensein wurden auch manchmal von den älteren Schwestern schauerliche Geschichten erzählt, dabei zeigte Getrud viel Begeisterung und erfand immer neue gruselige Einzelheiten. In der Familie waren sie als »Gespenstergeschichten« bekannt. Und ich weiß noch, dass ich mich oft sehr gefürchtet habe.

Wenn ich daran denke, welch ein schweres und auch kurzes Leben die Frau, die meine Mutter war, zu ertragen hatte, denke ich mit großer Liebe und mit viel Mitleid an sie. Irma lebte vier Jahre bei uns in der Familie. Aus den Akten der »Familienfürsorge« ist zu ersehen, dass eine Nachbarin uns denunziert hat; bei uns in der Familie gebe es ein Kind, das nicht »normal« sei.

Das hatte zur Folge, dass sich eine Familien-»Fürsorgerin« einschaltete. Im Eintrag aus dem ersten Bericht der Schwester Dora steht: »Frau

Sperling weigert sich, das Kind vorzuzeigen.« Unsere Mutter wird den Grund ihrer Weigerung gewusst haben. Von den Behörden des faschistischen Regimes hat sie anscheinend nichts Gutes erwartet.

Die Fürsorgebeamtin, Schwester Dora, hat sich wieder eingeschaltet, als Irma anscheinend krank geworden war, und Mutti am 13. März 1933 in das Krankenhaus St. Georg eingewiesen werden musste. In dem Bericht der Fürsorgerin heißt es: »Die Fürsorgeärztin, die Irma ins Krankenhaus überwies, übernahm die Behandlung von Frau Sp., deren Zustand nach der Geburt des letzten Kindes sehr schlecht war. Sie hat eine Herzmuskelschwäche und Gelenkrheuma und ist dabei außerordentlich korpulent, was auf eine Drüsenstörung zurückzuführen ist. Frau Sp. wurde am 13.3.33 ins St. Georger Krankenhaus überwiesen.«

Ich habe in den Akten keinen Hinweis gefunden, dass eine Behandlung oder eine Therapie der »Drüsenstörung« eingeleitet und durchgeführt worden wäre. In dem Bericht der Fürsorgeschwester heißt es über Irma: »… leidet an Dystrophie und Rachitis.« Aber auch die zwei Kleinen, Bruno und Luise, sind anscheinend nicht gesund gewesen und litten an einer leichteren Form der Rachitis. Weiter ist in dem Bericht vermerkt: »Die älteren Kinder sind gesund und gut entwickelt. Von der Schule wird sogar angegeben, dass die Kinder besonders gut lernen.«

Der Eintrag beweist, dass die zuständigen Ämter schon 1933 nach »erbkrankem Nachwuchs« gesucht haben. Das Gesetz »Zur Verhütung erbkranken Nachwuchses« wurde im Juli 1933 verabschiedet. Dieses Gesetz hatte die Errichtung der Erbgesundheitsgerichte zur Folge, die per Gerichtsentscheid Tausende angeblich kranker oder behinderter Menschen der Zwangssterilisation zuführten.

Diese »Fürsorge«-Schwester Dora war sicherlich dafür verantwortlich, dass Irma dem Psychiater, Prof. Dr. Villinger, vorgestellt werden musste, der über Irma ein verheerendes Gutachten abgab und damit auch ihr Schicksal besiegelte. Unter anderem bezeichnet Villinger Irma als »völlig idiotisch und bildungsunfähig«. Wie kann ein Arzt – ein Psychiater – bei einem Kind von dreieinhalb Jahren erkennen, es sei bildungsunfähig? Auch beschreibt er ihr Äußeres völlig anders, als es der Wirklichkeit entsprach. Dem Gutachten ist eine unglaublich zynische Menschenverachtung anzumerken, was einer Vorverurteilung des Kindes gleichkam!

Am 21. Dezember 1933 wurde unsere Schwester Irma in die Alsterdorfer Anstalten gebracht. Meine Eltern werden geglaubt haben, es werde ihr dort gut gehen, und sie wäre dort besser aufgehoben als bei den schwierigen Verhältnissen in der Familie. Sicherlich hofften sie, dort würde die Kleine besser mit Nahrung versorgt werden können.

Wer hätte sich denn auch, im Jahr 1933, vorstellen können, dass Menschen, die auf Zuwendung und Fürsorge angewiesen waren, einem mörderischen Regime zum Opfer fallen würden? Wer hätte sich vorstellen können, dass Ärzte, die den Hippokratischen Eid geleistet hatten, und Pflegepersonal Mordgehilfen eines verbrecherischen Regimes an wehrlosen, unschuldigen Menschen werden könnten, die ihnen ja anvertraut gewesen waren?

Meine Mutter hat Irma sicher nicht besuchen können. Sie wurde durch ihre immerwährenden Krankheiten, mit dem großen Haushalt, mit einer erneuten Schwangerschaft so sehr in Anspruch genommen, dass es ihr sicherlich nicht möglich war, nach Alsterdorf zu fahren.

Das zehnte Kind, unsere Schwester Erika, ist am 25. April 1934 geboren worden, wieder war ein neues Baby in der Familie, sollte versorgt und angenommen werden.

Vielleicht ist es aus diesem Grund verständlich, dass Irma bei uns Kindern allmählich in Vergessenheit geriet. Mein Vater wird Irma anfangs noch besucht haben, wird sich noch gekümmert haben.

Als ich ihn später einmal fragte: »Wie war es möglich, dass Irma vergessen wurde?«, sagte Vater: »Ich stand doch ständig unter der Beobachtung der Gestapo und ich konnte Irma nicht zusätzlich gefährden. Man hat mich gewarnt, ich solle mich von ihr fernhalten. Wenn damals in Alsterdorf bekannt geworden wäre, dass Irma das Kind eines Regimegegners ist, wäre sie vielleicht noch zu einem früheren Zeitpunkt Opfer der Nazis geworden.«

Dieses Kind wurde vergessen, und das ist so furchtbar und letztlich eine so unglaubliche Tatsache, die sich nur aus der damaligen Zeit und den damaligen Verhältnissen erklären lässt. Mutti hat ja nach Irma noch fünf Kinder zur Welt gebracht, und wir, die mittlerweile älteren Kinder, hatten uns um die Kleinen zu kümmern.

Im Verlauf meiner Nachforschungen, viele Jahre später, als ich versuchte, Vater nach den damaligen Ereignissen zu befragen, wollte er auch nicht mehr über die vergangenen schweren Zeiten sprechen. Nun wollte ich diesen alten Mann, der schon 88 Jahre alt war, nicht mit weiteren Fragen quälen. Über Irma und ihr späteres Schicksal, über das, was diesem Kind angetan wurde, wird an anderer Stelle zu berichten sein.

In früheren Zeiten wurde beim Krämer eingekauft. In unserer Straße, in Barmbek, gab es noch den Gemüsemann, den Milchmann, den Bäcker und auf der anderen Straßenseite hatte der Eiermann seinen Laden, ein Herr Auerbach. Dort gab es nur Eier zu kaufen, die jeden Morgen frisch angeliefert wurden.

Die Wohnung der Auerbachs lag hinter dem Laden und ich erinnere mich an drei oder vier Söhne der Auerbachs, die im Alter meiner großen Schwestern waren und die auch miteinander spielten. Bis heute habe ich die Auerbachjungen vor Augen, erinnere ich mich an ihre schönen, rotblonden Locken.

Jahre später erfuhr ich, dass die Familie Auerbach Juden waren. Als Kinder haben wir im Familienkreis das Wort Jude nie gehört, was bei der aufgeklärten Einstellung meiner Angehörigen auch seltsam gewesen wäre. Ob die Familie Auerbach den Hitlerfaschismus überlebt hat, weiß ich nicht, weil wir schon bald die Wohnung in der Rönnhaidstraße aufgegeben haben und in ein Haus auf dem Land umgezogen sind.

Die Eltern hatten uns beigebracht, Erwachsenen gegenüber Höflichkeit und Respekt zu zeigen, wahrscheinlich ist mir deshalb das Folgende so lebhaft in Erinnerung geblieben.

Ich ging noch nicht in die Schule, es wird im Herbst 1934 gewesen sein, als Mutti mich zum Milchmann schickte, um irgend etwas zu kaufen, ich weiß nicht mehr, was es war. Vor unserem Haus, wenige Meter entfernt, sah ich zwei Männer in braunen Uniformen, die eine alte Dame beschimpften, sie trug einen schwarzen Hut und einen langen schwarzen Mantel. Sie wurde von den SA-Männern auf die Fahrbahn gedrängt und augenscheinlich wurde sie auch bedroht. Nun wurden wir immer ermahnt, uns anderen Leuten, vor allem älteren Menschen gegenüber, höflich zu verhalten. Man durfte nicht frech und vorlaut sein, so lautete eines der Verbote.

Deshalb berichtete ich Mutti voller Empörung von dem Vorfall und dem unerhörten Verhalten der Männer. Sie versuchte, mich abzulenken, ich war auch zu jung, um zu verstehen, dass dies ein Übergriff gegen eine Jüdin gewesen ist, darüber konnte Mutti natürlich nicht mit mir sprechen. Wie hätte ich es auch verstehen sollen, denn was ein Jude war, konnte sie mir wohl nicht erklären und wie hätte ich das Benehmen der Männer verstehen sollen?

Wenn eines der Geschwister an einer der Kinderkrankheiten, wie Masern, Mumps oder Keuchhusten erkrankt war, hatten sich bald auch die anderen Kinder angesteckt.

Unser Hausarzt, Dr. Fuchs, war bei uns Kindern beliebt, wir mochten ihn sehr. Wenn er in der Nähe zu tun hatte, kam er zuweilen, ohne dass er gerufen wurde, um nach den »Spatzenkindern« der Familie Sperling zu schauen, wie er zu Mutti sagte.

Heute bin ich eher der Überzeugung, unser guter Doktor sorgte sich um unsere Mutter, die ja nie gesund war. Später erzählte mir Mutti einmal, in der Zeit der Not habe Dr. Fuchs einige Male für uns Kinder Lebensmittel, Obst, Butter, Milch und dergleichen mitgebracht, weil, wie er sagte, »die Kinder es brauchen«.

Anfänglich war es für Mutti peinlich, die Hilfe anzunehmen, doch Dr. Fuchs hat ihre Bedenken anscheinend zerstreuen können. Mutti hat sich immer mit großer Dankbarkeit an diesen warmherzigen Mann erinnert, der mit seiner Familie, nachdem er als Jude von den Nazis mit Berufsverbot belegt worden war, glücklicherweise in die USA emigrieren konnte.

Wie mag es ihm und seiner Familie dort ergangen sein? Ich sehe den guten Dr. Fuchs noch heute vor mir, sein Kopf mit seinem dunklem Haarschopf und einem ebenso dunklen, kurzgeschorenen Vollbart erscheint in der Tür des Kinderzimmers und er sagt mit ganz tiefer Stimme: »Der Onkel Doktor ist da!« Und ich weiß auch noch, dass wir nie ängstlich waren, wenn der Doktor uns untersuchte und er uns aufforderte, nun den Mund mal ganz weit zu öffnen oder ganz tief Luft zu holen. Er war ein Mensch im besten Sinne des Wortes und einer, der auch bei meinen Schwestern nicht vergessen ist.

Ostern 1935 wurde ich in die Mädchenschule Imstcdt eingeschult. Schon lange vorher freute ich mich darauf, endlich ein Schulkind zu sein. Vor allem war ich begierig, endlich selbst richtig lesen zu lernen. In den Pausen traf ich vier meiner Schwestern auf dem Schulhof. Sicher waren die »Großen« nicht gerade begeistert, sich in der Schulpause mit so einer kleinen ABC-Schützin zu beschäftigen. Ich war eine der Kleinsten in unserer Klasse und fand auch bald Freundinnen.

An die Klassenlehrerin, ein Fräulein Guidotti, habe ich sehr gute Erinnerungen, an sie denke ich mit großer Dankbarkeit und bedaure es, dass ich später nicht den Versuch gemacht habe, Kontakt zu ihr aufzunehmen. Es ist halt so, dass man oft erst nach langer Zeit erkennt, was man anderen Menschen zu verdanken hat. Diese Lehrerin muss eine unglaublich

Die Einschulung von Antje (1. Reihe rechts sitzend), Ostern 1935

einfühlsame Person gewesen sein, die mich schüchternes, kleines Ding gefördert hat. Ich durfte bei ihr Klassenordnerin und Vorturnerin in der Sportstunde sein und konnte mich wichtig fühlen. Sicher hat diese Frau gespürt, dass das kleine Mädchen, das sechste in der Kinderschar, mit vier jüngeren Geschwistern und einer stets kranken Mutter ein wenig verloren und unsicher war.

Ich habe als Kleinkind gestottert, worüber die Großen sich lustig machten, was die Stotterei wiederum noch verschlimmerte. Obendrein war ich Bettnässerin, auch das war natürlich ein weiterer Anlass zu Hänseleien. Ich weiß es noch genau, bevor Vater zur Arbeit ging, kontrollierte er, ob ich eingenässt hatte. Vor lauter Angst versuchte ich, abends wach zu bleiben, was natürlich nicht funktionieren konnte. Vater hat mich oft verprügelt, entweder mit einem Gürtel oder auch mal mit einem Kleiderbügel. Ich fühlte mich schuldig und hilflos, aber es war mir doch gar nicht möglich, dieses »Ärgernis« abzustellen.

Erst fast sechzig Jahre später, als ich Zugang zu den Akten der Familienfürsorge bekam, wurde mir endlich der Grund für mein frühkindliches »Versagen« klar. Ich war fünfzehn Monate alt, fast noch ein Baby, als Irma geboren wurde. Mutti musste dann ja längere Zeit im Krankenhaus verbringen. Die fünf älteren Schwestern wurden bei den Großeltern und bei den Tanten untergebracht.

In einer Zeit, da die mütterliche Zuwendung noch so dringend notwendig gewesen wäre, hatte man mich in ein Waisenhaus abgeschoben. Das war der Schock, den ich als Baby erlebt hatte. Allein die verständnisvolle Zuwendung meiner Lehrerin bewirkte, dass ich in wenigen Wochen von meiner Stotterei befreit war. Zu meinem Bedauern habe ich nur ein Jahr in der Obhut dieser Lehrerin verbringen können.

Bei uns in der Familie wurde immer viel gelesen. Mutti ging mit uns schon, als wir noch ganz klein waren, in die Öffentliche Bücherhalle, wo wir für wenig Geld Bücher ausleihen konnten. Ich weiß noch, dass wir oft zum Geburtstag oder zum Weihnachtsfest ein Buch bekamen. Wir Kinder haben die Bücher dann untereinander getauscht. Jedenfalls konnte ich im ersten Schuljahr schon flüssig lesen und wurde eine richtige »Leseratte«. Früh am Morgen des ersten Weihnachtstages saß ich im Nachthemd unter dem Tannenbaum und habe in einem Buch gelesen, das eine der älteren Schwestern zum Weihnachtsfest bekommen hatte. Es war eine spannende Geschichte, die sich in Südamerika abspielte.

Der Autor hieß Friedrich Gerstäcker, er war ein Reiseschriftsteller, der mich anscheinend dermaßen beeindruckt hat, dass mir sein Name immer noch präsent ist. Wahrscheinlich haben mich die Beschreibungen in diesem Buch so in ihren Bann gezogen und meine Fantasie beschäftigt, dass es zu den Erlebnissen in meiner Kinderzeit gehört, die mir noch ganz lebhaft in Erinnerung geblieben sind. Ich habe mich oft in einen Winkel zurückgezogen und mich beim Lesen in eine andere Welt versetzt. So manches Mal musste Mutti mich nachdrücklich ermahnen und an meine kleinen Pflichten erinnern.

Im Herbst 1935 hat Vater wieder eine Arbeit bekommen, er wurde im Finanzamt für Grundsteuern, am Gorch-Fock-Wall, als Angestellter eingestellt, und zwar, wie es damals für »politisch Unzuverlässige« üblich war, zu reduziertem Gehalt.

Und auch in diesem Fall sind Kontakte zu sozialdemokratischen Genossen, zu ehemaligen Sozialdemokraten, im Spiel gewesen und waren hilfreich. Vater gehörte keiner Widerstandsgruppe an, er blieb aber seiner antifaschistischen Gesinnung treu. Um die große Familie nicht zu gefährden, durfte er sich nicht mehr politisch betätigen, das war ein Beschluss, der im Familienrat und mit Genossen besprochen worden war. Das wäre auch für die Verwandten, für Freunde und Mitstreiter viel zu gefährlich gewesen.

Wir Kinder haben doch mehr von den Gesprächen mitbekommen, als die Erwachsenen geglaubt haben. Zum Beispiel haben die großen

Schwestern gewusst, dass Onkel Karl im Untergrund leben und sich verstecken musste. Darüber wurde mit uns kleinen Schwestern jedoch nie gesprochen. Karl Kock war ein Vetter meiner Mutter.

Als Mitglied der kommunistischen Widerstandsorganisation wurde Kock »1934 zu einem Jahr Gefängnis verurteilt. Zu dieser Zeit fahndet die Stapo nach seinem Vater Jakob Kock, der sich bei Verwandten verbirgt, nach Norwegen flüchtet und später in Spanien in den Internationalen Brigaden kämpft.« Nach der Entlassung aus der Haft arbeitet Karl Kock gemeinsam mit Genossen weiter in vielfältiger Weise im Widerstand. Im Herbst 1942 kommt es zu Verhaftungen, »Kock wird gewarnt und geht in den Untergrund. Seine Familienangehörigen sowie Paul Dreibrodt und Genossen versorgen ihn in seinen illegalen Quartieren.«[1]

Unsere Großeltern mütterlicherseits, der Tischlermeister Martin Pappermann und seine Frau Dorothea, gehörten seit ihrer Jugend dem linken Flügel der Sozialdemokraten an. Sie hatten schon Karls Vater Jakob Kock bei seiner Flucht ins Ausland geholfen. Jolly Kock, wie er genannt wurde, konnte schon 1935 mit falschen Papieren über Dänemark nach Norwegen emigrieren.

Als 1936 in Spanien General Franco gegen die demokratisch gewählte, republikanische Regierung putschte und den spanischen Bürgerkrieg auslöste, kämpfte Onkel Jolly in den Reihen der Internationalen Brigaden.

Für die Großeltern, für diese mutigen Menschen, war es selbstverständlich, dass sie – zusammen mit anderen Genossen – Onkel Karl mit Lebensmittel versorgten und er zeitweise auch bei den Großeltern einquartiert wurde.

Auch eine Schwester unserer Mutter, die Sozialdemokratin Käthe Neumann, gehörte zu denen, die Hilfe leisteten und untergetauchte Genossen versteckte oder sie mit Geld und Lebensmitteln versorgte. Für die Großeltern und für Käthe Neumann war es selbstverständlich, dass auch der Kommunist Karl Kock Anspruch auf ihre solidarische Hilfe hatte.

Als die Kommunistische Widerstandsgruppe »Bästlein, Jacob, Abshagen« durch einen eingeschleusten Spitzel aufflog, geriet auch Käthe Neumann in das Blickfeld der Gestapo. Sie wurde am 4. März 1943 verhaftet und in einem »Kommunistenprozess« vom Volksgerichtshof wegen »Vorbereitung zum Hochverrat« zu einer Gefängnisstrafe verurteilt.

Zwei Tage später schnappte auch die Falle für Karl Kock und viele andere Mitglieder der Gruppe zu. Der Prozess gegen die Führung dieser

---

[1] Ursel Hochmuth: Niemand und nichts wird vergessen. Hamburg 2005, S. 84.

kommunistischen Widerstandsorganisation brachte für sie das Todesurteil. Am 26. Juni 1943 wurde Karl Kock, zusammen mit vier Mitgliedern der großen Arbeiterwiderstandsgruppe, im Hamburger Untersuchungsgefängnis mit dem Fallbeil hingerichtet.

Wir Kinder wussten, dass man über das, was in der Familie geredet wurde, draußen nichts sagen durfte. Irgendwie wussten wir, es war gefährlich, davon etwas zu erzählen, es war uns nicht etwa politisch bewusst, eher war es eine gefühlsmäßige Geschichte. Wir Schwestern haben uns auch Witze erzählt, die über Hitler, Goebbels und Göring, die drei »Nazigrößen«, in den Kreisen der Nazigegner verbreitet wurden. Die von den Schwestern wahrscheinlich irgendwo aufgeschnappt worden sind, und worüber wir uns köstlich amüsierten.

Umzug nach Wulfsmoor

Am 1. April 1936 verließen wir Hamburg und zogen nach Wulfsmoor, in ein Dorf im Kreis Steinburg in Holstein. Vater hatte dort ein Haus mit einem großen Obst- und Gemüsegarten und etwas Land dazu gepachtet und hoffte wohl, so aus dem Blickfeld der Gestapo zu kommen.

Um nach Wulfsmoor zu kommen, fuhr man mit der Eisenbahn bis nach Wrist, dann waren es noch vier Kilometer Landstraße, bis man nach Wulfsmoor gelangte.

Vater musste also bei jedem Wetter, im Sommer wie im Winter, mit dem Fahrrad die Strecke bis nach Wrist bewältigen, um zur Arbeit nach Hamburg zu fahren. Wir erlebten als Kinder meist sehr kalte Winterzeiten mit viel Schnee und Eis, so manches Mal waren wir eingeschneit. Dann musste Vater sich zu Fuß durch den Schnee auf den Weg machen. Doch ich kann mich nicht erinnern, dass Vater jemals auch nur ein einziges Mal seine Arbeit versäumt hat.

In unserem neuen Zuhause hatten wir endlich genügend Platz für die große Familie. Das Haus hatte auf zwei Etagen fünf Zimmer und eine große Küche, in der ein riesiger Kohleherd mit Backofen und einem Beikessel stand. Das war ein im Herd eingelassenes Gefäß, in dem immer heißes Wasser vorrätig war, weil natürlich auch im Sommer der Herd zum Kochen beheizt wurde.

Von der Küche ging es auf die Großdiele, rechts kam man in einen kleinen Flur, der in die unteren Wohn- und Schlafzimmer führte. Links ging es in den Stall, der Platz für einiges Viehzeug bot und wo auch eine Wasserpumpe stand.

Unser Haus in Wulfsmoor: links der Wohntrakt mit der Linde, in der Mitte die Großdiele, davor Bruno, Luise und Erika, rechts wohnten Hühner, Schweine und Ziegen

Im oberen Stockwerk befanden sich zwei etwas kleinere Zimmer, in denen sich die älteren Schwestern einrichteten, dort gab es auch den Heuboden, der sich fast über das ganze Haus hinzog. Da war viel Platz für Stroh und Futter für die Tiere, auch Holz und Torf wurden auf dem Boden gelagert. Dort hatten wir bei schlechtem Wetter einen herrlichen Platz für unsere Spiele und konnten uns nach Herzenslust austoben.

Auf dem Grundstück gab es einen Hühnerauslauf und ein Hühnerhaus mit Nestern und Sitzstangen. Vater kaufte Küken, die schnell zu Hühnern heranwuchsen. Die Rhodeländer Hennen versorgten uns mit Eiern, und zwei Hähne hatten für den Nachwuchs auf dem Hühnerhof zu sorgen. In einer dunklen Ecke auf dem Boden, unter der Dachschräge, legte Mutti Brutnester an. Im Frühjahr wurden zwei Hennen auf die Nester gesetzt, die kleine gelbflauschige Küken ausbrüteten, winzige, laut piepsende Geschöpfe, die wir am liebsten in die Hände genommen und gestreichelt hätten.

Die jungen Hähne wurden später geschlachtet und kamen als Sonntagsbraten auf den Tisch. Die Eier verpackte Vater in einen Spankorb mit Stroh und nahm sie hin und wieder mit nach Hamburg zum Finanzamt, um sie an Kollegen zu verkaufen.

Im ersten Jahr in Wulfsmoor haben wir auch ein Ferkel gemästet, das Jolante getauft wurde, nach einem Schwein in einer Filmkomödie, in der

Carsta Löck die Hauptrolle spielte. Als es im Winter geschlachtet wurde, waren wir überhaupt nicht damit einverstanden, dass man unsere Jolante abstechen wollte, den Schlachter konnten wir nun gar nicht leiden. Aber die Würste und der Schinken haben uns trotzdem gut geschmeckt. Doch erst einmal hing das Schwein zum Auskühlen draußen an einer Leiter. Am Abend wurden Würste und Sauerfleisch hergestellt, und zum Lohn für all die Arbeit gab es leckere gebratene Koteletts, die man bei uns im Norden Karbonaden nannte. Auf dem Boden hatten wir eine Räucherkammer, wo Speck, Würste und Schinken im Torfrauch hingen.

Im nächsten Frühjahr hat Vater dann drei Ferkel zur Mast gekauft, es war selbstverständlich, dass sie wieder Namen bekamen. Sie sind dann Hermann, Adolf und Emmi genannt worden. Adolf ist klar, das war der »glorreiche Führer« Adolf Hitler, Hermann war der Name des dicken Reichsmarschalls Hermann Göring, der »Meier« heißen wollte, sollte jemals ein feindliches Flugzeug das deutsche Reichsgebiet überfliegen. Und Emmi – nun, so hieß die Frau von Hermann Göring, eine ehemalige schwedische Schauspielerin.

Können die Menschen heutzutage überhaupt verstehen und sich ein Bild davon machen, dass es lebensgefährlich gewesen wäre, wenn eines der Kinder ausgeplaudert hätte, dass wir unsere Schweine mit den Namen der Nazielite benannt hatten?

Wir hatten jedenfalls unseren Spaß und die Namen der Schweine blieben in der Familie! Ob es nun Adolf, Hermann oder Emmi gewesen ist, der für die Speisekammer der Familie bestimmt war, ist unbekannt geblieben. Die zwei anderen Schweine wurden jedenfalls an den Schlachter in Wrist verkauft, um das Familieneinkommen zu verbessern.

Vater baute einen Kaninchenstall, in dem ein Bock und zwei Weibchen Platz fanden. Sie bekamen kleine, niedliche Kaninchen, die großgezogen wurden. Wir Kinder hatten die Aufgabe, an den Feldrändern das Futter für unsere Kaninchen zu suchen. Waren die Tiere groß genug geworden, hat Vater sie geschlachtet, ein Kaninchenbraten war eine wunderbare Mahlzeit und hat uns so manches Sonntagsessen bereichert.

Nach all den Jahren, in denen wir häufig nicht genug zum Essen gehabt, oft auch gehungert hatten, konnten die Eltern uns nun ausreichend und gesund ernähren. Eines Tages brachte Vater eine Ziege mit, und im Frühling konnten wir uns über zwei Zicklein freuen, die bald übermütige Luftsprünge vollführten. Für das Futter und die Stallreinigung der Ziegen hatten wir Kinder zu sorgen. Die Ziegenmilch hatte einen eigenartigen, etwas strengen Geschmack, aber Mutti sagte, sie solle ganz besonders gesund sein.

oben: Vier Sperlinge, zwei Zicklein und zwei Kaninchen, 1938

links: Bruno kämpft mit der Ziege, 1938

Wenn es um wichtige Dinge, vor allem, wenn es um unsere Ernährung ging, konnte Mutti sehr bestimmt sein, und wir haben schließlich diese »so sehr gesunde Milch« doch getrunken.

Im Garten standen Apfel-, Birnen- und Pflaumenbäume, die uns mit köstlichem Obst versorgten. Wenn ich zurückdenke, waren die Sommermonate immer sehr heiß und trocken. Der Sommer war für uns Kinder die schönste Zeit, voller Wärme und Abenteuer. Einer unserer Pflaumenbäume trug große, gelbe Früchte, sehr süß und saftig. Wir Kinder konnten es nicht erwarten, bis die Pflaumen reif waren. Neben dem Sommerauslauf für die Hühner befand sich ein großer Platz, dort hatte früher eine Scheune gestanden. Für die kleinen Geschwister war hier ein fabelhafter Spielplatz, der bedeckt war mit sauberem, gelbem Sand.

Irgendwann hatten wir den Einfall, einige halbreife Früchte zu pflücken und im sonnenheißen Sand einzugraben. Es dauerte gar nicht lange, bis die Pflaumen die richtige Reife hatten und uns köstlich schmeckten. Unsere Mutti betrachtete die abenteuerlichen Experimente ihrer Sprösslinge meist recht nachsichtig, hin und wieder musste sie uns ermahnen, nicht zu gierig zu sein und Maß zu halten. Die Eltern legten Gemüsebeete an, auf denen Erbsen, Bohnen, Mohrrüben, Spinat und Küchenkräuter wuchsen. Auf dem kleinen Feld wurden Kartoffeln, verschiedene Kohlsorten und Mais für die Tiere angepflanzt.

An der Grenze des Gartens standen Johannisbeersträucher mit roten und schwarzen Beeren, auch Fliederbeer- und Stachelbeersträucher gab es. Im Spätsommer war dann Erntezeit, und für den langen Winter wurde Gemüse und Obst in Gläsern und Dosen konserviert. Dann saß Mutti mit den Kindern in der Küche, und wir palten Erbsen und Bohnen aus, dabei sangen wir, oder Mutti erzählte uns Geschichten.

An den Wegesrändern und den Feldgrenzen standen viele wilde Brombeer- und Himbeersträucher, manche waren zwei Meter hoch gewachsen, die wir eimerweise abgeerntet haben. Dazu brauchten wir kräftige Stöcke, die mit einem Haken versehen waren, denn die Brombeerbüsche wuchsen sehr dicht und hatten scharfe Dornen, die schmerzhafte Schrammen verursachen konnten. Das Sammeln der Himbeeren war leichter, sie hatten ein herrliches Aroma und waren besonders beliebt.

Das Obst und die verschiedenen Beeren wurden zu Marmeladen und Säften verarbeitet, die für den Winter im Keller aufbewahrt wurden. Dann war eine Fliederbeersuppe mit Birnen und Grießklößen eine ganz besondere Delikatesse.

Es war selbstverständlich, dass wir Kinder, und das waren meiner Erinnerung nach hauptsächlich Käte, Bruno und ich, in Haus und Garten tüchtig mitarbeiten mussten, hatten wir doch an den Eltern die besten Vorbilder.

Denn Vater fuhr an sechs Tagen der Woche nach Hamburg zur Arbeit. Abends gab es für ihn immer noch viel zu erledigen und am Sonntag wartete im Stall oder im Garten Arbeit auf ihn. Ich sehe meinen Vater immer arbeiten, er war ein unglaublich fleißiger Mann und bemüht in der Sorge um seine Familie.

Damals gab es noch ein großes Moorgebiet zwischen Wulfsmoor und Siebenecksknöll, jeder Bauer hatte einen Teil des Moores gepachtet. Va-

Antje sucht Ostereier, Mutti schaut zu (1938)

ter hatte die Erlaubnis, am Rand des Moores Torf zu stechen. Wir halfen Vater, die Torfsoden zum Trocknen aufzuschichten. Im Torfmoor war es unglaublich schön, die gelben, großblütigen Sumpfdotterblumen wuchsen in Mengen an den Grabenrändern, und das weiße Wollgras wiegte sich im Wind.

Vater ermahnte uns immer wieder, auf die Kreuzottern zu achten, weil ihr Gift sehr gefährlich sei. Wir haben zwar zuweilen eine Kreuzotter gesehen, doch wurde es für uns nie gefährlich, denn es war selbstverständlich, dass die großen Geschwister auf die kleineren Kinder achteten. Bruno war eigentlich zum Helfen noch zu klein, doch einmal kam er in eine recht gefährliche Situation. Vater war dabei, Torfsoden zu stechen und Bruno spielte am Rand eines Moorgrabens. Er hielt sich mit einer Hand an einer kleinen Birke fest und tanzte laut singend um den Baum herum. Plötzlich rutschte er ab und fiel in den Graben, ich habe meinen

Vater noch nie so schnell rennen gesehen. Blitzschnell war er am Grabenrand, fast wäre der Junge im Moor versunken, hätte Vater ihn nicht im letzten Moment aus dem braunen Moorwasser rausgezogen! Ich weiß noch, dass Vater den Bruder tüchtig ausgeschimpft hat, wahrscheinlich weil er so erschrocken war. Sicherlich war er erleichtert und froh, dass er seinen Sohn völlig verdreckt, aber gesund heimbringen konnte. Mit einem Handwagen transportierten wir den getrockneten Torf nach Hause, wo er für den Winter auf dem Boden gelagert wurde. Auf diese Weise konnten die Eltern Geld für Brennholz und Heizkohle sparen.

Unsere Mutter hatte mit dem großen Haushalt viele und schwere Arbeit zu leisten, vor allem am Waschtag, wenn sie stundenlang am Waschbrett stehen musste und so hart schuftete. Das Wasser musste in Eimer gepumpt und zum Waschplatz getragen werden, mein Bruder und ich haben zusammen Wasser geschleppt, um Mutti bei der Wäsche zu helfen, dabei waren wir erst neun und elf Jahre alt. Es war aber für uns ganz selbstverständlich und normal, Mutti zu unterstützen.

Ab und zu hatten wir aber auch Zeit und Gelegenheit, in den Sommerferien die schönsten Abenteuer zu erleben, durch Wiesen und Wälder zu streifen, Bäche zu durchwaten, deren klares Wasser man trinken konnte. Oft sangen wir bei unseren Wanderungen und fühlten uns frei und ungebunden. Unser Weg und die Abenteuerlust führten uns manchmal in den »Vogelschietwald«. Das war ein schöner, hochstämmiger Buchenwald, der einige Kilometer weit von uns entfernt lag. Er wurde so genannt, weil dort so viele Vögel nisteten, dass der Waldboden mit Vogelkot bedeckt und weiß gesprenkelt war. Manchmal brachten wir von unseren Streifzügen Pilze mit, die wir gefunden hatten. Mutti bestimmte dann, ob sie essbar waren oder zu den giftigen zählten.

Unser Haus lag direkt neben der Dorfschule, etwa zwei Kilometer vom Dorf entfernt, nur durch einen schmalen Weg und einen Wiesenstreifen von der Bahnstrecke getrennt. Links und rechts, nur einige hundert Meter entfernt, lagen zwei Bauernhöfe. Folgte man dem Weg nach links und ließ den Bahnübergang hinter sich, kam man an tief liegende Viehweiden. Im Winter, wenn sie vom Herbstregen überschwemmt waren, gaben die Wiesen prächtige Eisbahnen ab. Dann sausten wir mit dem Schlitten über das Eis.

Rechts ging es ins Dorf, wo neben mehreren Bauernhöfen einige Handwerker und Landarbeiter wohnten. In dem einzigen Krämerladen wurden nicht nur Lebensmittel verkauft. Auch Zeitungen, Papierwaren, alles, was zum Nähen und Handarbeiten benötigt wurde, sogar Strümpfe, Töpfe, Holzpantoffeln und vieles mehr konnten dort erstanden werden.

Am nördlichen Ende des Dorfes zogen sich, soweit der Blick reichte, die »Wieschen« hin. Zweimal im Laufe des Sommers wurden die Wiesen abgemäht und das Gras mehrfach mit großen Holzrechen zum Trocknen gewendet. Zum Schluss ist das duftende Heu in die Scheunen gefahren worden, um im Winter an Kühe und Pferde verfüttert zu werden. In den Wiesen wuchs eine Vielzahl der schönsten Sommerblumen. Wir fanden dort Margeriten, Kornblumen, Mohn, Wiesenschaumkraut, roten und weißen Klee und andere Blumen. Hin und wieder brachten wir Mutti einen Strauß bunter Sommerblumen nach Hause.

Wir liebten den Gesang der Vogelschar, Lerchen stiegen in die Höhe, mit ihrem Tirili erfreuten sie uns, während der Kiebitz sein Nest auf dem Wiesenboden zwischen Gras und Blumen versteckt hatte. Im Frühsommer rief der Kuckuck, hörten wir ihn zum ersten Mal im Jahr, war darauf zu achten, wie oft das »Kuckuck« ertönte. Man sagte, die Anzahl der Rufe bedeutete, wie viele Jahre man noch zu leben hatte.

Durch die Wiesen schlängelte sich ein schmaler Fußweg, der an die Bramau führte, über eine Holzbrücke gelangte man ans andere Flussufer. Es war nicht mehr weit zu gehen, dann war die alte Stellauer Kirche mit dem Friedhof und dem daneben stehenden Pfarrhaus erreicht. Zur Pfarrgemeinde gehörten Wrist und die Dörfer Wulfsmoor, Hingstheide und Siebenecksknöll.

Der Sommer war für uns Kinder eine herrliche Jahreszeit! Ganz früh am Morgen gingen wir auf die Pferdeweiden, wo die besten Champignons wuchsen, im Nu war der Korb gefüllt, und wir hatten für ein feines Essen gesorgt. Zuweilen halfen wir in den Ferien auch den Bauern im Dorf bei der Heuernte, was uns Spaß machte, auch weil wir mit einigen Groschen belohnt und für unsere Hilfe gelobt wurden.

Der Umzug nach Wulfsmoor war für uns alle ein richtiger Glücksfall, endlich war die Notzeit überstanden, die Eltern hatten die Möglichkeit, uns besser und gesünder zu ernähren, der Aufenthalt draußen in der Landluft war gut für uns, wir Kinder waren gesund und aktiv.

Mittlerweile war es Sommer 1936 geworden, Ursel hatte – nach ihrem Pflichtjahr bei einem Bauern – eine Arbeit in Hamburg als Aushilfe im Curiohaus angenommen. Ihre Ausbildung zur Krankenschwester im Altonaer Krankenhaus konnte sie erst beginnen, als sie achtzehn Jahre alt war. Dorle absolvierte nach der Schule ihr Pflichtjahr bei einem Bauern in einem Dorf, das etwa zwei oder drei Kilometer entfernt lag.

Ursel als Rote-Kreuz-Schwester im Altonaer Krankenhaus (1940)

Das Pflichtjahr hatten alle Mädchen nach der Volksschule zu absolvieren, sie wurden vom Arbeitsamt häufig in landwirtschaftliche Betriebe oder an kinderreiche Familien vermittelt, vor allem Familien treuer Parteigenossen wurden bevorzugt Pflichtjahrmädchen zugewiesen.

Die jungen Mädchen sind oft ausgenutzt und schlecht behandelt worden, gewöhnlich wurden sie über ihre Rechte, was Arbeits- und Urlaubszeit betraf, in Unkenntnis gehalten. Es war zu der Zeit auch strengstens verboten, ohne die Erlaubnis des Arbeitsamtes den Arbeitsplatz zu wechseln.

Die Mädchen und Jungen, die eine weiterführende Schule abgeschlossen hatten, mussten im Arbeitsdienst ein Jahr lang ihre »Pflicht« tun. Von den Gemeinschaftsunterkünften ging es in den »Arbeitseinsatz«. Die Bezahlung dieser Arbeit war miserabel. Durch den Arbeitsdienst wurde der Bau der »Reichsautobahn« ermöglicht, was einer unglaublichen Ausbeutung gleichkam.

Ein Pflichteinsatz dieser Art würde heutzutage tatsächlich als Zwangsarbeit bezeichnet werden. Viele dieser sehr jungen Menschen waren von der Propaganda der Nazis über die »Volksgemeinschaft« und die Überlegenheit der »germanischen Rasse« überzeugt, sie waren stolz darauf, die Uniform des Arbeitsdienstes zu tragen. Es war nicht möglich, sich dem Arbeitsdienst oder dem Pflichtjahr zu entziehen.

Jetzt waren nur noch sechs Kinder im Hause. An einem sonnigen Tag im Juni 1936 spielten wir draußen, wir waren ermahnt worden, uns ruhig zu verhalten. Meine Schwester Ursel, die immer zur Stelle war, wenn Hilfe benötigt wurde, hatte Urlaub bekommen. Nun war sie mit der Hebamme bei Mutti im Schlafzimmer. Irgendwann wurden wir ins Haus gerufen, Mutti lag im Bett, in ihren Armen hielt sie ein neues Baby und wir durften unsere Schwester Christel begrüßen. Die Hebamme schickte uns bald wieder nach draußen, weil unsere Mutter Ruhe brauchte, wie sie uns sagte.

Die kleine Christel war ein ganz besonderes Kind – ein Kind, das von allen geliebt und gehätschelt wurde. Die Kleine machte außergewöhnlich rasche Fortschritte in ihrer Entwicklung, sie konnte bereits mit vier Monaten sitzen und auch die ersten Zähnchen zeigten sich bei Christel ganz früh. Es ist nicht einfach zu beschreiben, doch von diesem Kind ging etwas Strahlendes, etwas ganz Ungewöhnliches aus, was selbst unserem Hausarzt aufgefallen sein muss, denn er äußerte sich einmal in dieser Richtung.

Christel war erst neun Monate alt, als sie anfing zu laufen, sie konnte auch schon sprechen, zum Beispiel sagte sie Mama und Papa, sagte die Namen der Geschwister und bitte, danke. Wir waren so stolz auf unsere Jüngste, auf dieses fröhliche, strahlende Kind, das von allen geliebt und auch verwöhnt wurde. Wenn Vater abends nach Hause kam, war Christel die erste, die er begrüßte, die er auf den Arm nahm und mit ihr kuschelte, da gab es von keinem der Geschwister Eifersüchteleien. Christel war eben Vaters und unser aller besonderer Liebling.

Es muss im Frühjahr 1937 gewesen sein, wir saßen im Unterricht in der Schule, als unser Bruder in den Klassenraum gestürzt kam und schrecklich aufgeregt war. Wir sollten ganz schnell nach Hause kommen, weil Mutti so sehr weinte. So schnell wir konnten, rannten wir über den Schulhof nach Hause, wo wir Mutti völlig verzweifelt und weinend vorfanden, in ihren Armen hielt sie die kleine Christel, sie war tot.

Wir konnten überhaupt nicht begreifen, was geschehen war. Am Abend davor hatten wir noch mit der Kleinen geschverzt und gespielt, sie konnte doch nicht plötzlich gestorben sein, sie war doch ein so gesundes, lebhaftes Kind gewesen!

Mutti und Christel, das früh verstorbene elfte Kind, mit der Freundin der Familie, Louwisa Auinger (1936)

Eine der großen Schwestern lief zum Telefonieren ins Dorf, um Vater im Finanzamt anzurufen. Der herbeigerufene Arzt stellte die Diagnose »plötzlicher Kindstod«, was für uns unerklärlich und unfassbar war.

»Als Vater dann nach Hause kam, haben wir zum ersten Mal gesehen, dass er weinte, er hat sich mit dem toten Töchterchen eingeschlossen«, so erzählte es Käte mir später. »Mutti, die selbst so tief getroffen und völlig verzweifelt war, musste ihrem Mann in seiner Trauer beistehen und ihm Trost geben.«

Es war für uns alle ein furchtbarer Schicksalsschlag. Die kleine Christel hat nur neuneinhalb Monate gelebt, dieses Kind ist immer in unserem Familiengedächtnis geblieben.

Kurz darauf hatte Mutti eine Fehlgeburt, ein kleiner Junge kam zur Welt, der nur einige Stunden lebte. In meiner Erinnerung an dieses Geschehen sehe ich Mutti im Bett liegend, wie sie weinend aus dem Fenster schaut. Draußen stieg Vater, mit einem winzigen Sarg unter dem Arm, auf sein Fahrrad und fuhr davon.

Christel und der kleine Junge sind auf dem Friedhof in Stellau bestattet worden, direkt neben der Kirche, die – aus Feldsteinen erbaut – eine der ältesten Kirchen in Schleswig-Holstein ist. Für die beiden verstorbenen Kinder habe ich in den Familiendokumenten weder Geburts- noch Sterbeurkunden gefunden, sodass es keine genauen Daten gibt.

Es ist anzunehmen, dass Vater die Unterlagen irgendwann vernichtet hat. Ich kann mir vorstellen, er wollte nicht mehr an diese schreckliche Tragödie erinnert werden. Unser Vater, der große Verdränger!

Als ich mir später, als junges Mädchen, über das Leben unserer Mutter so meine Gedanken machte, habe ich mich oft gefragt, wie sie diese furchtbaren Belastungen, zu allen ohnehin bestehenden Schwierigkeiten, bewältigen konnte. Erst dann habe ich auch verstanden, welchen Anteil Vater an den vielen Schwangerschaften unserer Mutti und letztlich auch an ihren Krankheiten hatte. Dies zu verstehen, hat mich lange Zeit bedrückt. Ich vertraute meinem Vater nicht, machte ihn zudem für den frühen Tod der Mutter mitverantwortlich, was sicher ungerecht war.

Zu der Zeit war ich in einem Alter, in dem ich einen Menschen gebraucht hätte, der Fragen beantworten konnte, und mit dem ich meine Probleme hätte besprechen können.

Unsere Mutter war ohne Zweifel eine warmherzige, kluge und starke Persönlichkeit, doch ihre Schwäche war die große Liebe zu ihrem Mann, zu unserem Vater. Obwohl Mutti nie davon gesprochen hat, sie hat ihm anscheinend auch einen oder auch zwei Seitensprünge verziehen.

Nur ein einziges Mal, als ich unvermutet ins Schlafzimmer der Eltern kam, sah ich Mutti mit einem Buch in den Händen bitterlich weinend auf dem Bett sitzen. Heute bin der Überzeugung, dass es sich um ein Tagebuch handelte, in dem sie gelesen hatte.

Tatsächlich wurden mir diese Geschichten von Vaters Untreue viele Jahre später bestätigt, und zwar von Verwandten, die durchaus glaubwürdig sind. Mir wäre es lieber gewesen, ich hätte davon nichts erfahren. Denn ich hatte wieder das Bild meiner Mutter vor mir, als sie weinend auf dem Bett saß. Das und andere Ereignisse haben später eine lange Zeit der Entfremdung zu meinem Vater bewirkt, den ich so gerne bewundert und geliebt hätte.

»Die vier
Kleinen«,
von links Erika,
Antje, Bruno und
Luise (1938)

Schule in Wulfsmoor

Ostern 1938 wurde unser Bruder eingeschult, nun waren nur die beiden jüngsten Mädchen, Luise und Erika, noch nicht schulpflichtig. Die Sperlingskinder gingen gern in die Schule, das Lernen fiel uns leicht und wir fanden Freunde, die uns wohl auch etwas exotisch fanden, diese Familie mit den vielen Kindern, die aus der Großstadt in ihr Dorf gezogen war.

Für die ersten vier Schuljahrgänge war eine Lehrerin zuständig, Fräulein Dietrich, eine strenge, etwas korpulente Dame, unsere vierjährige Erika nannte sie »Fräulein Dickling«. Sie schlug gern einmal mit ihrem Stock auf die Hände der Mädchen, wenn etwas nicht so war, wie sie es erwartete. Ansonsten kam man mit Fräulein Dietrich ganz gut aus, sie war nicht gerade eine eindrucksvolle Persönlichkeit, meine Erinnerung an sie ist nicht sehr ausgeprägt.

Einmal gerieten wir, die Lehrerin und ich, doch aneinander. Handarbeit war mir ein Gräuel, und an einem Sommertag mussten wir Topflappen stricken. Die Hände schwitzten und ganz sauber waren sie wohl auch nicht. Einige Maschen waren von der Stricknadel gefallen und es war ein ziemliches Gewurstel entstanden, mit dem ich nicht klar kam. Fräulein Dietrich schaute sich das schmuddelige Etwas, das einmal ein Topflappen werden sollte, an und meinte wohl, mich bestrafen zu müssen.

Sie nahm meine Hand und wollte mit dem Lineal zuschlagen, in dem Moment zog ich die Hand zurück und sie schlug sich selbst auf die Finger. Danach bin ich nie wieder mit dem Fräulein Dietrich in Schwierigkeiten geraten. Was der Grund dafür war, kann ich nicht sagen, aber sie hat mich eher ein wenig vorgezogen, denn Gerechtigkeit war auch nicht gerade ihre Sache.

Wir Schwestern haben gern und oft gesungen und hatten auch ein gutes musikalisches Gehör, deshalb wurden wir im Musikunterricht, und oft auch bei Schulfeiern, aufgefordert vorzusingen. Es dauerte nicht lange, da wurden wir der »Spatzenchor« genannt. In der Schule haben wir auch Lieder gesungen mit Texten wie »In den Ostwind hebt die Fahnen« oder das Lied der Hitlerjugend, in dem es hieß »Unsere Fahne führt uns in die Ewigkeit, unsere Fahne ist mehr als der Tod«, was mir damals gar nicht komisch erschien. Wahrscheinlich war ich seinerzeit zu jung und unbedarft, mir darüber Gedanken zu machen. Es waren eben die Lieder, die uns in der Schule beigebracht, die Lieder, die auch in der Hitlerjugend gesungen wurden.

Die Klassen 5 bis 8 wurden vom Lehrer Fritz Demmin unterrichtet. In der Familie Sperling hatte er den Namen »Hein Dämlack« bekommen. Demmin war ein großer, schlaksiger Mann, der gerne in SA-Uniform durch die Gegend lief, er bekam seinen Spitznamen von uns sicherlich aus gutem Grund.

Der Arme wird es mit uns Sperlingskindern bestimmt nicht leicht gehabt haben. Wenn die älteren Schwestern den Lehrer zum Beispiel gelegentlich korrigieren mussten, wie es zum Beispiel eines Tages in der Rechenstunde geschah, nahm er das zum Anlass, sie ungerecht zu benoten. Er duldete keinen Widerspruch und konnte es schon gar nicht ertragen, dass er auf eigene Fehler aufmerksam gemacht wurde. Kam es zu ungerechten Zensuren, trat Mutter mit einer Beschwerde in Aktion, was mit Demmin zu Diskussionen führte.

Obwohl andererseits, wenn wir etwas verbockt hatten, Mutter immer darauf bestand, dass wir uns entschuldigten und die »Sache in Ordnung bringen«, wie sie sagte. Für uns, die jüngeren Kinder, war der Schulunterricht früher beendet. Für die Kinder war es Pflicht, dass sie sich mit »Heil Hitler« und erhobenem rechten Arm von den Lehrern verabschiedeten.

Herr Demmin hatte die Angewohnheit, in der letzten Schulstunde mit den großen Jungen auf dem Schulhof zu exerzieren, dabei ging es mit militärischen Kommandos ziemlich lautstark zu.

Nun verlief die Grenze unseres Grundstücks parallel zum Schulhof, und so saßen wir eines Tages zu dritt hinter der Hecke und ärgerten den Lehrer. Wir hatten einen riesigen Spaß daran, ihn nachzuäffen und Befehle zu rufen wie: »Stillgestanden, Augen geradeaus, rechtsrum, im

Gleichschritt marsch« und andere Befehle der Art. Am gleichen Nachmittag besuchte »Hein Dämlack« Mutti, um sich über das unerhörte Verhalten ihrer Kinder zu beschweren. Muttis Antwort war: »Die Kinder können auf unserem Grundstück spielen, was sie wollen«, und sie verbat sich weitere Belehrungen dieser Art. Unser Lehrer hatte eine weitere Beschwerde, er verlangte, dass wir ihn grüßen müssten, wenn er nachmittags im Vorgarten arbeitete und wir Kinder uns draußen aufhielten.

Der Ärmste hatte nicht mit unserem Einfallsreichtum gerechnet und wohl auch nicht damit, dass wir sein respektloses Verhalten unserer Mutter gegenüber nicht ungestraft hinnehmen würden. Wir hatten die Auseinandersetzung der Erwachsenen nämlich belauscht, deshalb beschlossen wir, unserem Lehrer einen gehörigen Denkzettel zu verpassen.

Wir, das heißt die fünf Jüngsten der Sperlinge, hatten einen Streich ausgeheckt, von dem wir niemandem etwas erzählt hatten. Wir sahen »Hein Dämlack« eines Nachmittags wieder einmal in seinem Garten vor dem Haus bei der Arbeit. In einem Abstand von drei bis vier Metern sind wir an ihm vorbeigegangen, sind stehen geblieben und haben mit erhobener Hand und lautem »Heil Hitler« gegrüßt.

Der Lehrer stellte seinen Spaten beiseite und grüßte in vorbildlich strammer Haltung zurück. Wir liefen bis zum Bahnübergang, mussten uns vor lautem Lachen über den Lehrer erst einmal beruhigen und haben nach einer kurzen Weile das Ganze auf dem Rückweg wiederholt. Nun hatte er bis dahin schon zehn Mal stramm gestanden und mit »Heil Hitler« gegrüßt.

Damit aber noch nicht genug, das Theater ging mindestens ein weiteres Mal, vielleicht auch ein drittes Mal, über die Bühne, sogar die kleine Erika mit ihrer Piepsstimme hatte ihren Spaß daran. Es hat uns nur verwundert, weshalb dieser Mensch nicht einfach ins Haus oder in den hinteren Garten gegangen ist, er muss doch gemerkt haben, dass wir uns über ihn lustig gemacht haben.

Einer der Schüler war ein ganz aufgeweckter Bursche, mit dem Herr Demmin von Zeit zu Zeit seine Schwierigkeiten hatte. Eines Tages fragte ihn der Lehrer: »Albert Meierhus«, (was der Hofname war, sein Familienname war Schröder), »Albert Meierhus, welche Farbe hat ein Apfelschimmel?«

Daraufhin kam von Albert ganz ernsthaft die Antwort: »Herr Oberschulrat, ein Apfelschimmel ist rot und gelb, weil ein Apfel, wenn er reif ist, ist gelb und rot.« Wir Kinder haben laut gelacht über den »Oberschulrat«, aber auch, weil wir es sehr komisch fanden, einem Bauernsohn so eine Frage zu stellen.

Die Kinder von den Bauernhöfen bekamen übrigens meistens bessere Noten als die anderen Schüler. Den Grund dafür fanden wir schnell heraus, es war ein offenes Geheimnis, und selbst die Schulkinder wussten darüber Bescheid. Nach den Schlachttagen beglückten die Bauern den Herrn Lehrer und das Fräulein Lehrerin mit nahrhaften Wurst- und Speckpaketen!

Ich konnte es nicht leiden, wenn der Lehrer mir zu nahe kam, um mir über die Schulter und in mein Schreibheft zu schauen, aus seiner Nase wuchsen so schwarze Haare, davor hat es mich gegraust, trotzdem musste ich immer wieder zwanghaft hinsehen.

Er hatte überhaupt etwas an sich, was mir unangenehm war, zum Beispiel beobachtete ich, dass er die großen Mädchen in der Sportstunde auffällig anstarrte. Wenn der Schularzt einmal jährlich zur Untersuchung der Kinder in die Schule kam, blieb er auch im Klassenzimmer, wenn die großen Mädchen sich freimachen mussten. Meine Schwester Gertrud hat sich nicht abhorchen lassen, solange der Lehrer im Raum war, und hat die Untersuchung verweigert.

Dann erst haben auch die anderen Mädchen Mut gefasst und sich dagegen gewehrt, dass der Lehrer ihren entblößten Busen anstarrte. Damals wurden Autoritäten kaum jemals infrage gestellt. Wir aber hatten den Rückhalt bei unserer Mutter, die uns ermutigte und darin bestärkte, uns auch gegen Erwachsene zu wehren, wenn es notwendig war.

Jedes Jahr am 20. April, dem Geburtstag »unseres geliebten Führers Adolf Hitler«, wurden alle Zehnjährigen in die Hitlerjugend aufgenommen, die Jungs wurden Pimpfe, die Mädchen waren dann Jungmädchen. Alle Jungmädchen und Pimpfe hatten in der HJ-Uniform zum Dienst anzutreten. Wir konnten uns die Anschaffung der Uniformen gar nicht leisten. Familien, die sich im Sinne des Regimes wohlverhielten, erhielten von der NSDAP die nötige Unterstützung, wenn das Geld nicht reichte, um ihre Kinder einzukleiden. Wir, die Kinder aus politisch unzuverlässigen Familien, mussten glücklicherweise nie eine HJ-Uniform tragen, was mir allerdings erst bewusst wurde, als ich etwas älter geworden war.

Ab 1939 war der Eintritt in die Hitlerjugend Pflicht, es war keine Rede mehr von freiwilligem Eintritt. Einmal in der Woche hatten wir »Dienst«, was in der ersten Zeit ja noch vergnüglich gewesen sein mag. Es wurde zusammen gesungen, gebastelt und gemeinsam Sport, das heißt Turnen und Leichtathletik betrieben.

Wir Sperlings waren gute Sportlerinnen, und so war ich erst einmal mit Feuereifer dabei, zumal ich bei den in jedem Jahr stattfindenden

»Reichsjugendwettkämpfen« immer zu den Besten gehörte und ein Abzeichen dafür bekam, auf das ich erst einmal sehr stolz war.

Uns wurde immer wieder gesagt, wie glücklich wir sein müssten, dass wir diesem »edlen, germanischen Volk« angehören durften.

Ich habe mir, als ich erwachsen war, hin und wieder überlegt, was aus mir, was aus uns geworden wäre, wenn wir nicht diesen Familienhintergrund gehabt hätten. Wenn meine Eltern Nazis gewesen wären, vielleicht wäre ich dann eine fanatische Anhängerin der Nazi-Ideologie geworden. Wahrscheinlich habe ich einfach Glück gehabt mit meinen Eltern, mit den Großeltern, Tanten und Onkeln. Keiner von ihnen hat aus Opportunismus oder um Vorteile zu erlangen, seine politische Überzeugung aufgegeben. Niemand von ihnen ist der Nazipropaganda erlegen. Dass uns vorgelebt wurde, kritisch zu denken und wenn es notwendig war, auch den Mund aufzumachen, dafür bin ich den »Alten« noch immer dankbar und halte ihr Andenken in Ehren.

Überall und auch bei der Hitlerjugend war es Pflicht, mit erhobenem Arm und »Heil Hitler« zu grüßen, aus heutiger Sicht mag es ziemlich lächerlich und albern erscheinen. Man stelle sich einmal vor, der Führer hätte Müller, Meier oder gar Schicklgruber geheißen!

Auch in der Schule wurde sehr darauf geachtet, dass der »Deutsche Gruß« bei Beginn des Unterrichtes und am Ende des Schulbesuches ausgeführt wurde. Schließlich hörten wir während der ganzen Kindheit, außer natürlich im Familien- und Freundeskreis, dieses »Heil Hitler«. Man sagte es ganz automatisch und ohne darüber nachzudenken.

Als ich immer mehr begriff, was um mich herum geschah, versuchte ich oftmals, mich dem Dienst in der Hitlerjugend zu entziehen, indem ich behauptete, dass meine kranke Mutter bei der Versorgung der kleinen Geschwister unbedingt meine Hilfe benötige. Das entsprach ja der Wahrheit, zudem wurden wir von den Eltern unterstützt, wenn wir versuchten, dem Dienst in der Hitlerjugend zu entgehen, auch wenn sie uns nicht direkt dazu aufforderten.

Mit Mutti konnte ich ab und zu Gespräche führen, bei denen ich ernst genommen wurde, wenn sie denn einmal die Zeit zum Zuhören fand. Meist war sie am Abend erschöpft und froh, wenn die drei jüngsten Kinder im Bett lagen und es im Haus ruhiger wurde. Dann saßen wir mitunter beisammen und haben gelesen, oder Mutti erzählte von den Erlebnissen ihrer Jugendzeit, was für uns sehr spannend und interessant war. Mit ihren zwei Schwestern gehörte sie zur Wandervogel-Bewegung, die an den Wochenenden auf Fahrt gingen, und gemeinsam mit Jungen Wanderungen durch Wald und Heide machten. Das war in der Zeit vor dem

Ersten Weltkrieg eine überaus fortschrittliche Auffassung, die von ihren Eltern unterstützt wurde.

Meine Großeltern gehörten schon vor 1914 dem linken Flügel der Sozialdemokratischen Partei an, was zur Tradition in der mütterlichen Familie wurde, die sich mittlerweile in der vierten Generation bis in die Gegenwart fortgesetzt hat.

Ich kann mich nicht daran erinnern, dass Mutti jemals unsere Hausaufgaben für die Schule kontrollieren musste, dafür waren die jeweils älteren Schwestern zuständig. Wenn es gelegentlich zu heftigen Streitigkeiten unter den Schwestern kam, konnte es geschehen, dass die eine oder die andere vor die Tür geschickt wurde – »zum Abkühlen«, sagte Mutti meistens, was von den Betroffenen als Ungerechtigkeit empfunden wurde. Wir sind von Mutti nie geschlagen worden, es genügte schon, wenn sie gelegentlich sagte: »Du kriegst gleich einen Flicken.« In der Sperlingsfamilie wurde gern und auch bisweilen lautstark diskutiert. Dabei fällt mir ein: Der einzige Junge in der Mädchenschar war zwar Mutters Liebling, aber Bruno ging ein wenig unter bei den sechs älteren Schwestern. Unser Bruder war ein sensibler Junge, der auch mal in Tränen ausbrechen konnte und dann von uns gehänselt wurde, so nannten wir ihn »Brunhilde-Waschweib«. Der Ärmste ist von uns ziemlich gemein behandelt worden. Erst als die großen Schwestern aus dem Haus waren, hatte er es ein wenig leichter.

Unser nächster Nachbar war der Bauer Böge. Käte hat dort in den Sommerferien bei der Heuernte geholfen, und in den Herbstferien bei der Kartoffel- und Rübenernte. Das war 1938, also ist sie Ende Oktober erst zwölf Jahre alt geworden. Wenn Käte abends heimkam, schleppte sie eine Zwei-Liter-Kanne mit frisch gemolkener Milch nach Hause, was die Haushaltskasse entlastet hat. In den »Kartoffelferien« hat auch Gertrud, die gerade vierzehn Jahre alt war, gemeinsam mit Käte bei verschiedenen Bauern Kartoffeln gesammelt.

»Durch unsere Arbeit konnten für den Winter Kartoffeln eingelagert werden, das war natürlich eine große Hilfe für die Familie«, erzählte mir Käte. Zusätzlich haben die beiden fleißigen Schwestern noch ein wenig Geld erhalten: »Wir waren sehr stolz, als wir bei dem Krämer im Dorf für Mutti einmal ein Paar Strümpfe aus Kunstseide kaufen konnten!«, sagte Käte.

Durch die vielen Geburten und ihre ständigen Krankheiten ist Mutti sehr korpulent gewesen, ihre Beine waren so angeschwollen, dass sie nur Hausschuhe tragen konnte. Ursel, die zweitälteste von uns, hatte von ihrem geringen Verdienst Geld gespart. Sie ließ von einem Schuhmacher ein Paar Maßschuhe für Mutti herstellen, sie waren aus einem ganz weichen Leder gearbeitet. So konnte unsere Mutti endlich auch mal wieder aus dem Haus gehen, was lange Zeit nicht möglich gewesen war.

Dort in Wulfsmoor haben wir Kinder vom politischen Geschehen erst einmal nichts mitbekommen. Wir hatten keinen Radioapparat, der wurde erst später angeschafft, als der »Volksempfänger« auf den Markt kam. Es muss erst Anfang des Krieges gewesen sein, denn wir mussten während des Schulunterrichts von den Siegen der Wehrmacht und über die Sondermeldungen Bescheid wissen, und die Reden des »Führers« anzuhören, war Pflicht.

Die Eltern waren noch vorsichtiger geworden, wenn sie sich unterhielten. Sie besprachen in unserer Gegenwart nichts, was die Familie in Gefahr gebracht hätte. Es war sowieso schwierig genug, die große Familie einigermaßen durchzubringen, dabei hatten alle, im Rahmen ihrer Möglichkeiten, ihren Teil zu leisten. Das funktionierte auch ganz gut.

Inzwischen hatten längst die Beschränkungen im Leben der jüdischen Menschen im Deutschen Reich angefangen, immer neue Verordnungen und Verbote wurden erlassen. Was zur Folge hatte, dass die Juden aus dem sozialen, kulturellen und gesellschaftlichen Leben ausgeschlossen wurden. Jüdische Familien durften keine Kinos und Theater besuchen, es war ihnen verboten, öffentliche Parks und Schwimmbäder zu benutzen. In den öffentlichen Verkehrsmitteln durften Juden, die ja auf der Kleidung den gelben Stern tragen mussten, keinen Sitzplatz einnehmen und in der Straßenbahn nur den hinteren Teil benutzen. Jüdische Ärzte durften nur jüdische Patienten behandeln, jüdische Rechtsanwälte nur jüdische Klienten vertreten, bis auch das nicht mehr möglich war. Schließlich mussten sie ihre Radios und die Telefone abgeben und auch die Haltung von Haustieren wurde den jüdischen Familien nicht mehr erlaubt.

An Kinos, Theatern, an Banken und Sparkassen, an allen öffentlichen Gebäuden und an Geschäften, überall waren Schilder angebracht mit der Aufschrift »für Juden verboten« oder »Juden unerwünscht«!

Am 9. November 1938 wurde dann im ganzen Deutschen Reich ein von Reichsführer SS Heinrich Himmler organisiertes und von den Schlägertrupps der SA durchgeführtes Pogrom auf jüdische Familien, Geschäfte und Einrichtungen veranstaltet, das unter dem Namen »Reichskristallnacht« in die Geschichte eingegangen ist.

Die Synagogen wurden geschändet und in Brand gesetzt, viele jüdische Männer wurden in »Schutzhaft« genommen, geschlagen und erniedrigt und auch totgeschlagen. Für die Plünderungen und die Zerstörungen, von Nazihorden verursacht, wurde der Jüdischen Gemeinde in Deutschland ein Strafgeld von einer Milliarde Reichsmark auferlegt. Wenn Juden die Mittel besaßen und die Möglichkeit hatten, ins Exil zu gehen, mussten sie vor der Ausreise eine enorme Summe entrichten, die so genannte Reichsfluchtsteuer.

Was hier geschildert wird, ist nur ein kurzer Einblick in die Geschichte der jüdischen Verfolgung, eine Geschichte, die mit diesen Ereignissen erst ihren Anfang nahm und zu grauenhaften Verbrechen und in die Katastrophe führte. Fast alle »Volksgenossen« schauten zu oder weg, entweder weil sie mit dem, was geschehen ist, einverstanden waren, oder weil sie durch den Terror der Nazis dermaßen eingeschüchtert worden waren, dass sie es nicht wagten, Unmut oder Empörung zu zeigen.

Außerdem waren in den ersten Jahren des NS-Regimes Tausende seiner politischen Gegner in Gefängnissen und KZ-Lager eingesperrt, ermordet oder ins Exil getrieben worden. Nur in ganz wenigen Einzelfällen fanden Juden bei als »arisch« bezeichneten Deutschen Hilfe und/oder ein Versteck, was für Helfer und Verfolgte immer mit Lebensgefahr verbunden war. Neuere Forschungen gehen davon aus, dass circa 5000 Juden, die im Deutschen Reich untergetaucht waren, den Holocaust überlebt haben. Die meisten von ihnen sind in Berlin von Freunden oder Nachbarn über Jahre versteckt worden.

Im Frühjahr 1939 schloss Gertrud, die Vierte der Sperlingskinder, die Volksschule ab und wurde unmittelbar darauf durch das Arbeitsamt zu einem Bauern ins Pflichtjahr geschickt. Nun lebten nur noch fünf Kinder im Haus, Mutti ging es gesundheitlich immer schlechter, auch hatte sie sicher den Tod der beiden jüngsten Kinder nicht verwunden und trauerte um sie. Käte und ich mussten immer mehr die Verantwortung für Luise und Erika übernehmen, die zu der Zeit sechseinhalb und fünf Jahre alt waren. Bruno mit seinen acht Jahren half auch beim Wassertragen und holte Holz und Torf für den Küchenherd aus dem Stall.

Der Sommer 1939 war heiß und lang und am Ende der Ferien durfte ich die Großeltern in Hamburg besuchen, das war für mich ein ganz besonderes Erlebnis. Von diesem Besuch habe ich weiter oben schon berichtet und von dem mutigen Verhalten der Großmutter erzählt. Ich erinnere mich auch an einen Besuch in »Planten und Blomen«, an den herrlichen Park mitten in der Stadt, der sich vom Dammtorbahnhof bis zum Stadtteil St. Pauli hinzieht. Tante Käte und Onkel Berni hatten mich dazu eingeladen, mit Cousine Irmhild machten wir uns auf den Weg. Im Musikpavillon, den es auch heute noch gibt, trat der international berühmte Chor der »Donkosaken« auf, und mit Beginn der Dämmerung wurden wir mit dem Einschalten der beleuchteten Wasserfontänen verzaubert. Damit ich auch etwas von den wunderbaren Ereignissen sehen konnte, nahm Onkel Berni mich auf die Schultern. Es bleibt ein unvergesslicher Abend für mich.

Bald darauf begann wieder der Alltag und der Schulunterricht, und am 1. September »brach der Krieg aus«, die Deutsche Wehrmacht hatte mit dem Überfall auf Polen den Zweiten Weltkrieg entfacht. Das war der Beginn eines Eroberungskrieges mit den furchtbarsten Verbrechen und Verletzungen der Menschenrechte, wie sie bis dahin unvorstellbar waren.

Vater wurde schon Ende August 1939 zur Wehrmacht eingezogen und ist als Sanitäter in der Kaserne »Lockstedter Lager« eingesetzt worden. Wie Mutti es schaffte, mit der Arbeit in Haus, Garten und den Tieren klarzukommen, kann man sich nicht vorstellen. Auch wenn Käte und ich Mutti so viel wie möglich bei den vielfältigen Aufgaben unterstützten, so waren wir doch Kinder, die nicht immer verstanden, dass unsere Mutter oft völlig überfordert war. Sogar der kleine Bruno versuchte zu helfen, um ihr Freude zu machen.

Eines Tages hatte er sich draußen beim Umhertoben am Kopf verletzt, die Wunde blutete heftig und das Kerlchen presste sich ein Taschentuch an die Stirn, bevor er ins Haus lief: »Mutti, reg dich bloß nicht auf, es tut auch gar nicht weh!«, rief er, mit seinen acht Jahren wusste er, die Mutter hatte ein krankes Herz und durfte nicht aufgeregt werden. Der Arzt wurde aus dem sieben Kilometer entfernten Itzehoe gerufen, weil die Wunde geklammert werden musste.

An meinem elften Geburtstag im November überraschte Vater uns mit seinem Besuch, er hatte einige Urlaubstage bekommen. Vor lauter Freude knallte ich die Küchentür so heftig zu, dass mir ein Fenster, das sich über der Tür befand, mitsamt Rahmen auf den Kopf fiel. Ich hatte eine schlimme Kopfverletzung, die heftig blutete. Vater hat die Wunde sofort versorgt, die Haare drum herum abgeschnitten und mich ins Bett gesteckt. Mutti kam gleich mit einer Wasserschüssel und hat mir das Blut vom Gesicht abgewaschen, und als der Doktor kam, die Wunde genäht und mir einen Verband angelegt hatte, fand ich es ganz aufregend, mal im Mittelpunkt der Familie zu stehen.

Wir Kinder waren nie zimperlich, wenn wir uns verletzt hatten, und wenn eines von uns jammerte, hieß es: »Stell dich nicht so an« und es wurde von jemandem erzählt, dem es viel schlechter ging und der wirklich einen Grund zum Weinen hatte.

Bei einem Besuch des Vaters, im Hintergrund die Bahnschienen (1940)

Im Herbst 1939 mussten Bruno und ich bei den Bauern bei der Kartoffelernte arbeiten, damit wir für den Winter Kartoffeln einlagern konnten. Mein Bruder und ich haben zusammen die gleiche Arbeit geleistet wie ein erwachsener Kartoffelsammler. Das Sammeln machte uns keine große Mühe, aber die vollen Körbe zum Wagen zu schleppen, und sie dann über den Wagenrand zu entleeren, war eine schwere Anstrengung.

Käte lebte seit kurzem bei einem Bauern in einem Dorf, in der Nähe von Kiel. Weshalb sie dort sein musste, wurde uns nicht gesagt. Für uns war es unverständlich, denn sie war ja noch schulpflichtig.

Später wurde gesagt, unsere Käte habe sich »herumgetrieben«, als sie die Großeltern in Hamburg besuchte. Käte war knapp 13 Jahre alt und ein eher schüchternes Mädchen, deshalb ist die ganze Geschichte für mich so nicht glaubwürdig. Ich weiß noch, dass Muhme Anna aus Hamburg zum Familienrat anreiste. Was die Erwachsenen besprochen haben, und was eigentlich mit Käte passiert war, davon erfuhren wir nichts. Auch später wurde nicht davon geredet. Meine Schwester hat über das, was damals geschehen ist, lange Zeit geschwiegen. Wir waren beide schon Großmütter, als Käte mir endlich erzählte, dass sie damals sehr unglücklich gewesen sei. Sie habe sich von den Schwestern und von der Familie unverstanden und ungeliebt gefühlt. »Deshalb bin ich damals ausgerissen, weil ich es nicht mehr ausgehalten habe.« – So erzählte Käte mir, sie ist dann wohl von einem Beamten spät abends aufgegriffen und in ein Kinderheim gebracht worden. Weiter berichtete Käte: »Vater hat von mir verlangt, ich soll ihn um Entschuldigung bitten, weil ich weggelaufen bin. Das wollte ich damals aber nicht, denn mir ging es ja sehr schlecht.«

Die fleißige Käte, die für unsere Mutter immer eine so große Hilfe gewesen war, durfte nicht mehr im Haus bleiben. Eine harte, nicht zu verstehende Strafe für ein Kind, das mit dem Weglaufen eigentlich um Hilfe gerufen hatte. Ich habe oft gedacht, wie schrecklich es für Käte gewesen sein muss, bei fremden Menschen unter Aufsicht zu leben, von der Familie getrennt zu sein, und dann auch noch nach der Schule auf einem Bauernhof so schwer arbeiten zu müssen! Vielleicht ist sie gerade durch diese Erfahrung eine so hilfsbereite, warmherzige Person geworden, die immer bereit ist, anderen Menschen zu helfen, an sie denkt und selbst ganz bescheiden ist. Und die uns mit ihrem sehr speziellen Humor oft zum Lachen gebracht hat.

Käte hat fünf Kinder groß gezogen, dabei ist sie immer berufstätig gewesen, zunächst in der Landwirtschaft, dann in einer Fabrik. Später hat sie bis zu ihrem Renteneintritt als Verkäuferin in einem Kaufhaus gearbeitet. Meine Schwester Käte, eine starke Frau, die immer für ihre Kinder, Enkel und Urenkel da ist und von denen sie geliebt wird.

Gerade eben elfjährig, war ich jetzt die Älteste im Haus. Bruno, der ja zweieinhalb Jahre jünger war, und ich hatten nun Verantwortung für die zwei Kleinsten zu übernehmen. Im Grunde waren wir dafür noch viel zu jung, doch blieb uns keine andere Wahl. Wir konnten unsere kranke Mutter nicht mit ihrer Arbeit allein lassen, wir hatten also auch bei der Hausarbeit und in Stall und Garten mitzuhelfen, so gut es eben möglich war. Ich kann mich heute nicht mehr daran erinnern, dass es uns besonders schwer erschien, die Arbeit musste getan werden und die Verhältnisse waren eben so.

Großvater Pappermann war ein tüchtiger und geschickter Tischlermeister und ein überaus korrekter und redlicher Mann. Wir Kinder wurden von ihm ermahnt: Man stiehlt nicht, man lügt nicht und betrügt nicht, man fügt anderen Menschen keinen Schaden zu. Er und seine Dorothea, unsere Großmutti, sie sind uns Kindern immer ein Vorbild gewesen. Bei einem seiner Besuche hatte uns der Großvater einen Blockwagen gebaut, der mit grüner Ölfarbe angestrichen war. Mit einem Aufsatz konnte man den Wagen vergrößern.

Bruno und ich hatten an einem bitterkalten Wintertag mit dem Gefährt ein schwieriges Abenteuer zu bestehen, es muss im Winter 1940 gewesen sein. Es lag tiefer Schnee und es war bitterkalt. Weil wir nur noch wenig Briketts zum Verfeuern hatten, mussten wir trotzdem nach Wrist, dort sollten wir zwei Zentner Kohlen holen. Mit dem schweren Wagen zogen wir vier Kilometer über die Chaussee, zeitweise bis zu den Knien im Schnee versinkend. Wie man sich denken kann, war unser Schuhzeug und die Kleidung nicht unbedingt geeignet, uns warm und trocken zu halten. Als wir völlig durchfroren und erschöpft wieder zu Hause angekommen waren, steckte Mutti uns sofort ins Bett, damit wir uns wieder aufwärmen und erholen konnten. Bruno, der kleine Kerl, so tapfer er auch ausgehalten hatte, war vor Anstrengung, und weil ihm die Hände der Kälte wegen so wehtaten, in Tränen ausgebrochen. Aber wir haben es geschafft, wir hatten eine warme Küche, und Mutti kochte uns eine gute Suppe, die uns bald alle Strapazen vergessen ließ.

Der Dritten der Schwestern, Annedore – bei uns die Dorle genannt –, wurde nach dem Pflichtjahr eine Stellung als Kindermädchen auf einem Gutshof zugewiesen. Ich weiß noch, dass der Gutsbesitzer mit »Herr Hauptmann« angesprochen werden musste, auch die Dame des Hauses wollte »Frau Hauptmann« genannt werden. Ohne Erlaubnis des Arbeitsamtes war es nicht möglich, seine Arbeit einfach zu wechseln. So arbeitete Dorle auf dem Gut, bis sie 18 Jahre alt war und im Altonaer Krankenhaus ihre Ausbildung als Krankenschwester beginnen konnte.

Dorle brachte uns eines Tages einen Schäferhundwelpen, der aus der Zucht des Gutes kam. Er bekam den Namen Tobbi und wir waren begeistert über das neue Familienmitglied. Mutti machte sich daran, den kleinen Hund zu erziehen, was ihr hervorragend gelang. Tobbi wurde auch für uns Kinder ein wichtiger Hausgenosse, so hat er uns manches Mal vor dem Übermut der großen Bengels beschützt, die uns ärgern wollten, wenn sie aus der Schule kamen.

Eigentlich haben wir uns mit den Dorfkindern gut verstanden, trotzdem blieben wir immer die »Zugereisten«, so war es nun einmal auf dem Dorf. Unser Hund lag vormittags an einer langen Kette, denn Mutter hatte im Haushalt zu tun, und in die Wohnräume durfte Tobbi nicht hinein. Die großen Burschen hatten manchmal ihren Spaß daran, den Hund zu ärgern, und so geschah es eines Tages, dass Tobbi sich von der Kette losgerissen und ausgerechnet eine unbeteiligte Schulkameradin ins Bein gebissen hat. Anita M. konnte einige Tage nicht in die Schule

Mutti, Tobbi und »die vier Kleinen« (1938)

kommen, deshalb fuhr ich mit dem Fahrrad nach Hingstheide, um sie zu besuchen. Bei uns wurde viel gelesen und ich nahm einige Bücher mit, um sie an meine Schulkameradin auszuleihen.

Etwa vierzig Jahre später wurden wir Schwestern zu einem Schultreffen nach Wulfsmoor eingeladen, wir freuten uns auf ein Wiedersehen nach so vielen Jahren, und so machten sich vier von uns Schwestern auf die Fahrt nach Wulfsmoor. Es war kurios, in den Gesichtern der Erwachsenen die Kinder von einst wiederzuerkennen, mit denen man vor langer Zeit die Schulbank geteilt hatte. Einer der Ehemaligen erzählte: »Wir haben in der Schule doch nebeneinander gesessen, und du hast für mich einen Aufsatz geschrieben, was nie rausgekommen ist.« Daran konnte ich mich überhaupt nicht mehr erinnern. Und Anita M. berichtete: »Weißt du, dass ich durch dich zum Lesen gekommen bin? Eure Bücher waren so spannend, dass ich seitdem oft und gern gelesen habe.«

Für mich waren es überraschende Äußerungen, hatte ich doch meist das Gefühl gehabt, dass wir von den Dorfkindern als Außenseiter betrachtet wurden, was meine Schwestern wohl auch so gesehen haben. Nach langer Zeit hörten wir nun, dass man unsere Familie wohl als ganz interessant empfunden hat. Ja, dass sie uns sogar der großen Familie wegen, in der immer viel gesungen, musiziert und diskutiert wurde, wo es immer recht lebhaft zuging, dass sie uns wohl manchmal auch beinahe beneidet hatten.

Im Sommer 1940 fuhren zwei große schwarze Autos auf unseren Hof, Männer in Ledermänteln und dunklen Hüten stiegen aus. Es waren Gestapobeamte, die sich Zutritt zum Haus verschafften und sofort mit der Durchsuchung aller Zimmer, einschließlich der Boden- und Kellerräume begannen. Sogar der Hühnerauslauf wurde umgegraben und das Hühnerhaus durchsucht. Mutti, die ja ein krankes Herz hatte, regte sich schrecklich auf, es wurde auch nicht gesagt, wonach die Nazibeamten suchten oder weshalb die Durchsuchung stattfand.

Zur gleichen Zeit wurde mein Vater aus der Kaserne im Lockstedter Lager abgeholt und durch die Gestapo zum Verhör nach Hamburg gebracht. Wir haben nie erfahren, ob eine Denunziation vorlag oder aus welchem Grund die Aktion stattfand. Jedenfalls war es klar, Vater und die Familie waren weiterhin im Fokus der Geheimen Staatspolizei! Es ist uns weiter nichts geschehen, aber die Familie fühlte sich wieder bedroht und überwacht. Was wir Kinder nicht wussten und auch nicht wissen durften, war, dass die Schwestern der Mutter mit ihren Familien im Widerstand gegen das Hitlerregime standen und auf keinen Fall durch uns gefährdet werden durften. Auch die Großeltern Pappermann waren der Gestapo als Nazigegner bekannt. Sie alle standen unter Beobachtung, und mussten äußerst vorsichtig sein.

In welch großer Gefahr sie und andere Familienmitglieder gewesen sind, stellte sich erst heraus, als Tante Käthe Neumann von einem Nazigericht wegen »Vorbereitung zum Hochverrat« verurteilt worden war. Dazu zitiere ich den folgenden Bericht: »In Hammerbrook in der Banksstraße lebten der Tischlermeister Martin Pappermann und seine Ehefrau Dorothea. Sie waren mit der Familie Kock entfernt verwandt (vermutlich war Dorothea Pappermann eine Cousine von Jacob Kock) und hatten schon Karl Kocks Vater, Jacob Kock, versteckt, bis dieser im Sommer 1935 mit falschen Papieren und einer Schiffskarte auf der Fähre Travemünde-Kopenhagen nach Dänemark ausreisen konnte. Jetzt quartierten sie Karl Kock auf dem Dachboden ein. Er konnte immer nur kurz bleiben, weil auch Untermieter dort wohnten. Die Pappermanns sammelten Lebensmittelkarten, um ihn zu ernähren. Auch Pappermanns Tochter, Käthe Neumann, die am Poßmoorweg 17 wohnte, beherbergte Karl Kock und unterstützte ihn mit Kleidung und Lebensmitteln. Louise Steinwärder, eine andere Tochter der Pappermanns, und ihr Mann Peter versteckten Karl Kock in ihrem Schrebergarten in der Nähe der Horner Rennbahn und versorgten ihn dort.«[2]

---

[2] Brügmann, Klaus-Dieter/Dreibrodt, Margarete/Nehring, Otto/Meyer, Hans-Joachim, Die Anderen. Widerstand und Verfolgung in Harburg und Wilhelmsburg.

Unser Onkel Karl Kock, von dem schon die Rede war, gehörte zu einer der größten kommunistischen Widerstandsgruppen im Deutschen Reich, dem Arbeiterwiderstand der Bästlein-Jacob-Abshagen-Gruppe. Hier wird sehr deutlich, dass an der Basis Kommunisten und Sozialdemokraten zuweilen gemeinsam gegen den Hitlerfaschismus gekämpft haben. Tante Käthe ist am 4. März 1944, zusammen mit ihrer Tochter, meiner Cousine Irmhild, von der Gestapo verhaftet worden, zwei Tage später fiel auch Karl Kock, zusammen mit anderen kommunistischen Widerstandskämpfern, in die Hände der Gestapo. Käthe Neumann, die Sozialdemokratin, ist in einem Kommunistenprozess verurteilt worden, was ganz ungewöhnlich war.

Ihr Mann, unser Onkel Bernhard Neumann, von uns liebevoll Onkel Bernie genannt, ist in einem Strafbataillon verschollen. Tante Käthe ist sehr alt geworden, wie auch die zweite Schwester unserer Mutti, Tante Louise mit ihrem Mann Peter Steinwärder. Sie und ihre Kinder sind nach dem Krieg wieder der neu gegründeten SPD beigetreten.

Wir Kinder haben den »Besuch« der Gestapo bald vergessen, wir hatten andere Probleme. Mutti war sehr krank, sie hatte ein krankes Herz, hatte Wasser in den Beinen und auch die Nieren waren nicht in Ordnung. Eines Abends saßen wir beim Abendessen in der Küche, als Mutter mich plötzlich am Arm fasste und in einem drängenden Ton sagte: »Bring ganz schnell die Kleinen ins Bett!«

Es hörte sich so bedrohlich an, dass ich die Kleinen rasch ins Kinderzimmer brachte und zu ihnen sagte, sie müssten jetzt brav und ruhig sein, und »die Abendwäsche fällt heute aus«.

Dann lief ich schnell zu Mutti in die Küche zurück. Auf dem Fußboden war eine große Blutlache zu sehen, Mutti war kreidebleich und blutete stark. Ich brachte sie in ihr Bett und versuchte die Blutung mit Handtüchern zu stillen. Was ich noch nicht wusste war, dass die Mutter eine Fehlgeburt gehabt hatte, ich wusste auch überhaupt nicht, was da geschehen war! Der nächste Arzt musste telefonisch aus Kellinghusen gerufen werden. Ich rannte, so schnell ich konnte, zum Telefonieren ins Dorf. Der Arzt ist zwar gekommen und hat Mutti eine Spritze gegeben. Aber eine gründliche Untersuchung fand nach meiner Erinnerung nicht statt. Eine Einweisung in ein Krankenhaus wäre ganz bestimmt und un-

---

Zeugnisse und Berichte 1933-1945. Hrsg. von der VVN/Bund der Antifaschisten Harburg 1980, S. 300.

bedingt erforderlich gewesen, doch was wusste ich als Elfjährige schon davon! Heute weiß ich, dass dieser Mediziner völlig verantwortungslos gehandelt hat. Eine Patientin nach einem Abortus mit einem Kind alleinzulassen, das ist unbegreiflich. Eine Fahrlässigkeit, die nur als pflichtvergessen zu bezeichnen ist. Dem Doktor war schließlich bekannt, dass Mutti durch ihre diversen chronischen Erkrankungen gefährdet war.

Nachdem der Doktor gegangen war, machte ich mich daran, den Fußboden in der Küche zu säubern und fand ein seltsames Gebilde in all dem Blut. Am nächsten Tag klärte Mutti mich darüber auf, was geschehen war, dass sie eine Fehlgeburt erlitten hatte und wie sehr sie nun meine Hilfe nötig hätte. Dieses Erlebnis habe ich lange Zeit verdrängt, zumal es niemanden gab, mit dem ich darüber hätte sprechen können.

Unsere Mutter hatte in der Folge – im Abstand von wenigen Wochen – Zustände, von denen wir sagten: »Mutti hat einen Anfall.« Es begann mit heftigen Krampfanfällen und führte anschließend zu tiefer Bewusstlosigkeit. Sie fiel hin und lag auf dem Fußboden, ich legte ihr ein Kissen unter den Kopf, und wir warteten, bis Mutti wieder zu sich gekommen war, dann brachten Bruno und ich sie ins Schlafzimmer und zu Bett. Meistens schlief sie nach so einem Anfall einige Zeit. Mir machte es große Angst, dass Mutti nach einem »Anfall« völlig desorientiert war und erst Stunden später mit uns sprechen und sich erinnern konnte.

Mit der Zeit lernten wir, wie wir uns bei den stets wiederkehrenden Anfällen verhalten mussten, um der Mutter zu helfen. Wir Kinder waren in dieser schlimmen Zeit mit dieser Situation völlig alleingelassen, die großen Schwestern waren in der Ausbildung oder im Kriegseinsatz. Vater war in der Kaserne im Lockstedter Lager und der einzige Arzt aus Kellinghusen, den wir holen konnten, der schon bei der Fehlgeburt nicht geholfen hatte, versagte abermals.

Doch wir erlebten auch fröhliche Tage, an denen wir spielten und sangen, wenn die Arbeit getan war. Mutti hat uns mit ihrer Tapferkeit und mit ihrem Frohsinn, den sie an guten Tagen ausstrahlte, immer wieder Mut gemacht.

Wir hatten selten Besuch aus Hamburg, manchmal kamen die Großeltern für einige Tage, oder in den Sommerferien reiste eine der zahlreichen Cousinen und Vettern an. Wenn Großmutter Sperling zu uns kam, war es besonders schön, das heißt, eigentlich erinnere ich mich nur an einen Besuch. Großmutter Sperling war eine kleine, sehr zierliche Frau mit knallblauen Augen. Sie erzählte uns gerne fantastische Geschichten und hatte ihr Leben lang eine kindlich-unschuldige Ausstrahlung.

Gesas Freundin Louwisa Auinger mit Tobbi (1938)

Als ich erwachsen war, habe ich oft gedacht, dass Großmutter Sperling nie einen bösen Gedanken gehabt und nie etwas Böses getan hat. Sie war ein liebenswerter Mensch, der mit uns spielte und mit dem man ein wenig behutsam umgehen musste, den man beschützen musste.

Auch meine Schwestern verbrachten ihren Urlaub in Wulfsmoor und brachten Freunde mit. Mutter freute sich, wenn Besucher kamen, sie war ein großzügiger und gastfreundlicher Mensch, und wenn es bei uns mal knapp zuging, begann sie zu singen: »Ich hab kein Geld, bin vogelfrei, ich kenne keine Sorgen!«

Wir saßen um den großen Küchentisch herum, sangen, diskutierten oder veranstalteten Gesellschaftsspiele, die man heutzutage gar nicht mehr kennt. Eine Freundin meiner Schwester Gesa interessierte mich ganz besonders, ihr Name war Louwisa Auinger, sie stammte aus Wien und besuchte uns in den Sommerferien mit ihrem Bruder Wolfram, der war ein fröhlicher Bursche, er hatte blonde Locken und war Schüler eines Gymnasiums.

Louwisa besuchte eine Schauspielschule in Hamburg, sie arbeitete auch während der Ferien an ihren Rollen. Wenn sie ihre dramatischen Auftritte probte, war ich fasziniert und hätte stundenlang zuhören wollen. Sie war eine unglaublich aparte Erscheinung, nach dem Krieg ist sie in ein Kloster eingetreten und Nonne geworden. Gesa hat den brieflichen Kontakt mit Louwisa Auinger bis zu deren Tod aufrechterhalten.

Direkt vor unserem Grundstück, getrennt durch eine schmale Straße und einen Grünstreifen, verlief die Eisenbahnlinie über Neumünster nach Kiel, da fuhren viele, unendlich lange Güterzüge mit Truppentransporten, die Panzer und Geschütze mit sich führten. Die Soldaten saßen in den offenen Waggontüren und freuten sich, wenn wir ihnen gelegentlich zuwinkten, sie winkten zurück und manchmal hörten wir, wenn sie sangen.

Inzwischen hatten wir die ersten Luftangriffe auf Hamburg erlebt, die anfangs nicht so große Schäden anrichteten. In Wulfsmoor spürten wir nicht allzu viel vom Krieg, die Lebensmittel waren zwar rationiert, aber der Garten versorgte uns mit Gemüse und Kartoffeln, die Hühner legten Eier, und am Sonntag hatten wir meist etwas Fleisch auf dem Mittagstisch. Um Bekleidung und Schuhe kaufen zu können, brauchte man Bezugskarten, weil aber bei uns das Geld schon immer knapp gewesen ist und wir die uns zustehenden Sachen auch nicht kaufen konnten, war es für uns keine weitere Einschränkung.

Zu unserem Glück hatten wir keinen nahen Familienangehörigen an der Front, um den wir uns ängstigen und sorgen mussten. Die Elterngeneration war für den Fronteinsatz zu alt. Wir waren »Mädchenfamilien« und mein Bruder und die beiden Vettern waren zu jung, um zur Wehrmacht eingezogen zu werden.

Dass die Nazis im ganzen Deutschen Reich in der Nacht zum 10. November 1938 die sogenannte »Kristallnacht« organisierten und durchführten, ist uns jüngeren Kindern sicher nicht bewusst geworden. Denn in unserem Umfeld, in der ländlichen Umgebung, lebten keine jüdischen Menschen. Die Eltern und die großen Schwestern werden über die Ereignisse gesprochen haben, wir jüngeren Kinder wurden von diesen Gesprächen ferngehalten.

Wieder in Hamburg

Am 1. April 1941 war der Pachtvertrag unseres Hauses in Wulfsmoor abgelaufen und konnte nicht verlängert werden. Das hieß für uns, dass wir wieder nach Hamburg umziehen mussten. Vater mietete im Stadtteil Eimsbüttel, in der Bellealliancestraße, eine Dreieinhalb-Zimmerwohnung. Der Umzug in eine neue Wohnung bedeutete auch die Umschulung für uns.

Luise und ich wurden in der Mädchenschule »Hohe Weide« eingeschult, Bruno besuchte die Knabenschule »Moorkamp«. Ostern 1941 kam Erika, unsere Jüngste, in die Schule. Nun lebten wir wieder in der Großstadt und mussten uns daran gewöhnen, dass nachts die Sirenen heulten und wir viele Stunden im Luftschutzkeller verbringen mussten. Man erreichte den Keller, indem man einen Gemüseladen durchquerte, der sich im Haus befand. Es ging nur wenige Stufen hinunter in den Keller, er war nur notdürftig als Schutzraum hergerichtet. Vor dem Fenster waren Sandsäcke angebracht worden, ansonsten gab es dort nur einige Stühle, einen kleinen Tisch und ein altes Sofa.

Außer uns vier Sperlingskindern gab es drei weitere Kinder im Haus. Wenn in der Nähe mit gewaltigem Krachen die Bomben einschlugen, hatten wir oft Angst und die kleineren der Kinder fingen an zu weinen. Mutti versuchte uns abzulenken, sie sang mit uns oder sie erzählte aufregende Geschichten, einmal war es so spannend, dass wir die Sirenen nicht hörten, die das Ende des Luftangriffs ankündigten. Der Luftschutzwart kam in den Keller und sagte zu uns: »Wollt ihr hier übernachten, der Alarm ist doch schon vorbei.«

Immer häufiger gab es Fliegeralarme und viele Schulstunden fielen aus. Je länger der Alarm andauerte, umso später begann der Schulunterricht. Weitere Unterrichtsstunden fielen aus, weil die Schülerinnen der 7. und 8. Klasse zum Lazarettdienst geschickt wurden, wir mussten den verwundeten Soldaten etwas vorlesen oder ihnen vorsingen. Gelegentlich wurden wir zum Gemüseputzen und Kartoffelschälen in die Lazarettküche abkommandiert, was weiteren Unterrichtsausfall zur Folge hatte.

Außerdem erhielten wir eine Ausbildung als Luftschutzhelfer, dabei mussten wir lernen, wie man Phosphorbrandbomben löschte. Diese Übungen wurden realitätsnah mit Stabbrandbomben in einer Bombenruine durchgeführt. Weiter wurden wir eingewiesen, wie man sich nach einem Angriff als Luftschutzmelder zu verhalten hatte, und wie bei Verletzungen Erste Hilfe zu leisten war.

Wir waren ständig mit Aufgaben belastet, die nichts mit schulischer Ausbildung zu tun hatten. Auch zum Sammeln von »Altmaterial« wurden wir eingesetzt. Wegen der Luftangriffe bekamen wir oft nicht den notwendigen Schlaf. Unsere Schulausbildung war also mehr als dürftig, viele Lehrer waren zur Wehrmacht eingezogen worden und ein Teil der Lehrkräfte war völlig überaltert.

Tatsächlich habe ich mir – nach dem Ende des Krieges – das fehlende Schulwissen angeeignet, indem ich mir ständig Bücher aus der Öffentlichen Bücherhalle ausgeliehen habe, die ich in meiner knapp bemes-

senen Freizeit gelesen habe. Wenn ich etwas nicht wusste, habe ich mir gelegentlich auch Fachliteratur geholt.
Mutter bemühte sich, die Wohnung in Ordnung zu halten. Wenn ich aus der Schule kam, saß sie manches Mal ohne Atem und mit blauen Lippen auf dem Sofa, die Stühle waren hochgestellt und sie hatte damit begonnen, die Wohnstube sauberzumachen. Durch ihre Herzkrankheit kam es zu Wasseransammlungen in den Beinen, die so sehr angeschwollen waren, dass Mutti keine Schuhe tragen konnte. Sie war immer weniger imstande, die notwendigen Arbeiten im Haushalt zu leisten, so mussten wir helfen, so gut es uns eben möglich war.
Weil es Mutti kaum noch schaffte, die Treppen der zwei Etagen zu bewältigen, haben Bruno und ich auch das Einkaufen übernommen. Wir hatten sorgsam auf das Geld und die Lebensmittelkarten zu achten, nicht auszudenken, was passiert wäre, wenn wir Geld oder Bezugskarten verloren hätten. Das ist zum Glück nie geschehen. Immer öfter standen wir im Gemüseladen oder beim Schlachter, im Milchgeschäft oder in der Bäckerei in einer Warteschlange, um an die uns zustehenden Rationen zu gelangen. Wir mussten uns gegen die Erwachsenen behaupten, die den Versuch machten, sich an uns Kindern vorbei vorzudrängen. Wir haben schnell gelernt, uns gegen die Erwachsenen zu wehren, die meinten, Kinder hätten mehr Zeit als sie und sollten gefälligst warten. Das »Schlange stehen« sollte für viele Jahre zu unserem Leben gehören.

Im Herbst 1941 kam es in Hamburg zum Ausbruch einer Scharlachepidemie, die sich bald über die ganze Stadt verbreitete. Schulen und Kindergärten mussten geschlossen werden, und mich erwischte die Krankheit als Erste in der Familie. Mitte November wurde ich in das Barmbeker Krankenhaus eingeliefert. Eigentlich verlief die Infektion bei mir recht harmlos. Die Stationen waren überfüllt, deshalb wurden die leichteren Fälle nach einiger Zeit in das Krankenhaus Langenhorn verlegt. Mit anderen Kindern zusammen wurden wir in unseren dünnen Krankenhauskitteln und barfüßig im Krankenwagen transportiert, da war es mitten im Winter und sehr kalt.
So war es nicht verwunderlich, dass sich bei uns, den fünf oder sechs scharlachkranken Kindern, durch den Transport der Zustand verschlechterte. Eines der Mädchen bekam eine Mittelohrentzündung, ein Junge hatte eine Blaseninfektion, und eine Fünfjährige ist später an einer Lungenentzündung gestorben. Und ich weiß noch, wie ich am Tag davor neben dem Bett der Kleinen saß, um sie zu trösten, auch weil die Schwestern mit den vielen Patienten völlig überlastet waren.

Silvester 1941/42 bei den Großeltern Pappermann. Das letzte Foto von Mutti (dritte von rechts) im Kreise der Familie

Ich hatte durch den Transport in dem kalten Krankenwagen nur eine Bronchitis bekommen, von der ich mich bald erholte. Mutti konnte mich während des sechswöchigen Aufenthalts nur einmal besuchen. Sie brachte mir Freesien mit, eine intensiv duftende Blume. Es ist seltsam, immer wenn mir der Duft einer Freesie in die Nase steigt, denke ich auch heute noch, nach so vielen Jahren, an meine Mutter.

Zwei Tage vor Weihnachten sollte ich aus dem Krankenhaus entlassen werden. Weil für die jüngeren Geschwister noch die Gefahr einer Infektion bestand, durfte ich aber noch nicht nach Hause zurück, deshalb nahmen mich die Großeltern erst einmal zu sich.

Solange ich denken kann, gab es eine Familientradition: Alljährlich am ersten Weihnachtstag traf sich die ganze Familie bei den Großeltern in der Banksstraße. Die Erwachsenen kochten gemeinsam, es wurde gegessen, getrunken und zusammen gesungen und musiziert. In diesem Jahr war es anders. Meine Eltern, wie auch Muttis Schwestern mit ihren Männern und einige Cousinen, waren dieses Mal am Silvesterabend zu den Großeltern gekommen.

Ich freute mich unbändig, meine Mutter wenigstens an diesem Abend zu sehen. Von dieser Silvesterfeier gibt es ein Familienfoto. Meine Cousine Antje schickte mir kürzlich eine DVD mit dem Titel »Ahnenbilder«.

Darunter ist ein Foto, das ich bisher nicht kannte. Es ist das letzte Foto, auf dem meine Mutter zu sehen ist. Jetzt – da ich selbst eine alte Frau geworden bin –, fiel mir auf, wie jung Mutti auf dem Foto aussieht.

Wenige Tage nach Neujahr durfte ich wieder nach Hause und im Februar wurden Bruno, Luise und Erika in das Krankenhaus Altona eingeliefert, weil sie sich auch mit Scharlach infiziert hatten. Die zwei Wochen bei den Großeltern und die Isolierung von den Geschwistern waren also ganz und gar umsonst gewesen, die Scharlachepidemie war noch nicht vorüber.

Die beiden ältesten Schwestern hatten inzwischen geheiratet. Gesa heiratete einen Jugendfreund aus dem Arbeitersportverein »Armin«. Gustav Girlich gehörte dem sozialdemokratischen Widerstand an, er war von einem Nazigericht wegen »Vorbereitung zum Hochverrat« zu einer langen Gefängnisstrafe verurteilt worden.

Im Sommer 1943 wurden politisch Verurteilte zur Wehrmacht eingezogen und nach der Ausbildung in besonderen Einheiten, in Strafbataillonen, zusammengezogen. Sie wurden in erster Linie in besonders gefährlichen Frontgebieten eingesetzt und viele von ihnen überstanden den Krieg nicht oder galten als vermisst.

Auch Gustav ist an der Ostfront verschollen, und trotz intensiver Nachforschung konnte Gesa nicht erfahren, wie und wo Gustav zu Tode kam. Bei seinem letzten Urlaub, im Sommer 1944, wurde Gesa schwanger und bekam dann ein Töchterchen, die kleine Elke.

Die Kleine war sechzehn Monate alt, als sie an Diphtherie erkrankte. Gesa versuchte verzweifelt, das Kind in ein Krankenhaus zu bringen. Die Stadt war ein Trümmerhaufen, die Krankenhäuser, die noch funktionierten, waren hoffnungslos überbelegt. Gesa gelang es nicht, ihr Kind in einem Krankenhaus unterzubringen, die kleine Elke ist in den Armen der Mutter gestorben. Wie schrecklich muss es gewesen sein, in Ungewissheit über das Schicksal des Mannes zu sein und dem Kind nicht helfen zu können, es sterben zu sehen.

Ursel heiratete im Frühjahr 1941 einen verwundeten Soldaten, den sie im Lazarett gepflegt hatte, eine kurze Kriegsehe, wie es viele zu dieser Zeit gab. Auch Ursels Mann ist später im Osten als vermisst gemeldet worden, auch sie hat nie herausgefunden, was mit ihm geschehen ist.

Eines Tages, es war Ende März 1942, kam ich aus der Schule nach Hause, meine Mutter strahlte über das ganze Gesicht und sagte: »Guten Tag, Tante Antje!« Es brauchte einige Momente, bis ich wusste und begriff, was sie meinte.

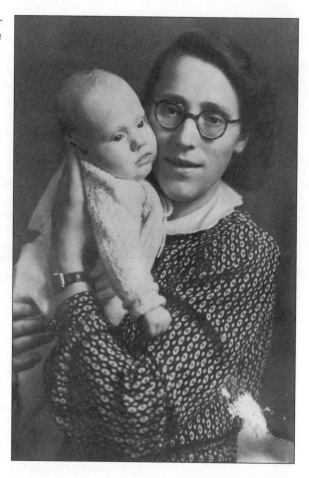

Ursel mit Tochter Christel, geboren am 27. März 1942

Ursel hatte ein kleines Mädchen zur Welt gebracht und hatte ihrem Töchterchen den Namen unserer verstorbenen Schwester gegeben. Nun hatten wir wieder eine Christel in der Familie. Ich hatte Mutti seit langer Zeit nicht so glücklich und voller Freude gesehen. Am gleichen Tag fuhr sie nach Barmbek, in die Geburtsklinik Finkenau, um ihr erstes Enkelkind zu begrüßen.

Damals war es Kindern nicht erlaubt, eine Entbindungsstation zu besuchen. Deshalb durfte ich das Baby erst sehen, nachdem Ursel in ihre Wohnung zurückgekehrt war. Sie wohnte nun bei den Großeltern, wo sie zwei Zimmer bezogen hatte. Ich kann mich noch an den Geruch der neuen Möbel, aber auch an den typischen, ganz speziellen Babygeruch erinnern. Die kleine Christel hat ihre Großmutter nicht kennengelernt, hat nie mit ihr spielen, singen und auf ihrem Schoß sitzen können.

Abschied von der Mutter

Denn nur wenige Tage später begann die furchtbare, ganz persönliche Katastrophe für uns. Mutti wurde sehr krank, ihr Zustand verschlechterte sich in wenigen Tagen dramatisch. Vater war mittlerweile vorübergehend vom Finanzamt als unabkömmlich angefordert und von der Wehrmacht freigestellt worden, doch er war nur selten zu Hause. Angeblich musste er nachts im Finanzamt Luftschutzwache halten. Tatsächlich hatte er zu dieser Zeit längst eine Affäre mit einer Kollegin begonnen.

Luise und Erika lagen noch mit Scharlach im Krankenhaus und Bruno ich waren mit der kranken Mutter allein. Ich hatte große Angst, als ich bei Mutti den typischen Scharlachausschlag entdeckte. Das war bei ihrem schon bestehenden schlechten Zustand eine Katastrophe. In den letzten Monaten hatte ich oft genug die Symptome der Krankheit beobachten können, war mir sicher, sie auch bei Mutti entdeckt zu haben.

Als ich meinen Verdacht äußerte, meinte die Hausärztin, das sei »Quatsch«. Im Laufe der nächsten Tage verschlimmerte sich Muttis Zustand weiter und wurde immer bedenklicher. Sie litt an schrecklicher Atemnot, deshalb holte ich alle Kopfkissen, die ich fand, um sie hochzulagern. Auch nachts blieb ich bei Mutti, weil ich so große Angst um sie hatte. Weil ich mir nicht mehr zu helfen wusste, ging ich am 19. April zum Polizeirevier, um einen Notarzt zu holen, der auch gleich zu uns kam und Mutti mit der Diagnose »Gelbsucht« ins Krankenhaus einwies.

Der Krankenwagen brachte sie in das Altonaer Krankenhaus. Ich hatte große Sorge um meine Mutti und ließ mich nicht davon abhalten, sie zu begleiten. Als wir im Krankenhaus ankamen und die Sanitäter die Trage ausladen wollten, kam ein ganz junger Arzt aus dem Haus, schaute Mutti an und sagte: »Die Frau können wir nicht aufnehmen, sie hat Scharlach.«

Die Infektionsstation in Altona war völlig überfüllt, deshalb mussten wir mit der Schwerkranken durch die ganze Stadt nach Barmbek fahren. In das Krankenhaus, in dem ich drei Monate zuvor gelegen hatte, auf die gleiche Station ist Mutti gebracht worden. Vater fuhr noch am gleichen Tag ins Krankenhaus und machte bei seiner Rückkehr einen sehr niedergeschlagenen Eindruck. Wie meistens sprach er nicht über das, was ihn bewegte. Nicht darüber, welche Prognose gestellt worden war, und auch nicht darüber, wie er Mutti vorgefunden hatte. Die Beurteilung wird äußerst negativ gewesen sein, denn die ganze Familie wurde sofort benachrichtigt.

Gesa, unsere älteste Schwester, die in Dänemark als Luftwaffenhelferin stationiert war, wurde telegrafisch nach Hause gerufen. Ursel durfte Mutti gar nicht mehr besuchen, ihr Baby war ja eben erst drei Wochen alt.

Ich habe Mutti am 22. April 1942 noch einmal gesehen. Ich durfte nur von außen durch das Fenster hineinschauen, dazu musste ich auf einen Stuhl steigen. Sie lag allein im Badezimmer, ihr Gesicht war ganz gelb und eingefallen, sie konnte kaum noch sprechen. Die letzten Worte, die ich von meiner Mutter hörte, lauteten: »Pass gut auf die Kleinen auf.«

Ich wusste, dass Mutti nicht wieder nach Hause zurückkehren würde, denn in das Badezimmer wurden nur die sterbenden Patienten verlegt, ich hatte es ja drei Monate zuvor auf dieser Station beobachtet. Schweren Herzens und voller Verzweiflung fuhr ich wieder nach Hause.

Am 24. April war Vater mit den älteren Schwestern bei Mutti im Krankenhaus, Bruno und ich durften nicht mitgehen. Gegen Abend kamen sie nach Hause, um etwas zu essen, nur Dorle war bei Mutti geblieben.

Bevor die Familie sich auf den Weg machen konnte, um wieder ins Krankenhaus zu fahren, läutete es an der Wohnungstür. Eine Nachbarin war vom Krankenhaus angerufen worden und überbrachte die Nachricht, dass unsere Mutti gestorben sei. Obwohl wir fast keine Hoffnung mehr gehabt hatten, so war es doch ein schwerer Schock für uns, mit der Tatsache konfrontiert zu werden, dass Mutti nie wieder bei uns sein würde.

Besonders unseren Bruder brachte die Nachricht völlig aus der Fassung, er sagte immer wieder: »Ihr lügt, Mutti ist nicht tot, das ist nicht wahr!« In Wahrheit hat Bruno den frühen Verlust der Mutter nie verwinden können. An die nächsten Tage kann ich mich kaum erinnern, die Erwachsenen hatten anscheinend mit sich selbst zu tun. Ich hatte das schreckliche Gefühl, ganz verlassen zu sein, und mein armer Bruder war völlig verzweifelt und verstört.

Erst Jahre später wurde mir bewusst, wie schrecklich uns, die vier jüngsten Kinder, der Tod unserer Mutter getroffen hatte. Wir konnten über unsere Trauer, über unsere Verlustängste nicht reden. Die Erwachsenen haben damals, in Bezug auf uns Kinder, tatsächlich versagt und uns alleingelassen, was schrecklich war. Bruno vermisste die Mutter so sehr, er begann nachts einzunässen, mit seinen fast elf Jahren schämte er sich sehr und konnte es doch nicht ändern. Es war aber auch niemand da, der ihm in seiner Not beigestanden hätte.

Die jüngste Schwester, Erika, ist einen Tag, nachdem Mutti gestorben war, am 25. April, acht Jahre alt geworden. Sie und Luise, neuneinhalb Jahre alt, sind erst nach der Bestattung der Mutter aus dem Krankenhaus entlassen worden. Auch für die zwei jüngsten Kinder ist kein Erwachsener da gewesen, der sich ihrer angenommen hätte. Wir hatten den Menschen verloren, der für uns Halt und Schutz gewesen war, von dem wir Liebe und Wärme bekommen hatten. Nun waren wir alleingelassen und ganz gewiss ist es mir, selber noch ein Kind, nicht gelungen, auch nur annähernd ein Ersatz für unsere Mutti zu sein.

Wenn ich an das Schicksal dieser tapferen und mutigen Frau denke, bin ich immer noch traurig, aber auch voller Liebe und Dankbarkeit. Sie hat immer an andere Menschen gedacht und für sie gesorgt. Mutti ist nur vierundvierzig Jahre alt geworden und wurde so schmerzlich von uns vermisst!

Wie gern hätte ich sie später einmal, als erwachsener Mensch, verwöhnt und ihr etwas von dem zurückgegeben, was sie uns an Fürsorge und Lebensmut zukommen ließ.

Wo die Abschiedsfeier von unserer Mutter stattfand, weiß ich nicht mehr. Wir sahen Mutti im Sarg liegen, sie sah so jung und friedlich aus, als wären die Spuren ihrer Krankheit und ihres schweren Lebens ausgelöscht worden. Irgendwie war dies alles für mich anscheinend zu viel gewesen, mein Onkel hat mich aus der Halle gebracht, als ich wieder zu mir kam, lag ich auf einer Bank im Vorraum. Nun durfte ich am Tage darauf nicht an der Beerdigung unserer Mutter teilnehmen.

Teil 2: 1942-1958

Allein und ohne Mutter mit 13 Jahren

Mittlerweile hatte mein letztes Schuljahr begonnen, durch Krankheit und die Zeiten der Quarantäne hatte ich fast vier Monate des Schulunterrichts versäumt. Ich sollte die 7. Klasse wiederholen, das wollte ich aber auf keinen Fall. »Sitzenbleiben« wäre eine Schande für mich gewesen, und ich wollte auch meinen Klassenlehrer und meine Schulkameradinnen nicht verlieren. Wir Mädels verehrten unseren Klassenlehrer Herrn Carstensen sehr, der immer auf alle Schwierigkeiten verständnisvoll einging, der immer ein gutes Wort für uns fand. Ich denke, er war manches Mal eine Art Vaterersatz für diejenigen, deren Väter jahrelang irgendwo im Krieg waren und selten im Urlaub zu Hause sein konnten.

Nach mehreren Gesprächen mit dem Schulleiter und mit meinem Lehrer konnte ich sie von meinem Wunsch überzeugen, bei meinen vertrauten Schulkameradinnen zu bleiben.

Letztlich durfte ich dann probeweise in meiner Klasse verbleiben, einige Wochen später wurde ich daraufhin geprüft, ob ich den Unterrichtsstoff einigermaßen aufgeholt hatte. Mir wurde dann erlaubt, bis zur Schulentlassung in meiner bisherigen Klasse zu bleiben.

Weil viele Schulstunden durch die häufigen nächtlichen Fliegerangriffe ausfielen, gestaltete sich der Unterricht ziemlich dürftig. Zusätzlich mussten wir Mädchen, meist zu dritt, Altmaterial in den uns zugewiesenen Häusern sammeln und in der Schule abgeben. Wir zogen durch die Straßen und sangen: »Lumpen, Knochen, Eisen und Papier, ausgeschlagene Zähne sammeln wir!« Nicht etwa, weil wir Spaß an dieser Aktion hatten, ich denke, es war eher eine Art von Galgenhumor, der uns zum Singen brachte. Zudem war es schlichtweg verlorene Zeit, die man besser hätte nutzen können, denn die Menschen besaßen kaum noch Dinge, die verwertet werden konnten.

Die familiäre Situation war weiterhin sehr schwierig, denn erst einmal hatte ich für den Haushalt und drei Geschwister zu sorgen. Die Einkäufe auf Lebensmittelkarten und mit wenig Geld mussten erledigt werden. Ich musste das Mittagessen für uns kochen, die Wäsche musste gewaschen und mitunter auch gebügelt werden. Für Schule und Hausaufgaben konnte ich nicht genug Zeit und Muße aufbringen, wie es im letzten Schuljahr notwendig gewesen wäre, zudem hatten wir nachts immer häufiger Fliegeralarm.

Für eine Dreizehnjährige war dies alles eigentlich unzumutbar und nicht zu leisten. Ich weiß auch nicht, wie es funktionierte, ganz gewiss mehr schlecht als recht, die richtige Fürsorge für die Geschwister ist mit Sicherheit auf der Strecke geblieben. Gewiss ging es bei uns ziemlich chaotisch zu, aber wir bemühten uns, die anstehenden Arbeiten so gut wie möglich zu erledigen.

Wenn es ihr Dienst erlaubte, kamen manchmal Dorle oder Gertrud, um zu helfen, was aber eher selten geschah. Schließlich waren sie jung, hatten einen harten Arbeitstag hinter sich und wollten auch hin und wieder ausgehen und den grauen Alltag vergessen.

Einige Wochen später konnte Vater unsere Schwester Ursel überreden, mit Christel – die ja erst drei Monate alt war –, zu uns zu kommen und für uns zu sorgen. Es ist Ursel bestimmt nicht leicht geworden, ihre kleine Wohnung zu verlassen. Es war nur gut, dass sie jederzeit dorthin zurückkehren konnte, was sich bald erweisen sollte.

Wir Kinder waren erleichtert, endlich war wieder eine Erwachsene für die täglichen Dinge, für Kochen und für die Wäsche, für Finanzen und Einkäufe verantwortlich. Ursel blieb den ganzen Sommer 1942 über bei uns und war bemüht, uns das Leben leichter zu gestalten. Endlich war ich entlastet und konnte mich ein wenig von den schrecklichen Ereignissen der vergangenen Monate erholen.

Ich erinnere mich an einen sehr schönen Tag im Sommer, wir hatten Schulferien, und Ursel machte mit uns einen Ausflug in die Lüneburger Heide. Es war ein sehr sonniger und heißer Tag, Ursel hatte es fertig gebracht, trotz Geld- und Markenknappheit, für uns Kinder ein Picknick mit Kartoffelsalat und Frikadellen zu organisieren. Da konnten wir wieder Kinder sein, die übermütig umher tobten, auf einer Wiese den Hang hinunter kullerten und unbeschwert den Tag erlebten.

Die Tage, an denen wir die schlimmen Erlebnisse der letzten zwei Jahre vergessen konnten, waren selten und kostbar, wahrscheinlich habe ich sie deshalb über die Zeit hinweg in meiner Erinnerung bewahrt. In dieser Zeit war Ursel für uns Hilfe und Stütze und eine fürsorgliche Schwester, die uns umsorgte und der wir Vertrauen entgegenbrachten.

Irgendwann hatten Vater und Ursel eine Auseinandersetzung, ich weiß nicht, worum es bei diesem Streit ging. Die Folge aber war, dass Ursel mit ihrem Töchterchen wieder in ihre Wohnung in die Banksstraße zurückkehrte.

Nun war ich wieder für die drei Kinder zuständig, für sie verantwortlich und wieder war ich völlig überfordert. Ich absolvierte mein letztes Schuljahr. Seit langer Zeit war es mein größter Wunsch gewesen, Kindergärtnerin zu werden. Herr Carstensen, unser Klassenlehrer, hatte sich bemüht, für mich einen Ausbildungsplatz am Fröbelseminar zu bekommen. Vater wollte jedoch seine Einwilligung dazu nicht geben. Er weigerte sich, den Vertrag über die dreijährige Ausbildung zu unterschreiben. Meine Enttäuschung war unbeschreiblich, dieses Verhalten habe ich dem Vater lange Jahre verübelt.

Solange Mutti gelebt hat, hatte sie es als ihre Aufgabe gesehen, dafür zu sorgen, dass ihre Töchter eine Ausbildung bekamen. Wir jüngeren Geschwister mussten die Verantwortung für unsere Zukunft ganz allein übernehmen.

Meistens war ich mit den drei Kindern allein und musste schauen, mit den täglichen Belastungen fertigzuwerden. Dann war Gertrud für kurze Zeit im Haus, was überhaupt nicht gut ging, sie traf sich abends gern mit Freundinnen und war morgens zu müde, um wirklich eine Hilfe zu sein. Heute kann ich es durchaus verstehen, wenn man bedenkt, dass sie gerade siebzehn Jahre alt geworden war. Davor hatte sie im Pflichtjahr auf dem Bauernhof hart gearbeitet. Sie hatte nach ihrem Schulabschluss für ihr Leben und ihren Unterhalt selbstständig gesorgt und sollte plötzlich der Familie zur Verfügung stehen, ohne dafür eine Entlohnung zu erhalten.

Eine Begebenheit werde ich nie vergessen. Während wir in der Schule waren, wurde Voralarm gegeben, der immer ausgelöst wurde, wenn feindliche Flugzeuge im Anflug waren. Wir wurden nach Hause geschickt, wo wir unerwartet früh auftauchten. Gertrud hatte Hack »ohne Marken« bei einem Pferdeschlachter eingekauft und sich Frikadellen gebraten. Es duftete wunderbar und Gertrud war mit Genuss dabei, die Frikadellen zu verspeisen. Wir waren wie immer hungrig und beschwerten uns lautstark, weil für uns kein Mittagessen zubereitet war, dabei protestierte ich am lautesten. Es kam zu einem schlimmen Streit, und die »Große« gab mir eine Ohrfeige. Daraufhin haben Bruno und ich, zusammen mit den zwei kleinen Schwestern, Gertrud in die Abstellkammer eingesperrt. Es ging ziemlich grob zu, an Gertrud wurde herumgezerrt und geknufft.

Dann haben wir uns über die Frikadellen hergemacht, und weil wir uns wieder einmal sattessen wollten, haben wir noch die kargen Vorräte geplündert. In Wahrheit haben wir uns selbst geschädigt und die Rationen für die nächsten zwei Tage aufgegessen, das aber war uns zunächst egal. Endlich waren wir einmal nicht mehr hungrig!

Gertrud als Luftwaffenhelferin (1944)

Gertrud musste durch unsere »Revolte« einsehen, dass sie sich mehr um uns bemühen musste, dass wir uns gegen sie auch wehren konnten. Die arme Gertrud, sie war es gar nicht gewohnt, für die jüngeren Geschwister verantwortlich zu sein. Unser Vater hat sie immer vorgezogen, sie ist immer seine Lieblingstochter gewesen. Gertrud trug den Namen seiner Schwester, die als Kleinkind durch einen Unfall zu Tode gekommen war. Das mag der Grund für Vaters besondere Zuneigung zu Gertrud gewesen sein. Wir haben es unserer Schwester sicherlich nicht leicht gemacht mit unserer Aufmüpfigkeit. So ging es damals zu bei uns!

Im Oktober 1942 wurde Gertrud kriegsdienstverpflichtet, was damals üblich gewesen ist. Es wurde keine Rücksicht auf schwierige Familiensituationen genommen und schon gar nicht bei Familien, die als »politisch unzuverlässig« galten, wozu unsere Familie ja weiterhin zählte. Unsere Schwester wurde in der Rüstungsindustrie eingesetzt und musste unter schweren Arbeitsbedingungen Schichtarbeit und Überstunden leisten. Später wurde sie als Nachrichtenhelferin zur Luftwaffe eingezogen.

Die meisten jungen Frauen, die kleine Kinder zu versorgen hatten, deren Männer an der Front waren, wurden zu »kriegswichtigen« Arbeiten in allen Bereichen eingesetzt. Immer mehr Männer wurden zur Wehrmacht eingezogen, die Frauen waren gezwungen, deren Arbeit zu übernehmen, um die Kriegswirtschaft in Gang zu halten, was oft mit schwerer körperlicher Arbeit verbunden war. Für die Frauen bedeutete es, die Verantwortung für die Kinder allein zu tragen. Hinzu kamen Sorge und Angst um die Männer, die »für Führer und Vaterland« an den Kriegsfronten kämpfen mussten. Die nächtlichen Luftangriffe trafen immer häufiger die Wohngebiete in den Städten, was das Leben der Menschen dort zusätzlich erschwerte.

Wir, die vier Jüngsten der Familie, waren von diesen schwierigen Umständen vor allem betroffen, weil wir wieder auf uns allein gestellt waren. Eines Tages wollte ich nach dem Schulbesuch einkaufen. Ich verwahrte den Lederbeutel mit dem Geld und die Mappe mit den Lebensmittelkarten in einer Schublade in der Küche. Von den Karten waren Brot- und Kuchenabschnitte verschwunden, und zu meinem großen Ärger fehlte auch ein Teil des sowieso knappen Haushaltsgeldes. Am Tage vorher hatte Gertrud uns besucht, und ich war mir sicher, nur sie konnte die Übeltäterin sein.

Bei ihrem nächsten Besuch gab es einen Riesenkrach, meine Schwester wollte nicht zugeben, uns beklaut zu haben, was die Sache nicht besser machte. Ich war empört und wurde laut, wieder einmal war ich völlig überfordert. Gertrud hatte sicher unüberlegt gehandelt, sie bekam für ihre schwere Arbeit einen sehr geringen Lohn. Die Versorgung mit den notwendigen Lebensmitteln war damals schon schwierig und sicherlich ist Gertrud hungrig gewesen. Eine Einsicht, die mir zu der Zeit fehlte. Bestimmt hat sie sich damals zu sehr geschämt, um ihre Schandtat zuzugeben.

Im Grunde war unsere Situation ganz und gar unzumutbar, ich konnte diesen drei Kleinen, in ihrem Alter von elf, neun und acht Jahren, nicht annähernd die notwendige Zuwendung und auch nicht genug Fürsorge geben. Mir fällt eine Begebenheit ein, welche meine Hilflosigkeit und Überforderung aufzeigt. Irgendwann kam es einmal zu einem Konflikt mit Luise, der Zweitjüngsten. Ich weiß nicht mehr, worum es ging. Jedenfalls saß die kleine Schwester in der Küche auf dem Fußboden in einer Ecke, schrie wie von Sinnen und wollte um nichts in der Welt damit aufhören. Ich nahm in meiner Verzweiflung einen Topf mit Wasser, das ich ihr über den Kopf gegossen habe. Luise schnappte nach Luft und hörte mit dem Geschrei auf.

Bei Fliegeralarm musste ich mit den drei Geschwistern den Schutzraum aufsuchen und schleppte einen Koffer und eine Kassette mit Dokumenten mit, was im Nachhinein völlig unsinnig war. Wäre das Haus von einer Bombe getroffen worden, hätte ich sicher erst die Kinder in

Sicherheit gebracht, bevor ich den Koffer aus dem Keller gerettet hätte, wenn es denn noch möglich gewesen wäre. Bruno war oft schwer zu wecken, und ich konnte ihn kaum dazu bewegen, aufzustehen und sich anzuziehen, und dann waren ja auch die beiden Kleinen zu betreuen. Eines Nachts musste ich Luise in den Schutzraum runtertragen, sie war an einer Grippe mit hohem Fieber und den üblichen Symptomen erkrankt. Die Nachbarn regten sich wegen der Infektionsgefahr auf, aber geholfen haben sie nicht. Schließlich konnte das Kind bei Fliegeralarm nicht oben in der Wohnung bleiben.

Inzwischen hatte Vater sich von seiner Freundin getrennt, sie wollte anscheinend für die Kinder und die Familie keine Verantwortung übernehmen, sich nicht mit uns belasten. Dann, Weihnachten 1942, stellte uns Vater seine neue Eroberung vor. Für uns war es, acht Monate nach dem Tod unserer Mutti, viel zu früh. Dementsprechend sind er und seine »Neue« zunächst bei uns auf Ablehnung gestoßen.

Vater hatte eine Zeitungsannonce mit dem Text aufgegeben »Witwer mit vier schulpflichtigen Kindern sucht Frau« oder so ähnlich. So kam unsere zweite Mutter zu uns in die Familie. Anna Bremer, wie wir sie anfangs unter uns nannten, stammte aus einem Dorf jenseits der Stadtgrenze, aus einer weit verzweigten Familie. Sie war nie verheiratet gewesen, war eine selbstständige Schneidermeisterin und ein Jahr jünger als Vater.

Anna war eine hervorragende Hausfrau und Köchin und sollte nun die etwas verwilderten Kinder und den Haushalt in Ordnung bringen, was anfänglich für beide Seiten nicht einfach war. Sie hatte keine Erfahrung mit Kindern, und wir konnten nicht akzeptieren, dass Mutti so rasch ersetzt werden sollte, die uns doch immer noch so sehr fehlte. Am 27. Februar 1943, zehn Monate nach dem Tod unserer Mutter, hat Vater wieder geheiratet. Die neue Mutter war sehr streng und bestimmend. Wir vermissten schmerzlich die Warmherzigkeit und die Zuwendung, die Mutti uns vermittelt hatte, doch am Ende hatte Vater die richtige Entscheidung getroffen

Am 1. April 1943 zogen wir nach Hoisbüttel in das kleine Haus, das Anna gehörte. Bis zum Ende meiner Schulzeit, im Frühjahr 1943, musste ich nun täglich mit der U-Bahn die lange Strecke nach Eimsbüttel zur Schule fahren.

Wie der Krieg die Bevölkerung trifft

Nach meiner Schulentlassung wurden wir zu einer Feier abkommandiert, die in einer großen Halle stattfand. Soweit ich mich erinnere, war es in »Planten und Blomen«, dem großen Park im Stadtzentrum. Wahrscheinlich ist die Feier von der Nazipartei organisiert gewesen, die Halle war voller Jungen und Mädchen, die gerade aus der Schule entlassen worden waren, die meisten der Jugendlichen trugen die Uniformen der Hitlerjugend. Auf dem Podium hielten Männer in der braunen Uniform der NSDAP pathetische Reden mit Durchhalteparolen, und ein Fanfarenzug der Hitlerjugend lieferte die dazu passende Marschmusik.

Die Teilnahme an der Veranstaltung war nicht freiwillig, man hatte die Pflicht »anzutreten«, und am Ende der Feier wurden wir auf »Unseren Führer« vereidigt. Wir Kinder, im Alter von vierzehn und fünfzehn Jahren, mussten gemeinsam die Eidesformel sprechen. An den Text erinnere ich mich ganz genau, er lautete: »Ich verspreche allzeit meine Pflicht zu tun, in Liebe und Treue zu unserem Führer und zu unserer Fahne.« Ob ich diesen Unsinn gesagt habe oder nur meine Lippen bewegte, weiß ich nicht mehr. Es gab auch niemanden, mit dem ich über Erlebnisse dieser Art sprechen konnte, dem man Vertrauen schenken konnte, denn mit Vater kam es kaum einmal zu einem Gespräch. Die Einstellung der neuen Mutter zur NS-Partei kannte ich damals noch nicht. Über Themen, welche die NSDAP betrafen, sprach man nur mit Menschen, denen man absolut vertraute. Die älteren Schwestern hatten in der Zeit keinen Kontakt zu uns und waren auch nicht zu erreichen. Das Ganze habe ich dann anscheinend bald vergessen und wohl nicht mehr ernst genommen.

Es kam immer häufiger zu schweren Luftangriffen und aus Hamburg wurden ganze Schulklassen evakuiert. Durch die »Kinderlandverschickung« wurden die Schulen in weniger gefährdete Gebiete verlegt. Das geschah auch, um in den frei werdenden Schulen Reservelazarette einzurichten. Auf den Straßen sah man immer mehr verwundete Soldaten, die oft von Krankenschwestern begleitet wurden. Dabei waren viele schwerversehrte junge Männer, die an Armen oder Beinen amputiert waren, die an Krücken gingen, oder auch Blinde, deren Augen hinter dunklen Brillen verborgen waren. Man gewöhnte sich daran, wie auch an den Anblick der Häuser, die durch Bomben zerstört worden waren.

Besonders die Kinder in den Städten waren von den Kriegseinwirkungen zunehmend betroffen und litten an den schwierigen Zuständen, an Schlafmangel, an den Ängsten, denen sie im Luftschutzkeller ausgesetzt waren, und den heftigen Bombenexplosionen.

Schulentlassung Ostern 1943, Antje 14 Jahre alt, 2. von links

In der Nacht zum 25. Juli 1943 begannen die schwersten Luftangriffe englischer und amerikanischer Bombenflugzeuge, die man sich vorstellen kann. Drei Monate vorher waren wir nach Hoisbüttel umgezogen, deshalb sind wir »davongekommen«, denn unser ehemaliges Wohnhaus in Eimsbüttel ist gleich in der ersten Nacht der schrecklichen Bombenangriffe zerstört worden.

Wir lebten nur wenige hundert Meter von der Stadtgrenze entfernt, an der Landstraße, die von der U-Bahnstation Hoisbüttel ins Dorf führte. Etwa fünfhundert Meter von uns entfernt stand eine Einheit der Flakbatterie (Flugabwehrkanone), deren Abschüsse einen unglaublichen Lärm verursachten. Unser Haus war nicht unterkellert, wir drängten uns im Hausflur zusammen und hörten die Bombenflieger, die Welle auf Welle über uns hinweggeflogen sind. Als wir uns nach der Entwarnung vor die Tür wagten, sahen wir, dass der Himmel in Richtung Stadt in Flammen stand, in Hamburg mussten große und furchtbare Brände ausgebrochen sein. Am nächsten Morgen wurde es nicht hell, obwohl wir uns mitten im Sommer, in einer Hitzeperiode befanden. Der Himmel blieb dunkel und voller Rauchwolken, die sich tagsüber immer weiter ausbreiteten.

Die Pflanzen im Garten und das Laub der Bäume waren mit einer dicken Ascheschicht bedeckt. Durch den Feuersturm, der sich durch die enorme Hitze entwickelt hatte, waren halbverbrannte Bücher kilometerweit durch die Luft getrieben worden. Hamburg brannte! Es war der Beginn planmäßiger Bombenangriffe der englischen und amerikanischen Luftwaffe, die hauptsächlich Arbeiterwohngebiete gezielt bombardierten. Bis zum 3. August wurde die Stadt mit Sprengbomben, Luftminen und Phosphorbomben verwüstet, am Ende war unsere Heimatstadt zu drei Vierteln zerstört. In diesen Tagen und Nächten wurden 35- bis 40-tausend Menschen getötet. Der Krieg, den die deutschen Faschisten begonnen hatten, die mittlerweile fast alle europäischen Länder besetzt hielten, traf nun mit voller Wucht die Bevölkerung unserer Städte.

Am Morgen des 25. Juli zogen die Menschen auf der Straße vorbei, sie hatten ihre Wohnungen und ihre Habe verloren. Einige waren im Nachthemd und ohne Schuhe, mit Kindern oder mit ganz kleinen Babys im Kinderwagen auf der Flucht vor dem Feuer. Mutter Anna kochte Suppe in einem großen Topf und wir richteten im Stall ein Strohlager her, damit die Menschen sich für eine Weile ausruhen konnten und eine Stärkung bekamen, sich von Schmutz und Asche reinigen konnten. Abends schickten die Eltern uns nach draußen, wir sollten Mütter mit Kindern suchen, die sich für die Nacht am Straßenrand oder auf dem Feld einen Platz gesucht hatten, zu erschöpft, um weiterzulaufen. Bei uns konnten sie sich notdürftig säubern, etwas essen und einige Stunden ausruhen.

Auch andere Nachbarn versuchten zu helfen, so gut es nur ging. Das Chaos und das Elend waren unvorstellbar. In den folgenden Tagen kamen bei uns die ersten Verwandten an, die vorübergehend aufgenommen, versorgt und verpflegt werden mussten. Wir waren ständig damit beschäftigt, Essen zu kochen, Wasser zum Trinken in Eimern an die Straße zu bringen, die Flüchtenden waren ja durch Hitze und Ascheregen ganz ausgetrocknet und teilweise verwirrt und apathisch. Einige von ihnen berichteten von verbrannten Leichen, die auf den Straßen lagen, von Menschen, die – vom Feuersturm erfasst – »wie Fackeln gebrannt haben«! Zwischendurch gab es immer wieder Luftalarm, flogen neue Wellen mit Bombenflugzeugen ein.

Später konnte man sich gar nicht daran erinnern, wie man diesen Horror verkraftet hatte. Obwohl wir nicht direkt betroffen waren, so mussten wir doch die Auswirkungen und die Folgen der Katastrophe erleben und verarbeiten. Noch viele Jahre danach versetzte mich das Heulen von Sirenen in Panik. In den fünfziger Jahren wurde zum Abschluss des Deutschen Turnerfestes ein Feuerwerk abgebrannt. Ich weiß noch genau, wie mir der Schweiß ausbrach, mein Puls begann zu rasen, und ich zitterte am ganzen Körper. Es hat mehrere Jahre gebraucht, bis sich die Angstzustände dieser Art besserten und endlich ganz aufhörten. So ähnlich ist es vielen Menschen gegangen, die die Bombenangriffe erlebt hatten und mit ihren traumatischen Erlebnissen nicht fertigwerden konnten.

Vater war nach der ersten Nacht der so genannten Terrorangriffe irgendwie in die Stadt gelangt, um nach Familienangehörigen zu suchen. Als er wieder heimkam, war seine Kleidung voller Schmutz und Asche. Vater war erschöpft und angeschlagen. Er berichtete voller Entsetzen von dem, was er erlebt hatte. Er hatte verbrannte Menschen in den Straßen liegend gesehen, erzählte von völlig verzweifelten Menschen, die nach ihren Kindern oder nach den Eltern suchten, von furchtbaren Zuständen und einem unglaublichen Chaos. In der Folge sind Tausende »Ausgebombte« evakuiert worden, die meisten Familien konnten erst viele Jahre später in ihre Heimatstadt zurückkehren.

Großmutti Sperling überlebte nur mit Glück. In einer der ersten Nächte der schlimmen Angriffe brannte ihre Wohnung aus. Für eine Weile wohnte sie bei den Eltern in Hoisbüttel, dann zog sie zu ihrer Tochter, zu Vaters Schwester Annemarie. Bis sie in ihrem alten Stadtteil, St. Georg, in der »Langen Reihe« eine winzige Wohnung zugewiesen bekam, sollte es aber noch lange dauern. Wenn ich sie besuchte, ging ich durch einen Torweg zu einem alten, sehr schönen Fachwerkhaus. Über eine steile Treppe gelangte man in die erste Etage. Wenn ich es recht erinnere, war ich nur zwei Mal in der Langen Reihe bei Großmutter Sperling zu Besuch.

Im Frühjahr 1951 wurde Großmutter in das Krankenhaus St. Georg eingewiesen, es war wenige Monate nach meiner Heirat, seither hatte ich sie nicht gesehen. Am Karfreitag besuchte ich sie, Großmutter war sehr dünn und schwach, sie streckte mir ihre Arme entgegen, die voller blauer Flecken waren, und weinte beinahe: »Guck mal, was die hier mit mir machen.« Großmutti hatte einen Magentumor, der nicht mehr operabel war. Durch die vielen Spritzen und Blutabnahmen waren ihre Venen, auch auf den Handrücken, so zerstochen, dass man kaum noch eine Spritze setzen konnte. Die arme Großmutter tat mir unendlich leid, ich konnte nichts tun, als sie in die Arme zu nehmen. Am Ostermontag ist Großmutter gestorben.

Auch die Wohnungen meiner Schwestern wurden während der Angriffe im Juli 1943 zerstört. Dorle hatte im Frühjahr einen Maat der U-Boot-Marine geheiratet und erwartete ihr erstes Kind. Sie war im achten Monat schwanger, die U-Bahn fuhr nicht mehr, und so kam sie zu

Dorle und Rudi, Hochzeit zu Ostern 1943

Fuß und völlig entkräftet in Hoisbüttel an. Bevor sie zu den Schwiegereltern nach Schlesien weiterreisen konnte, erholte sie sich einige Tage bei den Eltern. Auch Ursel und die Großeltern Pappermann hatten ihre Wohnung und allen Besitz verloren. Ursel fuhr mit der kleinen Christel zunächst mit Dorle nach Schlesien, bis sie bei ihrer Schwiegermutter in Hamburg-Flottbek ein Zimmer beziehen konnte. Auch Gertrud hatte die Bombennächte überlebt, wir bekamen aber erst nach einigen Tagen eine Nachricht von ihr. Sie hatte in einem Luftschutzkeller Zuflucht gesucht, das Haus ist durch einen Volltreffer zerstört worden und der Keller mit den Schutzsuchenden wurde verschüttet. Die Menschen konnten sich durch Klopfzeichen bemerkbar machen, Gertrud und die anderen wurden gerettet. Die Großeltern, sie waren beide über 80 Jahre

alt, hatten sich durch den Sprung in ein Fleet gerettet, das neben dem brennenden Haus vorbeifloss.
Sie sind nach Schleswig evakuiert worden. Großvater hat die Trennung von seiner Heimatstadt nur drei Monate überlebt und starb an einer Lungenentzündung.
Die Familienchronik hat von ihm eine Geschichte vom Januar 1933 festgehalten. Großvater und seine SPD-Genossen hatten sich damals auf Widerstand gegen die Übergabe der Regierungsgewalt an die Hitlerpartei vorbereitet. Auf dem Dachboden lagerten Waffen, die Männer erwarteten von der SPD-Parteiführung das Zeichen zum Aufstand. Doch aus Berlin kam die Order, sich ruhig zu verhalten. Es wurde damit begründet, dass die NSDAP in Kürze sowieso mit ihrer Politik scheitern und abgewirtschaftet haben würde. Es wurde berichtet, dass Großvater vor Zorn und Enttäuschung geweint hätte.

Großvater Pappermann war ein Mann mit Prinzipien, er hat sich lange Zeit geweigert, seine Rente zu beantragen, obwohl er sein Leben lang gearbeitet hat. Er hat noch gearbeitet, bis er schon siebzig Jahre alt war. Er begründete es damit: »Vun de Banditen will ik nix hebben.«
(Von diesen Banditen will ich nichts annehmen.)

Als ich einmal die Großeltern besuchte, es muss im Sommer 1941 gewesen sein, stand ein Lastwagen vor dem Haus. Wegen der Brandgefahr durch Bombentreffer wurde sein Bodenraum, auf Anordnung des Luftschutzamtes, zwangsweise geräumt. Großvater hatte seine Zimmermannswerkzeuge immer penibel gehütet, er regte sich fürchterlich auf. Ich hörte ihn schimpfen: »Ihr Verbrecher, ihr Diebe, das ist mein Eigentum!« Großmutter versuchte, ihren Martin zu beruhigen; sie hatte Mühe, ihn davon abzuhalten, handgreiflich zu werden. Ich hatte Angst um Großvater, weil sein Auftritt ihn in Gefahr brachte, festgenommen zu werden. Vermutlich hat nur sein hohes Alter ihn davor bewahrt, dass er »abgeholt« wurde.

Großmutter Pappermann starb im Januar 1947 an Hunger und Kälte, es war ein außergewöhnlich kalter Winter, der bis in den März anhielt. Welch eine ungewöhnliche und unerschrockene Person unsere Großmutter gewesen ist, erzählt folgende Begebenheit, über die unsere Schwester Dorle Folgendes berichtete: »Als im Frühjahr 1943 unsere Tante Käthe Neumann verhaftet wurde, ist auch Großmutter von der Gestapo zum Verhör abgeholt worden.
Der Beamte schrie Großmutter an: »Mit dem Gesicht zur Wand«, und die Fußspitzen sollten gerade an die Wand stoßen. Großmutter,

eine kleine, sehr alte Frau, setzte sich auf einen Stuhl und begann Plattdeutsch zu reden:
»Hör mol to, min Jung, so kanns mit mi obers nich snacken. Ick kunn jo din Grotmudder sin un mit de snackst doch ok nich so, een beten höflicher musst all sin!« (»Hör mal zu, mein Junge, so kannst du mit mir aber nicht sprechen. Ich könnte ja deine Großmutter sein und mit der redest du doch auch nicht in diesem Ton. Ein wenig höflicher musst du schon sein!«)

Der Gestapobeamte ist wohl über so viel Unverfrorenheit und den Mut der alten Frau so verblüfft gewesen, dass er sie auf dem Stuhl sitzen ließ, es ist ihr wirklich nichts weiter geschehen. Auf seine Fragen antwortete Großmutti nur: »Dor weet ick nix vun af«, und nach ihrem Mann gefragt: »Min Martin is all en beeten tüdelich, un hörn kann he ok nich mehr so good.« (»Davon weiß ich gar nichts« und »Mein Martin ist schon ein bisschen wunderlich und hören kann er auch nicht mehr so gut.«)

Meine Schwester Annedore hatte Großmutter zum Verhör begleitet. Sie musste draußen auf dem Flur bleiben, konnte aber alles, was in dem Verhörzimmer geschah, mithören und später der Familie davon berichten.

Anfang 1943 waren Luise und Erika, im Zuge der Kinderlandverschickung (KLV) zusammen mit ihren Schulklassen in ein Dorf nach Niederbayern verschickt und bei Bauernfamilien untergebracht worden, was eigentlich ungewöhnlich war. In der Regel wurden die Schulklassen mit ihren Lehrern gemeinsam in einem Lager untergebracht. Einer der Lehrkräfte wurde zum Lagerleiter bestimmt, ihm wurde ein HJ-Führer bzw. eine BDM-Führerin zur Seite gestellt, die für den HJ-Dienst und den politischen Unterricht verantwortlich waren. Im Fall der Schwestern wurden die Kinder der Schulklasse in dem Dorf auf die verschiedenen Familien verteilt. Die Angehörigen hatten keine Ahnung, dass einige der evakuierten Kinder bei den Gastfamilien schwer arbeiten mussten. Auch unsere beiden Mädchen hatten bei den Gasteltern hart zu arbeiten.

Im Spätsommer 1943 bekam Vater die schriftliche Mitteilung, dass Luise und Erika mit ihren Mitschülerinnen in das Warthegau verlegt werden sollten. Man hatte für die Kinder im von der Wehrmacht besetzten polnischen Gebiet eine gemeinsame Unterkunft eingerichtet. Es war Mutter Anna, die sagte: »Wenn wir die Mädchen nicht sofort zurückholen, sehen wir sie nie wieder!«

Sie ist mit Vater unverzüglich nach Bayern gereist, um die Kinder abzuholen, die Reisekosten mussten sie selbst tragen. Als die beiden kleinen Schwestern zu Hause ankamen, hatten sie Kopfläuse. Wie sie berichteten, hatten alle Schulkinder im Dorf diese niedlichen Tiere gehabt. Mutter Anna wusste die richtige Methode, die Viecher loszuwerden. Die beiden Mädchen bekamen eine gründliche Haarwäsche, anschließend wurde Petroleum in die Haare aufgetragen und der Kopf mit einem Turban umwickelt. Es stank fürchterlich, die Behandlung war bestimmt sehr unangenehm, aber die Läuse verschwanden nach wenigen Tagen. Luise und Erika sprachen in einem bayrischen, kaum verständlichen Dialekt, das war sehr merkwürdig, doch bald war diese ungewöhnliche Sprache abgelegt und vergessen. Auf jeden Fall waren die Jüngsten der Familie wieder heil und gesund bei uns. Sie konnten sich zunächst auch nur schwer an die »Neue« in der Familie gewöhnen.

Anna war eine perfekte Hausfrau, in der Wohnung und im Garten musste alles in einer bestimmten vorgeschriebenen Ordnung gehalten werden. Mit ihrem resoluten, energischen Wesen konnten wir uns anfangs nicht so recht anfreunden. Andererseits war sie bemüht, gut für die Kinder zu sorgen. Gelegentlich ging sie zu Bauernfamilien in eines der umliegenden Dörfer und arbeitete dort zwei oder drei Tage als Hausschneiderin. Sie hat immer für Lebensmittel gearbeitet und brachte Butter, Eier und manchmal auch Wurst oder ein Huhn mit nach Haus, wir hatten zu der Zeit genug zum Essen und keinen Hunger zu leiden.

Anna nähte und strickte für uns Kinder und hielt uns dazu an, es ihr gleichzutun. Müßiggang war ihr ein Gräuel. Wenn ich wieder einmal etwas lesen wollte, hieß es gleich: »Hest nix to doon, stopp mol beter din Strümp!« (»Hast du nichts zu tun, stopfe mal lieber deine Strümpfe!«)

In den Monaten bis zum Beginn meines Pflichtjahres habe ich von Mutter Anna viel gelernt, was mir später zugute kam, auch wenn es oft für mich und auch für die Geschwister schwierig war, uns mit den veränderten Verhältnissen abzufinden. Doch Anna hat es mit uns, diesen ein wenig verwilderten Kindern, anfangs ganz bestimmt nicht leicht gehabt. Sie sorgte auch dafür, dass Vater sich mehr um uns kümmerte. Anna war diejenige, die an Geburtstage dachte und ihren Mann daran erinnerte, sie hielt die Familie zusammen, knüpfte auch wieder den Kontakt zu den Großeltern und zu den Schwesterfamilien unserer Mutti. Im Laufe der Jahre wurde sie auch sanfter und war immer bereit, da zu helfen, wo es nottat. Mich hat es gewundert, wie viel Zuneigung Vater später seinen vielen Enkelkindern zeigte, wie er sich für sie interessierte und mit ihnen spielte. Was ich als Kind schmerzlich vermisst hatte, konnte Vater den Enkelkindern geben. Die Enkelgeneration liebte die Großeltern, und sie waren gern in Hoisbüttel, dort wurde in späteren Jahren so manches Familienfest gefeiert.

Am 1. Oktober 1943 musste ich zum Pflichtjahr in der Landwirtschaft antreten. Ich war nicht ganz fünfzehn Jahre alt, ein etwas schmächtiges und nicht gerade selbstbewusstes Mädchen. Nun war ich es gewiss gewohnt zu arbeiten, aber was mir bei diesem Bauern abverlangt wurde, kann nur als Ausbeutung bezeichnet werden. Ich denke, es verstieß auch gegen damalige Bestimmungen. Der Arbeitstag war lang, im Haus, im Stall und auf dem Feld waren körperlich schwere Arbeiten zu verrichten. Eine Mittagspause gab es nur für die Männer, ich musste nach dem Mittagessen das Geschirr spülen und die Küche sauber machen. Alle drei Wochen hatte ich einen freien Sonntag, ansonsten hatte die Woche sieben Arbeitstage.

Ich habe nicht vergessen, wie ich das Melken erlernen musste, im Herbst waren die Kühe noch draußen auf der Hausweide. Anfangs habe ich bis in die Dunkelheit gebraucht, um mit dem Melken fertigzuwerden. Es war eine harte Erfahrung für mich, manches Mal habe ich heimlich vor Wut und Erschöpfung Tränen vergossen. Ich war ja fast noch ein Kind, fühlte mich von aller Welt alleingelassen und musste mir letztlich selbst helfen.

Mit der Zeit lernte ich es, mich gegen Ungerechtigkeiten und grobe Worte zu wehren. Mir wurde erzählt, wie der Bauer anderen Leuten gegenüber geprahlt hat:»Uns Deern ersett uns een Grotknecht!«(»Unser Mädchen ersetzt uns einen Großknecht!«) Wenn ich diese Aussage auch nicht zu deuten wusste, hatte ich doch ein ungutes Gefühl, wenn auf diese Weise von mir geredet wurde. Der Umgang der Bauersleute mit den Arbeitern war in den meisten Fällen sehr unpersönlich, menschliche Anteilnahme oder Fragen nach der Gesundheit waren fehl am Platz.

Die tägliche Arbeitszeit bewegte sich bei durchschnittlich vierzehn Stunden, in den Sommermonaten waren es meistens sechzehn Stunden. Mein Vater hatte anscheinend nicht daran gedacht, sich im Arbeitsamt nach den gesetzlichen Jugendschutzbestimmungen zu erkundigen, und ich hatte als junges Mädchen von diesen Dingen keine Ahnung. Als das Pflichtjahr fast zu Ende war, fand ich im Küchenschrank einen Brief vom Arbeitsamt, der an mich adressiert, geöffnet und laut Poststempel beinahe ein Jahr alt war. Das Schreiben hatten meine Arbeitgeber mir vorenthalten.

Die Bäuerin behauptete, sie hätte vergessen, mir den Brief zu geben, natürlich glaubte ich ihr nicht, das sagte ich ihr sehr deutlich und drohte damit, sie anzuzeigen, weil sie sich gegen das Postgeheimnis vergangen hatte. Durch das Schreiben des Arbeitsamtes habe ich schließlich erfahren, welche Rechte mir zustanden, beispielsweise hätte mein Arbeitstag nicht vor sieben Uhr morgens beginnen dürfen, mir hätte eine Mittagspause zugestanden und auch abends hätte ich früher Feierabend haben müssen. Vor allem hätte ich Anspruch auf einen Jahresurlaub gehabt, den ich nicht mehr vollständig nehmen konnte, weil meine Zeit bei diesen Leuten, die mich eigentlich betrogen hatten, abgelaufen war.

Ich war kriegsdienstverpflichtet und so wurde ich vom Arbeitsamt wieder auf einen Bauernhof vermittelt, es war ein großer Betrieb in Ahrensfelde, Kreis Steinburg. Der Bauer war zur Marine eingezogen, die Familie hatte einen sechs Jahre alten Sohn, der im Laufe der Zeit sehr an mir hing. Mit Kindern war ich immer gut ausgekommen, ich liebte sie und hätte am liebsten selbst viele Kinder gehabt. Die Bäuerin, kaum dreißig Jahre alt, war eine korpulente, etwas träge Frau. Sie leitete die Arbeit in Haus und Garten und war für die Geflügel- und Schweineaufzucht zuständig, die Arbeit hatten jedoch zum größten Teil wir Mädchen zu leisten. Die Madam hatte anscheinend an ihrer Verantwortung schwer genug zu tragen.

Für die Feldarbeit war ein alter Großknecht verantwortlich, ein ständig schlecht gelaunter, laut schimpfender und immer unzufriedener Junggeselle. Dazu kam, dass er ein notorischer Frauenfeind war. Seine Versuche, mich einzuschüchtern, hat er bald eingestellt, denn als er mir einmal, aus einem nichtigen Anlass, Schläge androhte, machte ich ihm klar, dass ich zurückschlagen würde. Und als er mich wieder einmal laut beschimpfte und ich ihm den Vorschlag machte, ob wir einmal ausprobieren wollten, wer von uns am lautesten schreien könne, wurden wir zwar keine Freunde, doch anscheinend war es der Ton, der von August dem Wüterich verstanden wurde, und mit dem ich mir Respekt verschaffte. Inzwischen hatte ich gelernt, mich gegen Ungerechtigkeiten zu wehren, und konnte bei passender Gelegenheit auch recht aufsässig werden.

Auf dem Hof in Ahrensfelde arbeitete ich erstmals mit Zwangsarbeitern aus den besetzten Ostgebieten zusammen, es waren drei junge polnische Männer und eine Frau, die mit einem Transport aus der Ukraine nach Deutschland deportiert worden waren. Es war strengstens verboten, mit den Zwangsarbeitern private Gespräche und Kontakte zu haben, es durften nur Dinge besprochen werden, welche die Arbeit betrafen. Obwohl es schwere Strafen nach sich ziehen konnte, habe ich mich an dieses Verbot nicht gehalten, das wäre bei der Stall- und Feldarbeit auch gar nicht zu kontrollieren gewesen. Meine polnischen Arbeitskollegen erzählten mir, dass die meisten von ihnen auf dem Schulweg, auf Sportplätzen oder auf dem Heimweg vom Kino, von deutschen »Sicherheitskräften« aufgegriffen, und nach Deutschland deportiert worden sind.

Die Eltern der Jugendlichen wussten oft monatelang nicht, was mit ihren Kindern, die oft erst 14 und 15 Jahre alt waren, geschehen war und wo sie abgeblieben waren. In vielen bäuerlichen Betrieben wurden die Zwangsarbeiter relativ gut behandelt, sie hatten die gleiche Arbeit zu verrichten wie die deutschen Männer und Frauen, und meistens bekamen sie auch das gleiche Essen. Eine weitere Maßnahme betraf das Verbot, mit den »Ostarbeitern« gemeinsam an einem Tisch zu essen. An dieses Verbot hat man sich aber auf dem Land nicht überall gehalten.

Trotzdem war das Leben der »Ostarbeiter« durch Anordnungen und Befehle doch sehr eingeschränkt, und zusätzlich litten sie unter dem Heimweh und der Trennung von ihren Familien und Freunden. Für die Bauern waren die so genannten Ostarbeiter billige Arbeitskräfte, sie hatten nur für Unterkunft und Verpflegung aufzukommen und sparten auf diese Weise die Arbeitslöhne ein. Ich kann mich nicht daran erinnern, aber vielleicht bekamen die Zwangsarbeiter in der Landwirtschaft ein kleines Taschengeld.

Weitaus grausamer traf es Zwangsarbeiter, die in die Rüstungsindustrie oder in andere Fabriken verschleppt worden sind und dort unter schlechtesten Bedingungen arbeiten mussten. Sie waren in primitiven Barackenlagern untergebracht, bekamen unzureichende Ernährung, häufig wurden sie menschenunwürdig behandelt.

Soweit ich mich erinnere, wurden diese Menschen für die schwere Arbeit nur mit einem geringen Betrag entlohnt, mit einem kleinen Taschengeld. Die Konzernherren, die Landwirte und auch staatliche Unternehmen konnten durch den Einsatz der Zwangsarbeit unglaubliche Gewinne erzielen und sich in großem Stil bereichern.

Meine Zusammenarbeit mit unseren »Ostarbeitern«, wie sie im Nazijargon genannt wurden, war kollegial und verlief ohne Konflikte. Ich konnte die Bauersfrau dazu überreden, den »Polacken« statt nur alle drei Monate jeden Monat frische Bettwäsche auszugeben. Sie durften endlich auch sonntags die Waschküche zum Wäschewaschen und zum Baden benutzen. Es ist kaum vorstellbar, dass diese so selbstverständlichen Maßnahmen als Privileg betrachtet wurden.

Einige Monate vor dem Ende der Naziherrschaft brachte ich mich, gemeinsam mit einer Freundin, die auf dem benachbarten Hof schuften musste, in eine gefährliche Situation. Zwei der polnischen Jungs hatten gehört, dass im Ahrensburger Kino im Vorprogramm eine Dokumentation aus ihrer Heimatstadt gezeigt werden sollte. Sie haben uns gebeten, ihnen Eintrittskarten zu besorgen. Die Ostarbeiter durften natürlich kein

»Deutsches Filmtheater« besuchen. Eines Abends gingen wir nach Ahrensburg und kauften je zwei Kinokarten. Wir waren naiv und unerfahren und haben nicht bedacht, dass wir nebeneinander liegende Sitzplätze bekommen würden. Vor Beginn der Vorstellung haben wir noch schnell die Plätze getauscht, weil wir einige Bauernmädchen aus dem Dorf entdeckten und befürchteten, von ihnen denunziert zu werden. Tatsächlich erschien am nächsten Vormittag der Dorfpolizist bei uns auf dem Hof und sagte: »Es liegt eine Anzeige gegen dich vor, du hast mit Polen poussiert und kokettiert, dafür kann ich dich ins KZ bringen.«

Nun hatten die Nazis gewisse Schlagworte, eines davon lautete: »Deutscher sprich deutsch!« Deshalb antwortete ich dem Polizisten: »Ich weiß gar nicht, was poussieren und kokettieren bedeutet, das musst du mir erklären, ich glaub, das ist französisch, Deutscher sprich deutsch!« Der Beamte verbat sich das Duzen, worauf ich ihm erwiderte, dass er mich dann auch nicht duzen dürfe, schließlich sei ich erwachsen. Außerdem sei es nur ein Zufall und für uns höchst unangenehm gewesen, den Platz neben den beiden Polen bekommen zu haben. Zudem hätten wir nur ganz kurz nebeneinander gesessen und sehr schnell und vor Beginn der Vorstellung die Plätze getauscht.

Zum Glück hat meine Freundin sinngemäß das Gleiche ausgesagt, und der Polizist wird auch gewusst haben, dass seine Zeit und die seiner Nazikumpane bald abgelaufen sein würde. Denn die Wehrmacht war an allen Fronten auf dem Rückzug, Kampftruppen der alliierten Armeen waren an allen Grenzen des Deutschen Reiches auf dem Vormarsch. Es ist kaum vorstellbar, da wurden zwei junge Mädchen, noch nicht sechzehn Jahre alt, mit der Einlieferung in ein Konzentrationslager bedroht, nur weil sie jungen Polen gegenüber menschliche Anteilnahme gezeigt und ihnen den Besuch eines Filmes ermöglicht hatten!

Erst nach der Befreiung von Krieg und Faschismus konnten wir ermessen, in welche Gefahr uns dieses unüberlegte Abenteuer gebracht hatte, den polnischen Arbeitern einen Gefallen zu erweisen. Für sie hatte nach den Nazigesetzen die Gefahr bestanden, zum Tode verurteilt und gehängt zu werden. Das bestätigte ein Bericht, der nach der Befreiung bekannt wurde. Auf einem Gutshof in Hamburg-Poppenbüttel hatten sich eine junge deutsche Landarbeiterin und ein polnischer Zwangsarbeiter ineinander verliebt. Sie hatten ein Liebesverhältnis angefangen, das durch Denunziation den Behörden bekannt wurde.

Der junge Pole wurde in Anwesenheit aller Gutsarbeiter im Gutshof öffentlich durch Erhängen zu Tode gebracht, die junge Frau wurde in ein Konzentrationslager eingewiesen. So erging es auch den anderen deutschen Frauen, wenn sie sich zum Beispiel in einen Kriegsgefangenen verliebten und mit ihm ein Verhältnis eingingen.

Der letzte Kriegswinter war sehr kalt und schneereich, Anfang Januar 1945 kamen in unserem Dorf die ersten Flüchtlingstrecks mit ihren Pferdegespannen aus Ostpreußen an und wurden den verschiedenen Bauernhöfen zugewiesen. Auf dem Hof meines Arbeitgebers wurde der »Ortsbauernführer« eines ostpreußischen Dorfes mit Frau und Tochter einquartiert. Diese Funktion nahmen nur Mitglieder der Nazipartei ein, und so gebärdete sich der Mensch auch. Unsere Bäuerin war unpolitisch, menschlich einigermaßen anständig, nun hatten wir aber einen waschechten Nazi im Haus und man musste noch vorsichtiger sein als bisher.

Denn in den letzten Monaten des Naziregimes fielen dem Fanatismus seiner Anhänger noch eine Vielzahl unschuldiger Menschen zum Opfer. Die Befehlshaber in Berlin und die Militärs mobilisierten in den letzten Wochen ihres Krieges die letzten Reserven, um ihren Untergang hinauszuzögern und um die Spuren ihrer Verbrechen zu beseitigen. Sie hetzten alte Männer und Kinder, schlecht ausgerüstet, ohne Ausbildung und ohne Erfahrung, in den Kampf gegen einen übermächtigen Gegner, mit dem Wissen, sie dem Tod, der Gefangenschaft oder der Verwundung auszuliefern. Diese gewissenlose Bagage, eine selbsternannte Elite, trieb Tausende unerfahrene Menschen in einen aussichtslosen Kampf.

Wer den Versuch machte, sich diesem Wahnsinn zu entziehen, wurde am nächsten Laternenpfahl aufgehängt!

Auch die Luftangriffe der Alliierten fanden ihre Opfer, sie flogen vermehrt tagsüber und machten Jagd auf alles, was sich bewegte. Oft wurde nicht einmal mehr Luftalarm gegeben. Wenn wir bei der Arbeit auf dem Feld das Brummen der Flugzeuge hörten, liefen wir so schnell es möglich war und versteckten uns unter Bäumen und Hecken. Auch Frauen und Kinder, die nicht schnell genug in Deckung gingen, wurden von den Jabos (Jagdbombern) im Tiefflug beschossen. Eines Tages, im Frühling 1945, arbeiteten wir in der Nähe der Autobahn Hamburg–Lübeck auf dem Acker. Zwei Jabos flogen über uns hinweg und beschossen den Lastwagen einer Meierei mit Bordwaffen. Die Insassen waren zwei französische Kriegsgefangene, sie holten täglich die Milch von den Höfen. Beide Männer sind kurz vor ihrer Befreiung zu Tode gekommen, nachdem sie vier Jahre der Kriegsgefangenschaft überlebt hatten.

In den letzten Wochen ihrer Herrschaft tobte sich die Mordlust der Nazis in Hamburg auf entsetzliche Weise aus. In der Nacht vom 20. zum 21. April wurden im Keller der Hamburger Schule »Am Bullenhuser Damm«

zwanzig jüdische Kinder im Alter zwischen fünf und zwölf Jahren auf grausame Weise von SS-Männern ermordet. Das gleiche Schicksal erlitten vier KZ-Häftlinge, zwei französische Ärzte und zwei holländische Krankenpfleger, die von der SS zur Betreuung der Kinder abkommandiert worden waren.

Die Kinder waren aus dem Konzentrationslager Auschwitz in das KZ-Neuengamme gebracht und dort von SS-Ärzten zu verbotenen medizinischen Experimenten missbraucht worden. Die SS-Ärzte hatten den Kindern bei pseudo-medizinischen Versuchen Tuberkel-Bakterien eingespritzt und ihnen die Lymphdrüsen herausoperiert![3]

Um die Verbrechen zu vertuschen, wurde aus Berlin der Mordbefehl erteilt. In derselben Nacht wurden von SS-Schergen in dieser Schule »Am Bullenhuser Damm« etwa 24 sowjetische Kriegsgefangene ermordet. Dem 2008 verstorbenen Journalisten und Antifaschisten Günther Schwarberg ist es zu verdanken, dass diese Naziverbrechen der Öffentlichkeit bekannt wurden. Er und seine Lebensgefährtin Barbara Hüsing haben mit beispiellosem Engagement die Spuren der Kinder und ihrer Familien in Polen, Italien, Frankreich, Holland und den USA gesucht und gefunden, sie haben darüber berichtet und geschrieben. Heute ist die ehemalige Schule »Am Bullenhuser Damm« eine viel besuchte Gedenkstätte, in der in jedem Jahr am 20. April für die Kinder und die anderen Mordopfer eine Gedenkfeier stattfindet.

Kriegsende und Befreiung von Faschismus

In der letzten Aprilwoche standen britische Kampftruppen an der Elbe, die Flucht der deutschen Soldaten führte über Straßen und Dörfer. In unser Dorf Ahrensfelde zog eine Kompanie der Wehrmacht ein, die Schreibstube der Einheit wurde in unserem Haus einquartiert. Die Soldaten haben sicher gewusst, der Krieg war verloren, bei den Männern war Resignation und eine Art Galgenhumor festzustellen, sie nannten Hitler »GRÖFAZ« (den »Größten Feldherrn aller Zeiten«) und das war durchaus spöttisch und ironisch gemeint.

Irgendwo muss noch ein Radiosender funktioniert haben, denn am 1. Mai ertönte im Radio Musik, etwas von Richard Wagner. Dann verkündete der Radiosprecher mit getragener, dramatischer Stimme: »Der

---

[3] Vgl. Günther Schwarberg: Der SS-Arzt und die Kinder vom Bullenhuser Damm. Göttingen 1988, S. 43f.

Führer und Reichskanzler des Deutschen Reiches, unser geliebter Führer Adolf Hitler, ist an der Spitze seiner Truppen, im Kampf um Berlin, den Heldentod gestorben!« Ich kann nicht sagen, ob es die authentischen Sätze waren, aber meine Erinnerung an diese Nachricht ist noch sehr genau, weil sie die verschiedensten Reaktionen auslöste. Man sah Soldaten, die in Tränen ausbrachen, andere zeigten höhnische Mienen, wieder andere glaubten nicht an den »Heldentod«, sondern es wurde von Selbstmord geflüstert. Ich habe mehr gehört, als ich sollte, vielleicht auch, weil die Männer meinten, ich sei nur ein harmloses, ein wenig unbedarftes Mädchen. Bei den Dorfbewohnern ist nur Ratlosigkeit zu sehen gewesen und das Bemühen, die eigene Nähe zum NS-Regime zu verharmlosen. Am selben Abend zogen die Soldaten ab, unmittelbar darauf kam eine schwer bewaffnete SS-Einheit ins Dorf, was bei den Dorfbewohnern Angst und Schrecken hervorrief, denn der Kommandeur ließ verlauten, dass hier die neue Frontlinie verlaufen sollte und man den Ort verteidigen wolle. Dazu ist es dann doch nicht mehr gekommen, am nächsten Morgen war die SS-Horde wieder verschwunden, genau so schnell wie sie eingetroffen war.

Es war der 3. Mai 1945, ein sonniger, warmer Frühlingstag. Dieser Tag wurde für uns zum Tag der Befreiung von Krieg und Faschismus. Für die meisten Deutschen war es sicherlich ein Tag der Niederlage und der Schande. Auch mir war nicht gleich bewusst, dass wir »befreit« worden waren. Ich bin mir sicher, keine Angst gehabt zu haben, vielmehr war ich erst einmal neugierig und voller Erwartung, wie es nun weitergehen würde.

Der Einzug der britischen Truppen mit ihren Panzern verlief ohne Zwischenfälle, die Dorfbewohner hatten sich in die Häuser zurückgezogen und warteten ab, was geschehen würde. Wir, die Polen und ich, standen am Hofeingang, voller Spannung auf das, was da kommen sollte. Zunächst einmal rollten immer mehr Panzer auf den Dorfplatz, an dem unser Hof lag. Auf den Panzern saßen Soldaten in fremden Uniformen, die der britischen Armee angehörten. Den männlichen Dorfbewohnern wurde befohlen, auf dem Dorfplatz zu erscheinen und alle vorhandenen Waffen mitzubringen, wo sie von den britischen Soldaten zerschlagen worden sind. Soweit ich mich an diese Aktion erinnere, handelte es sich zumeist um Jagdgewehre.

In der Zwischenzeit durchsuchten andere Soldaten die Häuser nach weiteren Waffen, der Bürgermeister, der auch Ortsbauernführer war, wurde zum Verhör nach Ahrensburg in die Kommandantur der britischen Besatzungsbehörde gebracht. Am nächsten Tag kam er wieder zurück und ging seiner Arbeit nach, die er nun selbst zu tun hatte, denn die polnischen Arbeiter waren jetzt frei und nicht mehr bereit, sich ausbeuten zu lassen.

Die Wahrheit über den »Heldentod« Hitlers wurde nun auch bald bekannt, der »glorreiche Führer« hatte sich und seine langjährige Geliebte, Eva Braun, umgebracht und sich auf diese Weise der Verantwortung für seine Verbrechen entzogen. In seinem Testament hatte Hitler den Großadmiral Dönitz zu seinem Nachfolger bestimmt. Dönitz war mit anderen Nazigrößen nach Flensburg geflüchtet, wo sie durch englische Offiziere verhaftet wurden.

Am 8. Mai 1945 wurde in Berlin von der faschistischen Generalität die Urkunde der bedingungslosen Kapitulation unterzeichnet.

Wie sich die polnischen Arbeiter Alkohol beschafft haben, weiß ich nicht. Tatsache ist, einige von ihnen waren am Tag nach dem Einmarsch der Briten sturzbetrunken und haben erst mal den Dorfpolizisten verprügelt, der sie manches Mal schikaniert hatte.

Der Polizist hatte sich einen Spaß daraus gemacht, sonntagvormittags die Polen auf dem Dorfplatz zum Appell antreten zu lassen. Es waren die einzigen Stunden Freizeit, die sie bis zur Fütterung der Tiere um die Mittagszeit hatten. Ich habe diese Schikane eines Tages mitbekommen, bin zu unseren Leuten gegangen und habe gesagt:»Ihr steht hier rum und die Arbeit bleibt liegen. Rein mit euch und an die Arbeit!« Dagegen hat der Polizeibeamte nichts sagen können, und die Arbeitskollegen haben gleich verstanden, sie sollten in ihrer Kammer verschwinden und nicht wieder zum Appell antreten. Der Polizist ist glimpflich davongekommen, ihm ist nicht viel geschehen, nur sein Fahrrad wurde ihm geklaut, und die Prügel hinterließen ein paar blaue Flecken.

Viel schlimmer erging es dem Bürgermeister, er wurde so böse zugerichtet und geschlagen, dass er an seinen Verletzungen gestorben ist. Es kam mir seltsam vor, dass im Dorf über die schreckliche Tat nicht geredet wurde. Niemand sprach darüber, was der Anlass zu dem Totschlag gewesen sein könnte. Die Polen sind bald darauf in ein Sammellager nach Lübeck transportiert worden, wo sie bis zur Rückführung in ihre Heimat geblieben sind. Meine polnischen Arbeitskollegen haben sich unter Tränen und mit einer Umarmung von mir und von der Bäuerin verabschiedet.

Viel später erreichte mich ein Brief von einem der jungen Männer aus Polen. Ihre Familien hatten Krieg und Besatzung überlebt und sie hatten das Glück, die Eltern und Geschwister nach fünf Jahren der Trennung gesund wieder in ihre Arme schließen zu können. Nicht alle Heimkehrer haben die Angehörigen wiedergefunden.

Für die ersten Monate nach dem Kriegsende war von den Besatzungsbehörden eine nächtliche Ausgangssperre verhängt worden, ansonsten gab es bei uns auf dem Dorf kaum Beschränkungen im täglichen Leben. Die Frühjahrsbestellung der Felder stand an, aber es war niemand da, um die Arbeit zu tun. Das hieß erst einmal für mich und den alten August eine gehörige Mehrarbeit, und die »Chefin« musste nun auch mit anpacken.

Die Besatzungsbehörden haben dann sehr schnell die Landwirte aus den Kriegsgefangenenlagern nach Hause geschickt. Der Bauer kam schon Ende Juni wieder zurück und übernahm seinen Hof. Ehemalige Wehrmachtshelferinnen und entlassene Soldaten, die sich auf den Weg in die Heimat gemacht hatten, wurden eingestellt. Sie hatten aber keine Ahnung von der Landarbeit und auch anscheinend noch nie schwere Arbeit geleistet. Sie scheuten sich beim Melken ein Kuheuter anzufassen, und nach zwei bis drei Stunden Feldarbeit jammerten sie, dass ihnen der Rücken weh tat. Lange blieb niemand von ihnen auf dem Hof, meist zogen sie bald weiter, um irgendwie in ihre Heimat zu gelangen. Doch nach und nach stellte sich eine gewisse Normalität ein. Nach wenigen Wochen wurde auch der Bruder des Bauern aus der Kriegsgefangenschaft entlassen und arbeitete auf dem Hof. Über ihn wird noch zu berichten sein.

Von einer Normalisierung der Lebensbedingungen konnte für den Großteil der Bevölkerung keine Rede sein. Die Zuteilung der Nahrungsmittel war schon während der Nazizeit unzureichend, sie wurde nun weiter reduziert, sodass sich Mangelkrankheiten wie Tuberkulose, Hungerödeme und Furunkulose verbreiteten. Immer mehr Menschen aus den umliegenden Städten, vor allem aus Hamburg, versuchten, gerettete Wertsachen gegen Lebensmittel einzutauschen.

Die Bauernfamilien profitierten von der Not ihrer Landsleute, und verhielten sich zum Teil ziemlich skrupellos und auch habgierig. Und weil das so genannte Hamstern unter Strafe stand und verboten war, machten wieder Polizeibeamte – schon bei den Nazis bereit zu »gehorchen und ihre Pflicht zu tun« –, eifrig Jagd auf Menschen, die ihren letzten Besitz für wenige Lebensmittel eingetauscht hatten. Die wurden ihnen nun von den Polizisten abgenommen, die sie wohl auch manchmal für den eigenen Bedarf behielten.

Bei den Leuten ging das böse Wort von den »Perserteppichen im Kuhstall« um, was die Zustände jener Zeit wohl in etwa zutreffend beschrieb. Fast alle Bauern waren an den Tauschaktionen und an der Übervorteilung der Hungernden beteiligt. Viele Bauern haben auch heimlich »Schwarzschlachtungen« vorgenommen. Sie schlachteten Schweine oder auch Kälber, die der Ablieferungspflicht unterlagen und so der Verteilung an die Bevölkerung entzogen wurden.

Die Lebensmittelzuteilungen wurden ständig reduziert, denn die Länder, die von der Wehrmacht besetzt gewesen waren, konnten jetzt nicht mehr ausgeplündert werden.

Am härtesten waren alte Menschen und Kinder von Hunger, Krankheiten und Kälte betroffen. Der Winter 1945/46 war wieder ungewöhnlich kalt und lang gewesen und hatte viele Schneefälle gebracht. In den Städten gab es Hungertote, alte Menschen sind erfroren und starben an Schwäche.

In den Kellern der Ruinen hausten Frauen mit Kleinkindern, deren Männer im Krieg getötet oder noch in Kriegsgefangenschaft waren. Der Wohnungsmangel durch die Zerstörungen bei den Bombenangriffen führte dazu, dass bis in die sechziger Jahre die Wohnungsämter für die Vergabe von Wohnungen zuständig waren. Man war auf gute Beziehungen angewiesen, wollte man zu den Glücklichen zählen, die in den Besitz einer eigenen Wohnung gelangen. Viele Menschen hatten es vergessen, nicht wahrgenommen oder wollten es nicht wissen, dass dieses ganze unglaubliche Elend, die Not und der Hunger vom deutschen Naziregime verursacht worden war.

Es war überhaupt auffällig, dass niemand von der Judenverfolgung, von Unterdrückung und Terror gewusst haben wollte. Auch die Existenz der KZ- und Vernichtungslager war angeblich nicht bekannt, obwohl die meisten der großen KZ-Lager im Deutschen Reich in unmittelbarer Nähe von Großstädten errichtet worden sind.

Als Beispiel sind die Lager Neuengamme bei Hamburg oder Sachsenhausen bei Berlin und Dachau bei München zu nennen. Es wurde behauptet, dass für die Verbrechen der deutschen Faschisten die Naziführer in Berlin verantwortlich gewesen sind. Die meisten Erwachsenen waren nicht bereit, ihren eigenen Anteil von Verantwortung und Schuld anzuerkennen. Anscheinend hatte es in Nazideutschland keine Nazis gegeben und man hatte »ja nur die Befehle ausgeführt«!

Während Nazitäter, die für die ungeheuerlichen Verbrechen wie Entführung, Sklavenarbeit, Folter und Mord verantwortlich waren, in der Bundesrepublik Deutschland zum Teil Karriere machen konnten, wurden viele der Opfer dieser Verbrechen häufig durch die »Nichtanerkennung« ihrer Leiden erneut diskriminiert. Noch unerträglicher wurde es für die Überlebenden der Nazibarbarei, wenn sie bei strittigen Verfahren um »Wiedergutmachung« von denen begutachtet werden sollten, die ihnen körperliche und psychische Leiden zugefügt hatten.

Dabei handelte es sich meist um jene Opfergruppen, die auch von der bundesrepublikanischen Gesellschaft nicht wahrgenommen wurden. Das betraf zum Beispiel Homosexuelle, christliche Sekten wie Mormonen und Zeugen Jehovas, die aus Gewissensgründen den Wehrdienst verweigerten, und andere Menschen, die nicht in das nazistische Menschenbild einer »arisch« und »rassisch« wertvollen Volksgemeinschaft passten.

Weil eben die Täter in der Wirtschaft, in Wissenschaft und Bildung, in der Justiz, in der Ärzteschaft und nicht zuletzt in der Politik, aber auch in den Medien arbeiteten und auch sehr schnell wieder hohe Positionen einnehmen konnten und zugewiesen bekamen, war das Interesse der zuständigen Gremien, NS-Täter vor Gericht zu stellen, relativ gering.

Die Besatzungsbehörden ordneten die so genannte Entnazifizierung an. Alle Erwachsenen hatten einen mehrseitigen Fragebogen in deutscher und englischer Sprache auszufüllen, und es ist wohl selten so viel gelogen worden wie bei der Beantwortung dieser Fragen. Selbst Nazis, von denen bekannt war, dass sie an Verbrechen beteiligt gewesen waren, wurden als »Mitläufer« eingestuft, weil sie sich gegenseitig »Persilscheine« ausstellten. Andere verloren nur vorübergehend ihren Job und wurden sehr schnell wieder eingestellt. Zur gleichen Zeit begannen in Nürnberg die Prozesse der Alliierten gegen die Hauptkriegsverbrecher, die als »Nürnberger Prozesse« in die Geschichte eingegangen sind. Täglich wurde im Rundfunk und in den wenigen Zeitungen, die eine Lizenz hatten, über den Prozessverlauf berichtet.

Ich verfolgte die Berichte über die Prozesse in Nürnberg mit großer Aufmerksamkeit. Unvergessen sind die Berichte und Kommentare von Axel Eggebrecht, einem Hamburger Journalisten. Er war ein großartiger und mutiger Mann, der sich sein Leben lang für die Verwirklichung von Menschenrechten und Demokratie eingesetzt hat. Er hat immer und überall für Frieden und Humanismus gekämpft. Die jungen Menschen waren ja auf der Suche nach Vorbildern, sie hatten von den Lügen und von den Ausreden der Erwachsenen genug. Axel Eggebrecht war einer, der glaubwürdig war, ihm konnte man Vertrauen entgegenbringen.

Jugendlicher Protest

Ich war mit einigen Jugendlichen befreundet, die sich kritisch mit den Verbrechen der Nazibarbarei beschäftigten, wir diskutierten über die Mitschuld der Erwachsenen und fragten uns, was sie von den grausamen, entsetzlichen Geschehnissen gewusst haben mussten, die im Namen des Deutschen Volkes verübt worden waren.

Wir hatten jeglichen Respekt vor diesen Erwachsenen verloren, die Gehorsam und Leistung von uns verlangt hatten, die augenscheinlich so jämmerlich versagt hatten, was wir »denen« auch einige Male deutlich machten. Wir unterschieden uns von anderen jungen Leuten dadurch, dass wir in unserer »Clique« in der Öffentlichkeit laut diskutierten und die Lieder der alten Wandervogel- und der Arbeiterbewegung sangen.

Es kam vor, dass wir als disziplinlos oder als asoziales Pack beschimpft wurden, meistens waren es Männer, die wir als »alte Nazis« bezeichneten, die uns nichts mehr zu sagen hätten. Wir unterstellten ihnen, dass sie es wohl bedauerten, uns nicht mehr ins KZ abschieben zu können.

Wir waren ziemlich aufsässig und wollten nicht verstehen, dass die meisten unserer Altersgenossen nicht die gleichen Gefühle hatten, die uns bewegten. Für uns war das Ende der Naziherrschaft die Befreiung von Angst und Bevormundung, das wurde uns erst allmählich bewusst. Wir, die 16- bis 19-Jährigen hatten zwölf Jahre unserer Kinder- und Jugendzeit unter der Nazidiktatur erlebt, wir waren einer unglaublichen faschistischen Propaganda ausgeliefert gewesen, zudem sind die meisten jungen Menschen von ihren Nazieltern beeinflusst worden.

In meiner Familie hatten wir noch Zugang zu einigen der verbotenen Bücher gehabt, die meisten Jugendlichen hatten diese Möglichkeit nicht. Nun tauchten einige dieser Bücher wieder aus den Verstecken auf. Erst jetzt konnten viele der jungen Menschen den Teil der Weltliteratur lesen, den man ihnen vorenthalten hatte, wenn man das Glück hatte, sich ein Buch ausleihen zu können. Man muss erst immer wieder daran erinnern: Bis zur Währungsreform 1948 bestand ein akuter Mangel an allen Gütern des täglichen Lebens. Deshalb war die Papierzuteilung an Buch- und Zeitungsverlage, soweit sie überhaupt existierten, streng rationiert, es war nicht einfach, sich ein Buch zu beschaffen.

In den Jahren bis zur Währungsreform etablierten sich überall illegale Schwarzmärkte, die trotz Razzien der Polizei nicht unter Kontrolle zu bringen waren. Die Schwarzmarktpreise stiegen immer weiter und das Geld verlor seinen Wert. Für ein Pfund Butter mussten 160 bis 180 Reichsmark bezahlt werden, eine Ami-Zigarette kostete 4 bis 5 Mark.

Die Deutschen mussten die Folgen des vom deutschen Faschismus angezettelten Krieges schmerzhaft erfahren.

Ich arbeitete im Sommer 1945 immer noch vom frühen Morgen bis in die Abendstunden hart auf dem Hof in Ahrensfelde, dabei zerschlissen die wenigen Kleidungsstücke, die ich besaß. Es kam nicht vor, dass meine Chefin sich jemals Gedanken darüber machte, obwohl ihre Schränke und Truhen mit eingetauschten Stoffen, Schuhen und anderen Waren, die sie gegen Nahrungsmittel bekommen hatte, gut gefüllt waren. Dabei will ich ihr nicht einmal Bösartigkeit unterstellen, sie war einfach nur gedankenlos und geizig, was die Sache nicht besser macht. Mir fällt da eine Begebenheit ein, die mir unvergesslich geblieben ist.

Wir saßen am großen Küchentisch beim Nachmittagskaffee, die Familie des Bauern, zwei Knechte und ich. Ein abgemagerter Mann mit einem kleinen, elend ausschenden Jungen an der Hand kam in die Küche und bat um etwas zum Essen. Ich sehe den Bauern noch vor meinen Augen, ein großer, stämmiger Mann, beide Arme aufgestützt, wie er sagte:»Bi mi gifft dat nix, wi hefft sülben nich genog!«(»Bei mir gibt es nichts, wir haben selbst nicht genug.«)

Dabei lag vor ihm ein großes Brot und ein Stück geräucherter Schinken, von dem nur der Bauer essen durfte. Es war eine ekelhafte Situation, die mich beschämte und wütend machte. Dem Kleinen hab ich mein Butterbrot in die Hand gedrückt, was wenig genug war.

Der Chef hat mich dann beschimpft, was mir völlig egal war. Es war schließlich mein Brot gewesen, das ich dem Kind gegeben hatte, und auf die Schimpfworte der Erwachsenen hörte ich schon gar nicht mehr. Aber das Gesichtchen des kleinen Kindes, als es hungrig in das Brot biss, ist mir noch lange nachgegangen.

Noch ein Erlebnis fällt mir ein: Der Bauer hatte einen Mann erwischt, der wohl einige Steckrüben vom Feld geklaut hatte. Nun machte der Chef sich auf die Suche nach dem Dorfpolizisten und ließ den Sünder in der Küche stehen, wo ich ihn bewachen sollte. Ich sagte ihm aber, er solle ganz schnell verschwinden. Bald darauf kam unser Chef mit dem Polizisten an und schimpfte wie ein Rohrspatz, weil ich den Mann nicht festgehalten hätte. Ähnliche Vorfälle gab es immer wieder, die Menschen in den Städten hungerten und von der vielbeschworenen »Volksgemeinschaft« der Naziideologie war nichts mehr zu spüren, wenn es auch Ausnahmen gab.

Inzwischen stellte sich mir ein neues Problem, der Bruder des Bauern, Hermann S., stellte mir nach. Ich konnte den Mann nicht ausstehen, und ich wollte durch so einen Typen nicht in Schwierigkeiten geraten. Der Kerl versuchte mehrmals, abends in mein Zimmer zu gelangen. Deshalb musste ich meine Kammertür abschließen, und auch tagsüber vermied ich das Alleinsein mit ihm. Wahrscheinlich fühlte er sich in seiner Männlichkeit gekränkt, denn ständig versuchte er, mich mit kleinen Gemeinheiten zu tyrannisieren.

Eines Tages, es war mitten in der Erntezeit, trieb er es zu weit, als er mich bei der Arbeit wieder einmal schikanierte. Der blöde Hermann schüttete mir beim Abnehmen der Hafergarben ständig Staub und Dreck auf den Kopf und in die Augen. Dann war der Wagen abgeladen. Als ich runtersprang und versuchte, den Schmutz aus den Augen zu bekommen, lachte er und verhöhnte mich auch noch. Nun wurde ich richtig wütend und fauchte ihn an: »Du brauchst gar nicht noch so dämlich zu lachen!« Daraufhin schlug mir der Kerl so heftig ins Gesicht, dass ich gegen die Wand geflogen bin. Sein Bruder, der Chef, stand daneben und schwieg.

Ich bin sofort in meine Kammer gegangen und habe meinen alten Strohkoffer gepackt. Die Bäuerin kam und sagte, ich könnte doch nicht mitten in der Ernte, während der Arbeitszeit, den Hof verlassen und fortgehen. Meine Antwort darauf war: »In einem Haus, in dem ich weder vor Nachstellungen noch vor Schlägen geschützt werde, werde ich nicht bleiben.« Die Frau kannte mich gut genug, um zu wissen, dass sie mich nicht davon abhalten konnte, den Hof zu verlassen.

Also fuhr ich erst einmal nach Hause. Vater und Mutter Anna waren mit meinem Entschluss ganz und gar nicht einverstanden, und ich fühlte mich von meinem Vater ziemlich alleingelassen und war traurig, weil er wieder einmal nicht zu mir stand. Er verlangte, dass ich nach Ahrensfelde auf den Hof zurückkehren sollte, und sagte mir auch den Grund für seine Forderung: An meinen freien Sonntagen, die ich nur alle drei Wochen bekam, hatte ich von der Bauersfrau immer Lebensmittel gefordert und brachte dann Eier, Milch und ein paar Kartoffeln mit nach Hause. Mutter Anna war stets bereit, von dem wenigen, was vorhanden war, etwas für Familienangehörige zu kochen, wenn sie hungrig zu Besuch kamen. Nun konnte ich nicht mehr für die zusätzlichen Lebensmittel sorgen, was natürlich schlimm war. Die Ration der Lebensmittelzuteilung war so gering, dass es kaum zum Überleben reichte. Wenn ich mich nicht täusche, bekamen »Normalverbraucher« zuletzt 1000 Kalorien pro Tag. Kleinkinder, Schwangere und Schwerarbeiter bekamen auf Zusatzkarten ein wenig mehr.

Die Eltern hatten den Garten, aus dem sie Kartoffeln und Gemüse ernten konnten, und im Herbst konnten auch Äpfel gepflückt werden. Dazu hielten die Eltern einige Hühner und Kaninchen, die ihnen Eier und ein wenig Fleisch lieferten. Deshalb war die Situation bei ihnen nicht ganz so katastrophal wie bei den Menschen, die nur auf die Lebensmittelkarten angewiesen waren.

Fast allen Menschen fehlte es hauptsächlich an Fett und Fleisch, sie waren abgemagert, zudem gab es kaum Kohle und Brennholz. Das Hungern war allgegenwärtig, und zum Hunger kam die Kälte. Darunter hatten am meisten die Kinder zu leiden, doch auch für alte Menschen war das Überleben schwierig. Vor allem dann, wenn sie auf die Rationen angewiesen waren, die ihnen auf den Lebensmittelkarten zustanden.

Es war selbstverständlich, dass ich nur wenige Tage zu Hause blieb, denn ohne den Nachweis einer Arbeitsstelle hatte man keinen Anspruch auf Lebensmittelkarten, die das Überleben sicherten. Von der Arbeit bei den Bauern und in der Landwirtschaft hatte ich nun genug.

Das Arbeitsamt vermittelte mich an ein Schullandheim in Hoisdorf, wo ich größtenteils in der Küche arbeitete und für die Essenausgabe zuständig war. Das Heim gehörte dem Wilhelm-Gymnasium, aber auch andere Hamburger Gymnasien, zum Beispiel das Johanneum, schickten ihre Schüler nach Hoisdorf. Damals wurden Mädchen und Jungen noch getrennt unterrichtet. Deshalb waren in dem Heim nur Jungen zu versorgen, die sich zur Erholung jeweils vier Wochen in dem Schullandheim aufhielten, wo auch der Schulunterricht abgehalten wurde. Einige der älteren Schüler, die zu uns kamen, hatten bereits – als blutjunge Soldaten – in der Wehrmacht gekämpft und wollten nun ihre Reifeprüfung nachholen. Von ihnen wurde nun wieder erwartet, dass sie sich der Schuldisziplin unterordneten. Wir beobachteten manchmal Situationen, die für Schüler und für Lehrer schwierig, aber auch schon wieder komisch sein konnten.

Die Schüler und ihre Lehrer waren zum Teil ziemlich ausgehungert. Im Heim konnte ihnen eine bessere Ernährung geboten werden. Der engagierten Heimleitung war es immerhin möglich, von Hilfsorganisationen, gelegentlich auch von Behörden, Sonderrationen zu bekommen.

Einmal wurden wir mit einer ganzen Wagenladung voller Weißkohlköpfen beliefert. Neben der täglichen Arbeit haben wir tagelang den Kohl gehobelt, in große Fässer gefüllt und eingestampft, sogar getrocknete Holunderbeeren und genügend Salz hatte der Heimleiter irgendwo aufgetrieben. Das Ganze musste erst ein paar Wochen in Gärung übergehen, bevor wir mit Sauerkraut eine Mahlzeit zubereiten konnten, bei der wieder das fehlende Fett ein Problem war.

Ein anderes Mal holten wir mit einem Handwagen vom Dorfbäcker eine Zuteilung von Maisbrot ab. Der geschrotete Mais kam aus den USA und war ursprünglich als Viehfutter vorgesehen. Es ist anscheinend nicht daran gedacht worden, ihn feiner zu mahlen. Das Maisbrot war feucht, ließ sich schlecht schneiden und schmeckte einfach grauslich, aber es machte satt.

Weiter gab es die »Schwedenspeisung«. Sie belieferte das Heim mit Keksmehl, abends wurde es in Wasser eingeweicht, sodass es am nächsten Morgen aufgequollen war. Mit Milch zubereitet, ergab es eine sehr schmackhafte und nahrhafte Morgensuppe. Das Thema Essen war für uns alle ein ganz wichtiges Thema. Wir freuten uns, wenn die Jungens sich erholt und am Tage der Rückreise sogar etwas an Gewicht zugenommen hatten.

In unserer Freizeit spielten wir drei Hausmädchen manchmal Tischtennis mit den älteren Schülern, oder wir hielten uns an den langen Sommerabenden auf dem Sportplatz auf, und die Jungen versuchten, den Mädels mit sportlichen Darbietungen zu imponieren. Dabei ist eines Abends einer der Jungs auf das Fußballtor zugerannt, sprang hoch und wollte sich dranhängen. Mitsamt dem Schüler krachte das Tor zusammen. Ihm war nichts Schlimmes passiert, und wir konnten uns vor Lachen kaum halten. Der Heimleiter forderte am nächsten Morgen eine Erklärung, wie es zu dem Unfall gekommen sei, und wir wurden einem strengen Verhör unterzogen. Natürlich waren wir alle völlig ahnungslos. Wie diese Geschichte ausgegangen ist, weiß ich nicht mehr.

Eines Abends besuchten wir Mädels mit einigen der älteren Schüler ein Tanzfest im Dorf. Wir haben uns herrlich amüsiert und ausgelassen getanzt. Die Dorfjungens freuten sich weniger über die »Rivalen« aus der Stadt, sie tauschten miteinander unfreundliche Worte aus, doch wir Mädels konnten verhindern, dass der Streit in Schlägereien und handgreifliche Auseinandersetzungen ausartete. Wahrscheinlich ging es um Konkurrenzkämpfe um die Mädchen aus dem Dorf, die sich gern einmal mit den Jungen aus der Stadt amüsieren wollten.

Die Lehrer und der Heimleiter haben es nicht gern gesehen, wenn die Schüler mit uns einen harmlos-freundschaftlichen Kontakt hatten, den sie jedoch nicht verhindern konnten, was dann zu einem Konflikt führen sollte.

Meine Kollegin Uschi hatte sich ernsthaft in einen der älteren Schüler verliebt, und das Pärchen wurde bei einer harmlosen Umarmung erwischt. Der junge Mann, der übrigens schon erwachsen war, ist sofort nach Hause geschickt worden, und Uschi hat am gleichen Tag ihre Arbeitsstelle verlassen müssen. Diese ganze Geschichte, mit der Überreaktion des Lehrers und der Heimleitung, ärgerte mich unglaublich. Auch deshalb, weil sie selbst den eigenen moralischen Ansprüchen nicht immer genügten. Wir hatten wohl beobachtet, dass es gelegentlich zwischen den Lehrerinnen und Lehrern zu Annäherungen gekommen war. Mir tat es sehr leid, die Kollegin zu verlieren, wir hatten uns gut verstanden und auch viel Spaß miteinander gehabt.

Die neue Mitarbeiterin war zwar tüchtig, aber intrigant, verschlagen und primitiv, sie verstand es, sich auf meine Kosten bei der Heimleitung einzuschmeicheln. Eine friedliche Zusammenarbeit mit dem Mädchen war nicht möglich. Ich suchte mir bald eine andere Arbeitsstelle und verließ das Schullandheim. Einige Zeit danach habe ich erfahren, dass dieses Mädchen im Schullandheim für weitere Streitereien sorgte. Es kam sogar zu Schlägereien, bei der sie der neuen Kollegin ein Büschel Haare ausgerissen hat. Die Angegriffene ließ sich die Folgen der Schläge vom Arzt bescheinigen. Die ganze Geschichte ist dann anscheinend so unerfreulich verlaufen, dass man diese kleine Furie entlassen musste.

Das Heim in Hoisdorf war nur wenige Kilometer von meinem bisherigen Arbeitsplatz entfernt, so konnte ich den Kontakt zu meinem Freundeskreis aufrechterhalten. Sonnabends gingen wir häufig zusammen zum Tanzen. Weil wir kaum Geld hatten, liefen wir oft fünf bis sieben Kilometer zu Fuß. Wir Mädels trugen unser einziges Paar Schuhe in der Hand, um sie zu schonen, im Lokal angekommen, war dann in der Damentoilette Füße waschen angesagt.

Dann wurde gehottet, die Musik kam von einer Tanzkapelle, deren Mitglieder von uns Mädchen angeschwärmt wurden, und zwei der Musiker gehörten bald zu unserem Freundeskreis. Auch wenn die Folgen des schrecklichen Krieges längst nicht überstanden waren und wir an mindestens sechs Tagen der Woche hart arbeiten mussten, hatten wir trotzdem Freude an unserem Leben.

Unser Heimweg vom Tanzabend führte an einer großen Obstplantage vorbei. War die Gelegenheit günstig, stiegen die Jungs über den Zaun und klauten Äpfel, während die Mädels »Schmiere standen«. Glücklicherweise sind wir nie erwischt worden, denn solche Eskapaden wurden streng bestraft, selbst kleine Vergehen hatten für Jugendliche böse Folgen. Wenn man Pech hatte, konnte man sogar in einem Erziehungsheim landen. Die alten Strukturen waren noch in Funktion, auch wenn die Erwachsenen uns wahrlich kein gutes Beispiel gewesen waren, hatten wir zu gehorchen.

Ich war nun achtzehn Jahre alt und hatte seit dem Tod meiner Mutti für mich selbst sorgen müssen, das war in den Kriegs- und Nachkriegszeiten gewiss nicht einfach gewesen. Für uns junge Menschen konnte es nur besser werden. In meinem Freundeskreis diskutierten wir über unsere Zukunft in einem Land, das sich endlich demokratisch gestalten sollte. Wir wollten die Welt verändern, wir jungen Menschen waren voller Ideale, selbstverständlich wollten wir alles anders und besser machen als die »Alten«. Doch schon bald mussten wir von unseren Illusionen Abschied nehmen. Es dauerte nicht lange und die alten Nazis kehrten in ihre beruflichen und gesellschaftlichen Positionen zurück, oft mit Billigung der Besatzungsbehörden. Ihre Zustimmung zur Wiedereinstellung der Belasteten musste damals eingeholt werden.

Es wurde damit begründet, dass es in den Schulen und in der Verwaltung, in der Justiz und der Wirtschaft, wie auch anderswo, an Fachkräften mangelte und diese Leute eben gebraucht wurden. Die alten Nazinetzwerke funktionierten noch immer oder schon wieder. Wir mussten zur Kenntnis nehmen, dass sich im Alltag junger Menschen wenig änderte, von uns wurde weiterhin Gehorsam und die Anerkennung von Autoritäten erwartet. Wir aber erwarteten, dass man uns zuhörte, dass mit uns gesprochen und unsere Fragen beantwortet wurden. Wir akzeptierten es nicht mehr, mit Sätzen wie:»Ihr seid zu jung und zu unreif, davon versteht ihr nichts«, abgewiesen zu werden. Die uns so abfertigten, waren diejenigen, die uns einen Trümmerhaufen hinterlassen und die zwölf Jahre Nazibarbarei mitgetragen hatten. Die für den Tod von Millionen Menschen in Europa und der Welt mitverantwortlich waren.

Es gab nur sehr wenige Erwachsene, denen wir Vertrauen schenkten und mit denen wir reden konnten, die unsere Fragen und auch unsere Aufsässigkeit verstanden. Oft waren es Menschen, die aus dem Kreis überlebender Widerständler kamen, die aus Haft und KZ und aus dem Exil zurückgekehrt waren. Meist war es ihnen erst nach Jahren möglich, von ihren Kämpfen, von Erniedrigungen und von den Schrecken zu berichten, die sie erlebt hatten. Auch in meiner Familie wurde anfangs nicht viel erzählt. Ein Cousin erzählte nach seiner Heimkehr, wie er als KZ-Häftling zur Wehrmacht eingezogen, in einem Strafbataillon ausgebildet und dann in Griechenland im Kampf gegen Partisanen eingesetzt wurde.

Dort ist es ihm unter Lebensgefahr gelungen, zu den Partisanen überzulaufen, um dann gegen die deutschen Truppen zu kämpfen. Ich kann mich gut daran erinnern, dass in der Familie die Meinungen zu diesem Thema durchaus zwiespältig waren. Eine Verwandte meinte, man dürfe nicht gegen die eigenen Landsleute kämpfen, was heftig diskutiert wurde. Als ich meinte: »Wenn in der deutschen Wehrmacht mehr Soldaten übergelaufen wären, hätte es weniger Tote gegeben und der Krieg wäre dann vielleicht früher zu Ende gewesen«, hieß es wieder einmal, »wenn Erwachsene sich unterhalten, dann rede nicht dazwischen«, und: »Halt den Mund!«

Sprüche dieser Art waren auch in unserer Familie, die sich als fortschrittlich gab, nicht selten, und es ärgerte mich, machte mich zornig. Ich war allein und selbstständig für meine drei jüngeren Geschwister verantwortlich gewesen, hatte ein Jahr lang die Kleinen versorgt, als ich noch zur Schule ging. Seit vier Jahren war ich allein für meinen Lebensunterhalt verantwortlich, hatte zeitweise die Familie mit Lebensmitteln unterstützt und hatte schwierige Zeiten selbstständig durchgestanden. Doch das Recht, eine Meinung zu haben und auch zu sagen, hatte ich anscheinend immer noch nicht. Ich war wieder einmal zutiefst enttäuscht von dem Verhalten der Erwachsenen, am besten schien es mir, sich mit »denen« nicht mehr in Diskussionen einzulassen.

Die Schwestern und der Wunsch nach eigener Familie

Mit Vater hatte ich ohnehin eine Auseinandersetzung gehabt, die zu einem Fiasko führte. Schon einmal hatte er mir die Chance zu einer Ausbildung als Kindergärtnerin verweigert. Nach meinem 18. Geburtstag hatte ich nun den Wunsch, eine Ausbildung zur Krankenschwester zu beginnen, und ich stellte mich in der Universitätsklinik Eppendorf vor. Nach einem Gespräch mit der Oberin stellte sich heraus, dass ich die Zustimmung des »Erziehungsberechtigten« brauchte. Damals wurde man erst mit 21 Jahren mündig. Vater war aber nicht bereit, mich bei meinem Vorhaben zu unterstützen, und weigerte sich, den Ausbildungsvertrag zu unterschreiben. Er war der Meinung, eine Ausbildung sei Unsinn: »Du heiratest sowieso irgendwann, da ist es verlorene Zeit, noch eine Ausbildung zu beginnen.«

Ich war wieder einmal enttäuscht und wütend über meinen Vater. Hatte ich doch so sehr gehofft, eines Tages als Krankenschwester arbeiten zu können, am liebsten wäre ich Kinderschwester geworden. Nun hatte ich keine Hoffnung mehr, jemals einen Beruf zu erlernen. Inzwischen hatte ich auch begriffen, welchen Anteil Vater an den vielen Schwangerschaften meiner Mutter gehabt hatte, was mir den Umgang mit dem »Alten« noch schwieriger machte. In meiner jugendlichen Selbstgerechtigkeit machte ich ihn für den frühen Tod meiner Mutter mitverantwortlich. Das alles bewirkte, dass ich den Kontakt zu meinem Vater für eine relativ lange Zeit abgebrochen habe.

Die vier ältesten Schwestern hatten eine Ausbildung bekommen, weil unsere Mutter sich darum gekümmert hatte. Nachdem sie gestorben war, mussten wir jüngeren Schwestern ohne Lehre und Ausbildung sehen, wie wir unseren Lebensunterhalt bestreiten konnten. Nur Bruno konnte eine Lehre zum Elektroinstallateur beginnen. Der einzige Junge unter den vielen Schwestern hatte es sicherlich nicht einfach gehabt. Er war ein sensibler und nachdenklicher junger Mann und die Beziehung zwischen Vater und Sohn war ungemein schwierig. Nach dem Abschluss der Lehre und als er den Gesellenbrief in der Tasche hatte, ist es kaum noch zu Kontakten mit den Eltern gekommen. Er hat lange Zeit in Westdeutschland gelebt und gearbeitet.

Nachdem er nach Hamburg zurückgekehrt war, besuchte er die Schwestern gelegentlich, doch er war verschlossen und erzählte nicht viel über die Jahre der Trennung. Das Thema unserer Gespräche war meist die Kinderzeit,»als Mutti noch lebte!« Bruno hat Muttis frühen Tod nie verwunden, wir beide hatten gemeinsam die Jahre erlebt, als Mutters Krankheit sich verschlimmerte, und schließlich mussten wir unsere Not nach ihrem Tod allein verarbeiten. Im Grunde war mein Bruder ein Familienmensch, er liebte Kinder und wäre sicherlich ein guter, verständnisvoller Vater geworden.

Nach meiner Scheidung im September 1958 hat Bruno mich und meine Tochter ab und zu besucht und er feierte in diesem Jahr auch das Weihnachtsfest bei uns. Wir lebten ja noch in der Wohnung der Ex-Schwiegermutter. Am ersten Weihnachtstag besuchte mein Exmann seine Mutter mit seiner neuen Frau, die ihre fünfjährige Tochter mitgebracht hatte. Als das Mädchen nach einer Weile in unserem Zimmer auftauchte, hatte ich dagegen nichts einzuwenden.

Doch es dauerte nicht lange, bis Elisabeths Vater mit seiner Frau, die hochschwanger war, und der Mutter bei mir in der Stube saßen. So viel Taktlosigkeit machte mich erst einmal sprachlos, ich wusste überhaupt nicht, wie ich mich verhalten sollte. Als mein Exmann aber als Gastgeber agieren wollte, nahm mein Bruder ihm die Kaffeekanne aus der Hand und sagte:»Du bist hier nicht mehr der Hausherr und hättest besser gefragt, ob dein Besuch erwünscht ist.« Es war eine unangenehme Situation, die scheinbar nicht von allen Anwesenden als peinlich empfunden wurde, von meinem Bruder jedoch fabelhaft gelöst wurde. Nachdem wir wieder unter uns waren, konnten wir uns sogar darüber amüsieren.

Es gab immer wieder Zeiten, in denen mein Bruder sich zurückzog, dann wollte er allein sein und nicht angesprochen werden. Im Januar 1963 wurde Bruno morgens, auf dem Weg zur Arbeitsstelle, von einem Lastwagen angefahren und war sofort tot. Mein Bruder ist nur zweiunddreißig Jahre alt geworden, und wir haben ihn neben unserer Mutti beerdigt.

Ich weiß nicht, wie Vater mit diesem Unglück fertiggeworden ist. Unser Verhältnis war nicht so sehr vertraut, und über seine Gefühle zu sprechen, war unserem Vater wohl nicht möglich. Erst als er sehr alt geworden war, hat es sich geändert. Erst jetzt suchte er die Nähe der Töchter, und ich konnte mit meinem Vater vertrauliche Gespräche führen. Endlich war es mir möglich, meinem Vater zu sagen, wie sehr ich mir als Kind seine Zuneigung und seine Anerkennung gewünscht hatte. Vater sprach zum ersten Mal über seine Träume, die er in jungen Jahren gehegt hatte, und die unerfüllt geblieben waren. Diese offenen Gespräche waren für uns beide sehr wichtig, ich habe es unendlich bedauert, dass sie erst so spät zustande kamen.

In den ersten Nachkriegsjahren hatten wir Schwestern wenig Kontakt untereinander, jede hatte das eigene Überleben und das ihrer Kinder zu organisieren. Die Beschaffung von Nahrung, Heizmaterial und der notwendigsten Bekleidung kostete viel Kraft und Zeit. Die Ehemänner der drei ältesten Schwestern hatten den Krieg ja nicht überlebt.

Das »Komitee der ehemaligen politischen Gefangenen« wurde im September 1945 von überlebenden Widerstandskämpfern in Hamburg gegründet und nahm seine Arbeit auf. Gesa arbeitete dort als Dolmetscherin. Das Komitee war die Kontaktstelle für politisch Verfolgte, die Zuchthaus und KZ überlebt hatten oder aus dem Exil zurückkamen und ihre Angehörigen suchten. Gesa hatte gehofft, von heimkehrenden Kameraden zu erfahren, was mit ihrem Mann Gustav geschehen war, der als vermisst galt. Sein Schicksal konnte nie aufgeklärt werden, er ist an der Ostfront, bei dem Rückzug der deutschen Truppen zu Tode gekommen. Die Befreiung und den Niedergang des deutschen Faschismus, den Beginn einer demokratischen Entwicklung hat Gustav nicht mehr erleben dürfen.

Während der Arbeit im Komitee traf Gesa auf Karl Schneider. Er war aus amerikanischer Kriegsgefangenschaft zurückgekehrt und suchte nach Freunden, die mit ihm im Widerstand gegen das Naziregime gekämpft hatten. Die gemeinsame Arbeit im Komitee und die gleiche politische Einstellung führte sie zusammen.

Nachdem die Besatzungsbehörden die Gründung politischer Parteien erlaubt hatten, wurden Gesa und Karl Mitglieder der neu gegründeten Sozialdemokratischen Partei und beteiligten sich aktiv am Aufbau einer Demokratie. Sie heirateten und konnten sich von Karls Haftentschädigung ein Haus bauen und eine Familie gründen. Karl war von einem Nazirichter zu einer mehrjährigen Haftstrafe verurteilt worden. Die Anklage lautete damals: »Vorbereitung zum Hochverrat«.

Karl Schneider ist im August 1989 gestorben und wurde in der Familie schmerzlich vermisst. Als Gesa am 4. August 2009 im Alter von 89 Jahren starb, hinterließ sie drei Kinder, zehn Enkel und fünf Urenkel.

Ursel, die zweite in der Geschwisterreihe, musste nach der Befreiung die kleine dreijährige Christel in ein Kinderheim geben, denn ihr Mann war an der Ostfront verschollen und sie musste für sich und das Kind ihren Lebensunterhalt verdienen. Es wurde nie festgestellt, wo er zu Tode kam und ob es ein Grab für ihn gegeben hat.

Ein Schicksal dieser Art hatten Tausende Frauen zu tragen. Ursel hat in einem Kriegsblindenheim in Hamburg Arbeit als Krankenschwester gefunden. Man muss sich vorstellen, wie schwierig es für die meist sehr jungen Frauen gewesen sein mag, den verwundeten Männern zu helfen, mit ihrem Blindsein umzugehen.

Als gesunde junge Menschen sind sie an die Front geschickt worden, oft vielleicht sogar begeistert von der Aussicht, »für Führer und Vaterland« kämpfen zu dürfen. Nun mussten sie sich auf fremde Hilfe verlassen, sie mussten lernen, sich selbstständig zu bewegen, und schließlich einen beruflichen Neuanfang finden. Durch die Kriegsereignisse waren vielfach die Kontakte zu ihren Familien verloren gegangen. Das Schicksal der Kriegsblinden war besonders tragisch.

Ursel hat dort ihren zweiten Mann kennengelernt. Heiner war ein humorvoller Mensch, dem es gelang, mit der Realität seiner Erblindung umzugehen. Er hatte immer Verständnis für die Sorgen seiner Mitmenschen, und wir haben Heiner sehr gern gehabt.

Ursel und Heiner waren stets hilfsbereit, sie hatten ein offenes und gastliches Haus. Außerdem waren sie aktiv in der Friedensbewegung tätig und nahmen schon am ersten Ostermarsch teil. Bei den jährlichen Ostermärschen habe ich sie bald begleitet. Ursel und Heiner waren politisch interessiert, bestens informiert und engagierten sich auch im sozialen Bereich. Durch die Geburt eines Sohnes vergrößerte sich die Familie. Das Baby entwickelte sich zu einem witzigen kleinen Kerl, der sehr verwöhnt wurde, während Christel, die »große Schwester«, es wohl nicht einfach hatte, in dieser neuen Familie heimisch zu werden.

Im Frühjahr 1952 bezogen Ursel und Heiner ein Haus in einer Reihenhaussiedlung, die mit Hilfe von Staatsgeldern errichtet worden war. Einige der Häuser waren für Kriegsblinde und ihre Familien bestimmt. Heiner hatte eine Stellung als Bundesbahnbeamter angetreten, er saß am Schalter der Auskunft und war bei Kollegen und Publikum gleichermaßen beliebt. Mit seinem trockenen Humor brachte er seine Umgebung zum Lachen, er freute sich diebisch, wenn es ihm gelang, Leute aufs Glatteis zu führen.

Wir wohnten nicht weit voneinander entfernt, Ursel war die Schwester, mit der ich den engsten Kontakt hatte. Auch wenn wir keiner politischen Partei angehörten, bezeichneten wir uns als Linke und Antifaschisten. Deshalb hatte ich an ihrem Leben und Treiben regen Anteil, wir trafen uns bei Friedensdemonstrationen und politischen Veranstaltungen, wo wir unser gemeinsames Anliegen vertraten. An warmen Sommerabenden saßen wir am Wochenende auf der Terrasse, diskutierten oder spielten manchmal mit großer Leidenschaft Canasta.

Ursel und Heiner waren oft zu sehen – in raschem Tempo durch die Straßen laufend – Ursel ihren Heiner fest am Arm oder an der Hand, wobei er manches Mal Mühe hatte, mit ihr Schritt zu halten. Ursel war eine Frau voller Mut und Abenteuerlust, sie kaufte sich ein Motorrad, eine 250er-BMW-Maschine. Zu der Zeit war es für eine Frau eine ungewöhnliche Art, sich fortzubewegen, doch nicht für meine Schwester Ursel, mit ihrem Mann auf dem Rücksitz fuhr sie durch die Gegend. Sie fuhren im Urlaub sogar bis nach Kärnten, um einen alten Freund zu besuchen.

Für Dorle war das Ende des Krieges besonders schwierig. Ihr Eheleben hatte, wie bei fast allen Kriegsehen, nur wenige Wochen gedauert. Seit ihr Zuhause in Hamburg zerstört war, wohnte sie bei ihren Schwiegereltern in Niederlangenau/Schlesien. Der Schwiegervater besaß eine kleine Firma, in der Landmaschinen verkauft wurden, und dort wurde auch ihre erste Tochter geboren.

Im Dezember 1943 fuhr ich für einige Tage mit den Eltern nach Niederlangenau, um Dorle und ihr Töchterchen zu sehen und die Taufe der kleinen Monika zu feiern. Bei diesem Anlass habe ich meinen Schwager Rudi zum letzten Mal getroffen. Ursel und Christel haben eine kurze Zeit in dem Haus gelebt, bis sie wieder nach Hamburg zurückkommen konnten. Später erzählte sie einmal: »Die haben ja sogar Heil Hitler gesagt, wenn sie aufs Klo gegangen sind.«

Im Frühjahr 1944 hatte Dorles Mann noch einmal Urlaub gehabt, bevor sein U-Boot wieder auslaufen musste. Soweit wir wissen, ist das U-

Boot im Juni 1944 versenkt worden. Als Dorle diese Nachricht bekam, erwartete sie das zweite Kind mit dem Wissen, dass sie die beiden Kinder allein und ohne Vater durchbringen musste. Ute kam am 6. Januar 1945 zur Welt, zwei Wochen später musste sich Dorle mit dem Neugeborenen und der 16 Monate alten Monika auf die Flucht begeben.

In Berlin brachte Dorle das Baby in ein Krankenhaus, weil die Strapazen der Flucht für das winzige Menschlein zu groß waren und sein Leben in Gefahr gebracht hatten.

Ende Februar ist sie dann – völlig erschöpft – in Hoisbüttel angekommen, das Baby war zwar etwas mager und auch die kleine Monika war geschwächt, aber die Kinder waren gesund und hatten die unglaublichen Strapazen relativ unbeschadet überstanden. Es gab für meine Schwester und die Kinder keine Möglichkeit, für einen längeren Zeitraum bei den Eltern zu bleiben, denn bis auf zwei Stuben waren alle Räume für Flüchtlinge und ausgebombte Familien beschlagnahmt worden.

Dorle musste die Kinder nach kurzer Zeit zunächst in einem Kinderheim unterbringen und konnte dann in demselben Blindenheim als Pflegerin arbeiten, in dem Ursel schon seit einiger Zeit tätig war. Dorle fand durch ihre Arbeit als Krankenschwester einen neuen Lebensgefährten und fürsorglichen Vater für die Kinder. Bernhard war zwanzig Jahre alt, als er, kurz vor dem Kriegsende, durch einen Kopfschuss sein Augenlicht verlor. Er lernte im Laufe der Zeit – wie auch sein Schwager Heiner – mit viel Mut, das tägliche Leben soweit als möglich selbstständig zu meistern. Dorle und Bernhard bekamen noch eine Tochter und das »Drei-Mädel-Haus« war komplett.

Gertrud gehörte zu den ersten deutschen Frauen, die einen englischen Soldaten, einen »Tommy«, geheiratet haben. Im Dezember 1947 reiste sie nach London zu ihrer neuen englischen Familie. Mutter Anna hatte ihr ein zauberhaftes Brautkleid genäht, und im Januar 1948 wurde in London die Hochzeit gefeiert. Knapp drei Jahre nach dem Ende des Naziregimes war es für uns, die Eltern oder Geschwister, nicht möglich, ein Einreisevisum für Britannien zu bekommen. Es dauerte fünf lange Jahre, bis Gertrud uns mit ihrem Mann in Hamburg besuchen konnte, sie hatte die englische Lebensart angenommen, trinkt immer noch schwarzen Tee mit viel Milch und sehr süß und verehrt das britische Königshaus. Um nichts in der Welt dürfen die Windsors mit Kritik bedacht werden, dann werden die »Kings« leidenschaftlich verteidigt.

Kurzum, meine Schwester Gertrud ist eine waschechte Engländerin geworden, und was mir anfänglich ziemlich unverständlich gewesen ist, amüsiert mich mittlerweile und ist zu einem Teil ihrer Persönlichkeit geworden. Im Grunde ist Trudel, wie sie genannt wird, großzügig und hilfsbereit, und sie ist stets zur Stelle, wenn eine der Schwestern Pflege braucht. Dann kommt sie aus London angesaust und bleibt so lange da, bis die Hilfe nicht mehr notwendig ist.

Käte ist zwei Jahre älter als ich, mit ihr und mit Bruno habe ich den größten Teil meiner Kindheit verbracht. Wir spielten zusammen, halfen gemeinsam unserer Mutti, stritten miteinander und vertrugen uns wieder. Wurden wir bei verbotenen oder gefährlichen Unternehmen erwischt, war es für uns selbstverständlich, dass nicht gepetzt wurde.

Käte ist sehr jung gewesen, als sie einen der Soldaten geheiratet hat, die aus dem Krieg zurückgekehrt waren und nicht wussten, wohin sie gehen sollten. Günter S. stammte aus Oberschlesien, dort lebte auch seine Familie. Käte war erst neunzehn Jahre alt, als das erste Kind geboren wurde.

Sie lebten in einer Kellerruine mit Ratten und anderem Ungeziefer. Eine Wohnung oder Arbeit zu bekommen, war aussichtslos, also reisten sie mit ihrer kleinen Familie in die Heimat ihres Mannes, die mittlerweile, jenseits der Oder-Neiße-Linie, zu Polen gehörte.

Dort musste sie nicht nur ihre Kinder versorgen und für den Haushalt da sein. Käte musste zusätzlich auch arbeiten gehen. Nach der ersten Tochter kamen sieben weitere Kinder zur Welt, von denen drei, darunter auch ein Zwillingspaar, die ersten Jahre nicht überlebt haben.

Die Briefe an die Eltern kamen selten an, auch der Briefwechsel mit mir war spärlich. Immerhin hielten wir über die Jahre hinweg den Kontakt aufrecht. Käte klagte nie, doch war aus ihren Briefen eindeutig und klar zu erkennen, wie schwer das Leben in dem fremden Land für sie und die Kinder war. Weil in der Öffentlichkeit nicht deutsch gesprochen werden durfte, musste sie die polnische Sprache erlernen. Die Polen hatten durch den faschistischen Krieg und die deutsche Besatzung schrecklich gelitten, sodass die Aversion gegen alles Deutsche verständlich war.

Wieder war es Mutter Anna, die aktiv wurde und die notwendigen Schritte unternahm, um zu erreichen, dass Käte mit der Familie in die Bundesrepublik zurückkehren konnte. Glücklicherweise besaß Käte noch die deutsche Staatsangehörigkeit. Wie es sich mit den Kindern verhielt, ist mir nicht bekannt. Jedenfalls musste ein umfangreicher Papierkrieg geführt werden, bis alle notwendigen Dokumente für eine Rückkehr nach Hamburg beisammen waren. Im Frühjahr 1957 war es dann so weit, Käte kam mit ihrem Mann und den fünf Kindern in Hamburg an.

Zunächst fanden sie eine Unterkunft in einer ehemaligen Kaserne in Altona, die als Auffanglager diente. Anfangs waren die Bedingungen für sie sehr schwierig. Für die Kinder war es nicht leicht, sich in der neuen Umgebung zurechtzufinden, auch weil sie in der Schule wegen ihrer Aussprache gehänselt wurden. Nach einigen Monaten wurde der Familie vom Wohnungsamt eine Wohnung zugewiesen, sie konnte das Lager verlassen und wohnte jetzt in Bramfeld, einem östlichen Stadtteil. Der Mann unserer Schwester Käte kam in Hamburg nicht so recht klar, sie reichte bald die Scheidung ein, und die Ehe wurde getrennt.

Käte hatte die Verantwortung für ihre Kinder immer schon allein zu tragen und musste nun nicht auch noch für den Mann sorgen. Einige Jahre später heiratete sie noch einmal, die Familie wurde groß, und mittlerweile sind es die Enkel und Urenkel, die von Käte geliebt und verwöhnt werden.

Für uns jüngere Geschwister, lange noch »die vier Kleinen« genannt, waren die Jugendjahre mühsam durchzustehen. Wir drei Mädels hatten nur einen Volksschulabschluss, es war uns nicht möglich, einen Beruf zu erlernen. Wir waren auf uns allein angewiesen, uns blieb nur die Arbeit als Hausgehilfin. Der Verdienst war unglaublich gering, im Schnitt bekam man zwanzig Reichsmark monatlich, sodass wir für ein Paar Schuhe oder ein Kleid monatelang sparen mussten. Es war ganz und gar unmöglich, etwa für die Zukunft zu planen oder für einen späteren Hausrat einen Grundstock zu bilden und anzusparen.

Doch deswegen machten wir uns noch keine Sorgen, wir fühlten uns befreit von der Willkür und Bevormundung durch die Nazibehörden. In Wahrheit musste jede von uns sehen, allein und selbstständig das Leben zu meistern, was in den Jahren bis zur Währungsreform 1948 schwierig genug war. Das wenige Geld, das ich bekam, war nichts mehr wert.

Ich besaß nur die wenigen schon abgetragenen Kleider, die Mutter Anna noch aus aufgetrennter Kleidung genäht hatte. Ich weiß nicht mehr, wer es gewesen ist, aber ein freundlicher Mensch hatte mir eine Wolldecke geschenkt, hellgrau und fast neu. Daraus nähte Mutter Anna mir einen wunderbaren, warmen Wintermantel. In ihrer Truhe fand sich zudem ein Rest von einem alten Pelz, mit dem sie den Kragen und die Manteltaschen verzierte.

Man kann es sich heutzutage kaum vorstellen, dass nach fast fünf Jahren schwerer Arbeit außer Verpflegung und einer bescheidenen Unterkunft so gut wie keine Ersparnisse zu erarbeiten waren. Bei der Arbeit trug man Holzpantoffeln und für die Winterzeit hatte ich ein Paar alte Knobelbecher (Militärstiefel), die jemand liegengelassen hatte. Wir behalfen uns mit dem, was vorhanden war, und freuten uns, gesund und einigermaßen vergnügt die mageren Jahre zu bestehen. Vor allem war es selbstverständlich, sich gegenseitig zu helfen. Man ging für die Familie Kohlen klauen, und wenn es notwendig war, wurde vor der anrückenden Polizei gewarnt.

Jeder wusste, wo der Schwarzmarkt blühte, und dass dort honorige Leute die dicken Geschäfte machten und ein Vermögen erwarben, deshalb hatten wir kein schlechtes Gewissen, wenn sich die Möglichkeit ergab, einen Eimer Kohlen zu klauen.

Eines Tages, an einem Sonntag, fuhren wir mit mehreren Freunden in der U-Bahn und beobachteten eine alltägliche Situation. In der Bahn saßen einige Frauen, die mit Taschen und Rucksäcken beladen waren, anscheinend waren sie im Umland auf so genannter Hamsterfahrt gewesen. An einer Haltestelle stiegen zwei Polizisten ein, um die Frauen zu kontrollieren. Die so schwer erworbenen Kartoffeln oder Äpfel wurden von der Polizei beschlagnahmt, und eine der Frauen weinte vor schierer Verzweiflung. Wir waren über das Verhalten der Beamten empört und äußerten unseren Unmut auch laut. Als sich einer der Polizisten bückte, um einen Rucksack vom Boden aufzunehmen, fiel ihm sein Tschako mitsamt einem Päckchen Butter vom Kopf. Die Butter war sicher auch beschlagnahmt worden, und augenscheinlich hatte er die Absicht, sie für sich selbst zu behalten. Weil die Menschen in der Bahn ihrem Zorn jetzt Luft machten, wurde es für die zwei Polizeibeamten gefährlich. Sie mussten ohne Beute den Zug im Eiltempo verlassen, sonst wäre es ihnen vermutlich schlecht ergangen.

Die Wahrheit ist auch, dass wir Geschwister uns entfremdet hatten. Seit dem Tod unserer Mutti war der Familienmittelpunkt verloren gegangen. Tatsächlich war der Umgang mit meinen Freunden enger als mit meiner Familie, und ich kannte sie besser als die eigenen Geschwister. Im Laufe der Jahre fanden wir Schwestern wieder Kontakt zueinander, denn Mutter Anna war darum bemüht, dass die Familie wieder zusammenfand, und hat uns zu Vaters und ihrem eigenen Geburtstag eingeladen. Ihre viel gerühmten Kaffeetafeln wurden – nach den langen Zeiten des Mangels – von großen und kleinen Familienmitgliedern begeistert begrüßt.

Am 20. Juni 1948 wurden wir mit der Währungsreform beglückt, alle konnten an diesem Tag vierzig alte Reichsmark gegen die neue Deutsche Mark eintauschen. Und, welch ein Wunder, am Tage darauf wurde den

verblüfften Bürgern in den Schaufenstern der Geschäfte alles das präsentiert, was das Herz begehrte, und was wir so lange entbehrt hatten!
Textilien, Lederwaren, Porzellan, alles, was es bisher nur auf Bezugsscheine und in schlechter Qualität oder gegen »Vitamin B« (durch Beziehungen) gegeben hatte, war mit der neuen D-Mark nun zu erwerben. Natürlich nur, wenn man dafür die nötigen Geldmittel zur Verfügung hatte.

Mit dem Einkauf der Lebensmittel auf Bezugskarten mussten wir uns noch ungefähr ein Jahr abfinden, auch wenn die Rationen nach und nach erhöht wurden. Um mit der neuen Währung gleich gute Gewinne zu erzielen, hatten die Produzenten und Unternehmer die Waren absichtlich zurückgehalten. Die Geldentwertung war für den normalen Sparer eine Katastrophe, für einhundert Reichsmark bekam er zehn D-Mark gutgeschrieben. Wer ein Sparbuch besaß, musste nun feststellen, dass ihm von den Ersparnissen nur wenig übrig blieb.

Den Besitzern von Fabriken und Industriebetrieben waren von der Regierung weitaus bessere Konditionen eingeräumt worden. Den so genannten Eliten gehörten Immobilien und Sachwerte, sie konnten sehr bald wieder große Geldvermögen ihr Eigen nennen. Nun begann die Zeit des so oft beschriebenen Wirtschaftswunders.

Im Sommer 1948 wechselte ich meinen Arbeitsplatz und nahm eine Stellung als Hausgehilfin bei einem alten Ehepaar an, das in Hoisbüttel eine Gastwirtschaft besaß und eine kleine Landwirtschaft betrieb.

In der ehemaligen Gaststube lebte jetzt eine Flüchtlingsfamilie aus Ostpreußen. Der Saal, vor dem Krieg Schauplatz von Dorffesten und Tanzvergnügen, war an einen Geschäftsmann, einen Strohschuhhersteller, vermietet. Der große Garten, der Haushalt und die Versorgung der Kleintiere machten Arbeit genug. Wie es üblich war, bekam ich neben Unterkunft und Verpflegung, die nicht gerade üppig war und eben ausreichte, einen sehr geringen Lohn.

Daran ließ sich nichts ändern, denn Vater bekam zwar nach dem Ende des Naziregimes endlich ein anständiges Gehalt, das nun auch seiner Qualifikation entsprach, aber die »Alten« hatten schließlich viele Ausgaben für dringend notwendig gewordene Hausreparaturen zu leisten. Dafür hatte es bis dahin weder das Material noch die nötigen Geldmittel gegeben.

Die großen Schwestern mit ihren kleinen Kindern und ohne Ehemann, der sie ernähren konnte, mussten sich mühsam genug durchschlagen, unser Vater konnte schließlich nicht alle Töchter unterstützen. Wir waren es gewohnt, für uns allein zu sorgen, wie hatte unsere Mutti immer gesagt: »Nicht jammern, die Ärmel aufkrempeln und etwas tun!«

Aussprache und Ermutigung fand ich im Kreis meiner Freunde, die mir lieb und wichtig waren, die mir so manches Mal die Familie ersetzten. Wir hatten die Idee, eine Laienspielgruppe zu gründen, und gingen mit großem Eifer daran, ein Programm zu entwerfen. Fast jeder von uns entdeckte eine Begabung, ein Talent bei sich, und mit Elan setzten wir unseren Plan um.

Mit geringen Mitteln und viel Fantasie wurde in verschiedenen Szenen ein Singspiel mit Gesangs- und Sprechrollen erarbeitet, was oft mit heftigen Diskussionen und viel Gelächter vor sich ging.

Die Proben waren häufig abenteuerlich, wir hatten ja keinen Raum und waren auf das Einverständnis und die Nachsicht der Eltern angewiesen, in deren Wohnung gerade geprobt wurde. Um eine Szene am Lagerfeuer darzustellen, wurde zum Beispiel eine Tischlampe mit einem roten Tuch und Holzscheiten bedeckt. Das Tuch wurde feucht über die Lampe drapiert, die Wärme erzeugte Dampf, so entstand der Eindruck, als wenn Rauch aufsteige. Kostüme machten wir aus unseren eigenen Sachen, und mit Tüchern und Schärpen war es einfach, sie zu verändern.

Endlich war das Programm komplett, und mit der ersten Aufführung traten wir in einem Lazarett in Hamburg-Berne auf, wo schwer verwundete Soldaten lagen, die eine lange Zeit der Genesung vor sich hatten. Am Ende der Vorstellung bekamen wir viel Applaus und konnten mit dem Gefühl heimfahren, ein wenig Freude und Abwechslung gebracht zu haben.

Wir spielten in Waisenhäusern und in Heimen, in denen kriegsblinde Soldaten untergebracht waren. Manchmal konnten wir im Saal einer Gastwirtschaft in einem benachbarten Ort spielen. Natürlich fanden unsere Auftritte nur an Wochenenden statt, denn wir alle mussten ja auch noch unserer Arbeit nachgehen. Auf jeden Fall waren wir mit viel Spaß und Begeisterung dabei. Der graue Alltag wurde ein wenig bunter für uns und vielleicht ja auch für die Zuschauer. Wir sind zusammen über die Dörfer gezogen und haben unser Programm abgespielt, jedoch nach etwa einem Jahr löste sich unsere kleine »Theatergruppe« auf.

Es wurde wichtiger, an Ausbildung und an die Zukunft zu denken, ein Teil unserer Jugend und damit viele Möglichkeiten waren uns durch Krieg und Faschismus genommen worden.

Wir mussten unser Leben neu ordnen, die ersten Partnerschaften entstanden, und junge Familien wurden gegründet. Mit einigen Freunden blieb der Kontakt über viele Jahre bestehen, bis die Lebenswege und die unterschiedlichen Interessen sich nicht mehr trafen. Einen der alten Freunde treffe ich hin und wieder bei Gedenkveranstaltungen für die Opfer der Nazibarbarei, gemeinsam mit seiner Lebensgefährtin ist er seit vielen Jahren dabei.

In den drei westlichen Zonen, die von englischen, französischen und amerikanischen Truppen besetzt waren, wurde im Mai 1949 die Bundesrepublik Deutschland gegründet. Die sowjetisch besetzte Zone, im Osten des ehemaligen Deutschen Reiches, folgte im Herbst 1949 mit der Gründung der Deutschen Demokratischen Republik. Nicht lange nach dem Sieg der Alliierten über Hitler-Deutschland kam es zwischen den Westmächten und der Sowjetunion zu politischen Differenzen. Das hatte den so genannten Kalten Krieg zur Folge, der über Jahrzehnte die Weltpolitik bestimmen und damit auch das Verhältnis der Deutschen in Ost- und Westdeutschland zueinander beeinflussen sollte.

In meinem Leben kam es nun zu einer Veränderung, ich verlobte mich 1949. Damals »gehörte« es sich so. Horst und ich kannten uns seit mehr als zwei Jahren. Wir hatten beide kein Geld, doch das machte uns keinen Kummer. Wir machten großartige Pläne für unsere Zukunft, sechs Kinder wollten wir einmal haben. Zunächst aber mussten wir eine Unterkunft finden und das Nötigste für ein gemeinsames Leben organisieren. Horst war fast sieben Jahre älter als ich und aus Memel/Ostpreußen zu uns in den Westen geflüchtet.

Vater half dabei, dass Horst eine Anstellung beim Finanzamt bekam. Mutter Anna, die fabelhafte Hausmutter, war mir eine große Hilfe, um einen Grundstock zu einem eigenen Haushalt zu legen. Wir bekamen von ihr eine alte Kommode, die neu lackiert wurde, dazu ein Regal und zwei Metallbetten. Apfelsinenkisten, die wir geglättet, abgeschmirgelt und mit schwarzer Lackfarbe gestrichen haben, wurden als Tisch und Sitzhocker genutzt. So bescheiden unser Anfang auch war, wir waren jung, gesund und voller Hoffnung und Vertrauen auf unser gemeinsames Leben.

Wir hatten die Möglichkeit, einen kleinen Raum neben einer Garage zu mieten, den wir uns als Wohnraum herrichten konnten. Der Platz reichte eben für die Betten, einen kleinen Schrank, eine Kommode, einen Tisch und zwei Stühle, dazu kam noch eine Kochplatte. Auch wenn alles, was wir nun besaßen, nicht neu war, es war unser eigenes Reich.

Am 18. November 1950 wurde Hochzeit gefeiert, Mutter Anna hatte das Brautkleid geschneidert, und ich konnte kaum glauben, dass ich es war, die an diesem Tag Mittelpunkt dieser Feier war. Zum ersten Mal in meinem Leben hatte ich das Gefühl, angekommen zu sein, ernst genommen zu werden. Wir erlebten einen wunderbaren Hochzeitstag. Mutter

Anna, die eine großartige Köchin war, hatte für unseren großen Tag ein grandioses Festmahl zubereitet. Es war ein Tag, den ich nicht vergessen werde. Jetzt hatte ich einen Mann, dem ich großes Vertrauen entgegenbrachte, bei ihm hatte ich ein Gefühl der Sicherheit, der Geborgenheit. Nun sollte ein neuer Lebensabschnitt beginnen.

Niemals hätte ich mir vorstellen können, dass unser gemeinsames Leben eine so rasche, tragische und vor allem eine ganz ausweglose Wendung nehmen würde. Drei Monate nach unserer Hochzeit stellten sich bei Horst Sehstörungen ein, er klagte über Taubheitsgefühle in den Händen, dann waren auch die Beine betroffen. Es folgten Sprachschwierigkeiten und andere diffuse Symptome, die Besuche bei verschiedenen Ärzten notwendig machten. Das Ergebnis der Untersuchungen war für uns nicht zu fassen und niederschmetternd.

Die Diagnose lautete: Multiple Sklerose, kurz MS genannt, es ist eine unheilbare Erkrankung des zentralen Nervensystems. Zu der damaligen Zeit gab es für Multiple Sklerose keine wirksame Therapie. Zu unserem Unglück kam es bei Horst zu schnellen und schweren Schüben, die kaum eine Rückbildung zuließen, das führte letztlich dazu, dass unser Eheleben nicht einmal fünf Monate dauerte.

Ich glaube, niemand, der nicht selbst eine Tragödie dieser oder ähnlicher Art durchlebt hat, kann sich unsere verzweifelte Lage vorstellen. Zu dem hoffnungslosen Befund gesellte sich sehr bald ein finanzielles Desaster. Zu der Zeit gab es noch keine Lohnfortzahlung und das Krankengeld ist, wenn ich mich recht erinnere, nur sechs Monate gezahlt worden. Danach hieß es »ausgesteuert« – nun seht allein zu, wie ihr zurechtkommt.

Ich gab meine Arbeit als Haushaltshilfe auf und begann in einer Hosenfabrik als ungelernte Näherin zu arbeiten. Nach kurzer Anlernzeit nähte ich im Akkord in einer Sechstagewoche von 48 Stunden. Es war damals die übliche Wochenarbeitszeit. Meine Gedanken waren oft bei meinem kranken Mann, der zuweilen auch an depressiven Phasen litt. Besonders in der ersten Zeit seiner Erkrankung war es für uns schwierig, die Diagnose als ein unabwendbares Schicksal anzunehmen.

Wenn ich von der Arbeit nach Hause kam, musste eingekauft und gekocht und die kleine Dachwohnung geputzt werden, die wir inzwischen durch die Finanzbehörde zugewiesen bekommen hatten. Irgendwie musste ja auch noch Zeit für Gespräche sein. Es waren verzweifelte Umstände, die scheinbar wieder zur Hoffnung Anlass gaben, wenn sich der Zustand bei Horst, zwischen zwei Schüben, kurzzeitig leicht besserte. Schlimm war es, dass ich einfach zu wenig Geld verdiente, um einigermaßen über die Runden zu kommen. Horst sollte eine bestimmte Ernährung bekommen, die so genannte Evers-Diät, wir konnten sie uns aber nur eingeschränkt leisten. Später stellte man fest, dass diese Diät ganz und gar wirkungslos ist.

Eines Tages bin ich während der Arbeit umgefallen, der Betriebsarzt stellte fest, dass mein Gewicht mit knapp 50 kg zu niedrig lag. Ich war schlichtweg unterernährt und überfordert. Der Rat des Arztes, ich müsste einfach mehr essen, dann werde sich der Kreislauf wieder normalisieren, konnte mir auch nicht weiterhelfen. Nach einem Gespräch mit dem Betriebsleiter wurde mein Stundenlohn immerhin um fünf Pfennig erhöht.

Der Winter 1952/53 brachte ein weiteres Problem: Unsere finanzielle Lage war so schwierig, dass ich nicht das notwendige Heizmaterial kaufen konnte. In der Wohnung stand nur ein kleiner Eisenofen. Horst war so unsicher auf den Beinen, deshalb war es für ihn viel zu gefährlich, den Ofen zu heizen. Außerdem hatten wir ja auch nicht genügend Kohle. Im Dezember saßen wir eines Abends völlig verzweifelt beisammen und haben uns ernsthaft überlegt, wie wir dem Elend ein Ende bereiten könnten. Am Ende fehlte uns jedoch der Mut, unsere Gedanken in die Tat umzusetzen.

Allein konnte Horst die Wohnung schon seit langer Zeit nicht mehr verlassen, die Treppen der zwei Etagen schaffte er nur mit meiner Hilfe. Mir wurde es aber immer schwerer, diesen Mann, der 1,92 m groß war, zu stützen. Horst war unglaublich geduldig und ein Mensch mit vielen guten Eigenschaften, sensibel und wahrhaftig, großherzig und verständnisvoll. Er war sicherlich kein Kämpfer, die Jahre als Soldat und in russischer Kriegsgefangenschaft hatten bei ihm ihre Spuren hinterlassen. Bald mussten wir uns darüber klar werden, wie es weitergehen sollte.

Mehrere Krankenhausaufenthalte hatten keine Besserung gebracht, und auch eine Behandlung in einer MS-Klinik in Cuxhaven blieb ohne Erfolg.

Nach langen Gesprächen fassten wir gemeinsam den Entschluss, uns scheiden zu lassen, und die Übersiedlung seiner Mutter aus der DDR in die Wege zu leiten. Nachdem sein Vater gestorben war, ergab sich für seine Mutter die Möglichkeit, nach Hamburg zu ziehen und nun die Sorge für Horst zu übernehmen. Es war selbstverständlich, dass ich bei der anstehenden Scheidung die Schuld übernahm, und wir haben uns geeinigt, dass ich bei der Trennung nur meine persönlichen Sachen mitnahm, wie Kleidung und wenige Fotografien. Am 26. September 1953 wurden wir geschieden und erst einmal änderte sich nichts, denn ich konnte und wollte Horst ja nicht allein zurücklassen. Im Grunde habe ich aber bis zum heutigen Tag das Gefühl, hier versagt zu haben.

Ich war nun 25 Jahre alt und wünschte mir Kinder und eine große Familie. Anfang Oktober begegnete ich einem Mann, der in der Nähe lebte und sich intensiv um mich bemühte. Nach den Jahren der Sorgen bin ich anscheinend für eine neue Beziehung zu schnell bereit gewesen. Ich lebte zwar noch mit Horst in einer Wohnung, aber ich nahm mir nun auch Zeit, andere Wege zu gehen, und mein Kinderwunsch war wohl so stark, dass ich sehr schnell schwanger wurde. Ich war über alle Maßen glücklich und freute mich, endlich ein Kind zu bekommen. Horst war wieder einmal voller Verständnis für mich, obwohl ich mich später gefragt habe, welche Gefühle ihn wohl bewegt haben. Wir hatten ja auch eine Familie und Kinder geplant und gewünscht.

Im März 1954 habe ich dann wieder geheiratet, zwei Monate danach konnte Horsts Mutter aus der DDR ausreisen, sodass ich für seine Pflege nicht mehr verantwortlich war. Ich weiß es wohl, weder in unserer Verwandtschaft, noch im Bekanntenkreis konnte man verstehen, dass Horst und ich noch sieben Monate nach der Scheidung in einer Wohnung zusammengelebt haben. Uns beiden ist die Trennung dann auch nicht leichtgefallen und die Wahrheit ist, dass wir uns mit einer liebevollen Umarmung voneinander verabschiedet haben.

Nun lebte ich mit meinem zweiten Mann zusammen bei seiner Mutter, die nur einige Straßen entfernt in einer Zweieinhalbzimmerwohnung wohnte. Kurz danach ging ich in den so genannten Mutterschutz, und am 4. August 1954 kam mein Baby auf die Welt, meine Tochter Elisabeth.

Wie es so häufig geschieht, die Wehen hatten am Abend eingesetzt und gegen Mitternacht stand das Taxi vor der Tür, um mich in die Klinik zu bringen. Ich sehe noch das verblüffte Gesicht des Fahrers vor mir, als sich mein Mann, der werdende Vater, vor unserer Haustür mit dem Satz verabschiedete: »Du schaffst es schon allein. Und ich muss ja morgen früh wieder arbeiten.« Wahrscheinlich war ich zu sehr mit mir selbst beschäftigt, erst später ist mir bewusst geworden, wie merkwürdig und egoistisch sich der werdende Vater verhielt.

Es war der Taxifahrer, der mich sehr fürsorglich bis auf die Entbindungsstation begleitete. Das Gefühl der Enttäuschung über das wenig einfühlsame Verhalten meines Mannes nahm ich erst wirklich zur Kenntnis, nachdem andere Ereignisse zur Enttäuschung und Entfremdung geführt hatten. Auch wenn ich mich bemühte, unsere Beziehung zu verbessern, musste ich mir endlich eingestehen, dass ich mich in ein Abenteuer eingelassen hatte, eigentlich kannte ich meinen Mann überhaupt nicht. Erst bei Gesprächen mit meiner Schwiegermutter habe ich erfahren, dass mein Mann mir in vielen Dingen, was sein Vorleben betraf, nicht die Wahrheit gesagt hatte. Ich wollte meinen Zweifeln zu Anfang nicht nachgeben und verdrängte ungute Gedanken. Ich mochte mir nicht eingestehen, mich so sehr geirrt zu haben, zu leichtgläubig gewesen zu sein. Vielleicht hatte ich auch die Hoffnung, noch etwas ändern zu können, wollte nicht so schnell aufgeben. Letztendlich stellte sich heraus, dass unsere ganze Beziehung auf Lügen und Halbwahrheiten aufgebaut war.

Ich musste erkennen, dass ich in meinem Wunsch, eine Familie gründen zu wollen, blind gewesen bin. Nun musste ich auch die Verantwortung für das Scheitern dieser Beziehung übernehmen.

Bald nach der Geburt meiner Tochter, die ein Lichtblick und mein Sonnenschein war, musste ich wieder arbeiten, weil ich zum großen Teil für das Familieneinkommen sorgen musste. Elisabeths Vater hatte mindestens drei Affären mit anderen Frauen, die natürlich zu Ausgaben führten. Geld, das dann der Familie fehlte.

Im Frühjahr 1958, nach vier Jahre der Lügen, Kränkungen und Enttäuschungen, habe ich aufgegeben und musste mir eingestehen, dass es das Ende der Beziehung bedeutete. Mein Mann machte noch den Versuch, mich davon abzuhalten, die Scheidung einzureichen, obwohl er zu dem Zeitpunkt schon wusste, dass die derzeitige Freundin von ihm schwanger war. Doch dieses Mal blieb ich bei meinem Entschluss, auch weil ich für Vertrauen und eine gemeinsame Zukunft keine Chance mehr sah.

Am Ende war es schon so, dass ich alles anzweifelte, was er von sich gab. Lange hatte ich versucht, meiner Tochter den Vater und mir die Familie zu erhalten. Nun musste ich mich damit auseinandersetzen, welches mein Anteil an dem Scheitern unserer Ehe war. Mein Mann zog zu seiner Freundin, und im September 1958 wurden wir geschieden, das Sorgerecht für unsere Tochter wurde mir allein übertragen.

Wir, Elisabeth und ich, bewohnten immer noch ein Zimmer in der Wohnung meiner Ex-Schwiegermutter, was nicht ganz einfach war. Sie hatte in der Vergangenheit viele Sorgen und Auseinandersetzungen mit dem Sohn gehabt. Jetzt nahm sie es mir aber doch übel, nicht bei ihm geblieben zu sein. Sie war eine unglaublich fleißige Person, schon als Kind war sie Waise geworden und zeitweise in einem katholischen Waisenhaus aufgezogen geworden.

Dann ist sie ihrem späteren Mann begegnet, der sie aus Bayern nach Hamburg holte. In der Nachbarschaft hatte er großes Ansehen genossen, über ihn habe ich nur Gutes gehört. Meinen Schwiegervater konnte ich nicht mehr kennenlernen, er starb 1949 an einer Lungen-Tuberkulose. Das war für die Witwe, die mit zwei halberwachsenen Söhnen zurückblieb, nur schwer zu bewältigen. Im Mai 1955 ist dann der jüngere Sohn auch an Tuberkulose gestorben, er ist nur 22 Jahre alt geworden. Es war das Kind, dem ihre besondere Liebe galt. Danach begann das, was zu einer Alkoholkrankheit führen sollte.

Sie hat in ihrem Leben viel Unglück zu ertragen gehabt, mehr als man sich vorstellen kann.

Unser Zusammenleben gestaltete sich ganz unterschiedlich. In guten Phasen war sie eine gutherzige und fürsorgliche, oft auch hilfsbereite Frau. An weniger guten Tagen, wenn sie alkoholisiert oder gar betrunken war, konnte sie unerträglich streitsüchtig sein. Da ist es am Ende auch einmal zur Tätlichkeit gekommen. Dagegen konnte ich mich nun gar nicht wehren, da half nur noch, mich zurückzuziehen. Trotzdem fanden wir eigentlich immer wieder die Möglichkeit zu einem Gespräch, irgendwie mussten wir ja doch miteinander auskommen.

Vor allem sollte Elisabeth durch unser Verhalten nicht noch zusätzlich belastet werden. Sie hatte ja schon die Trennung vom Vater zu verarbeiten. Die Unterhaltszahlung für Elisabeth wurde nur sporadisch überwiesen, ihr Vater war oft mit der Zahlung im Rückstand. Weil mein eigener Verdienst nur gering war, konnte ich auf den Unterhalt von monatlich fünfzig Mark keineswegs verzichten. Deshalb war ich in den folgenden Jahren gezwungen, zwei Mal Unterhaltsklage gegen Elisabeths Vater einzureichen, das bedeutete für mich eine zusätzliche Belastung. Bei dem zweiten Klagetermin war es dem zuständigen Richter anscheinend ein Ärgernis, uns wieder vor Gericht zu sehen. Ich bekam einen Schuldtitel, der es mir gestattete, gegebenenfalls das Gehalt pfänden zu lassen.

Es war die neue Frau von Elisabeths Vater, die darauf schaute, dass die Unterhaltszahlung einigermaßen pünktlich überwiesen wurde. Ansonsten hat sich der Vater nicht um seine Tochter gekümmert, weder zum Geburtstag noch zum Weihnachtsfest hat Elisabeth je ein Geschenk oder auch nur einen Glückwunsch bekommen. Als sie herangewachsen war, hat sie noch einmal eine Annäherung an den Vater versucht, was aber gründlich danebengegangen ist.

Teil 3: 1959-2010

Wie ich ein politischer Mensch wurde

Ich beschloss nun, mit meinem Kind allein zu bleiben, deshalb musste ich sehen, wie ich unseren Lebensunterhalt auf eine andere Weise verdienen konnte. Bis dahin hatte ich als Haushaltshilfe und als Näherin gearbeitet. Am 1. August 1959 begann ich meine Arbeit als Briefzustellerin bei der Post, am gleichen Tag wurde ich Mitglied der Deutschen Postgewerkschaft. Es dauerte nicht lange, bis ich begann, in meiner Gewerkschaft aktiv mitzuarbeiten, ich wurde in den Vorstand der Amtsgruppe und zur Vertrauensfrau gewählt. In den letzten Jahren vor meiner Pensionierung war ich Mitglied des Personalrates. Das bedeutete unbedingte Verschwiegenheit, besonders wenn es um persönliche Probleme eines Kollegen oder einer Kollegin ging, mit denen wir uns befassen mussten. Wenn es sich etwa um Alkoholismus oder auch um eine Gehaltspfändung handelte, versuchten wir zu raten und zu helfen. Wir waren ein gutes Team und kamen gut miteinander aus.

In dieser Zeit lernte ich viele Frauen kennen, die in einer ähnlichen Situation lebten wie ich. Die meisten meiner neuen Kolleginnen waren geschieden und alleinerziehende Mütter, nur drei von ihnen waren verheiratet.

Unter uns wurde viel Wert auf ein gutes Betriebsklima gelegt, und kollegiale Hilfsbereitschaft war selbstverständlich. Darauf waren vor allen Dingen wir Frauen angewiesen, hatten wir doch alle für kleine Kinder zu sorgen. Sie waren zwar im Kindergarten gut aufgehoben, doch wenn eines der Kinder oder die Mutter krank wurde, war gegenseitige Hilfe unbedingt erforderlich. Wenn eine neue Kollegin den Dienst antrat, war es selbstverständlich, ihr in der Anfangszeit behilflich zu sein.

Die Arbeit als Zustellerin war abwechslungsreich und erlaubte uns, wenn wir auf der Tour waren, eine gewisse Selbstständigkeit. Im Winter hatten wir mit Schnee und Eisglätte zu kämpfen oder Regen und Sturm auszuhalten. Trotzdem war es gut, selbstständig und von niemandem abhängig zu sein.

Elisabeth musste schon in den Kindergarten gebracht werden, als sie noch nicht einmal zwei Jahre alt war. Wir haben uns beide schwer getan, zum ersten Mal getrennt zu sein. Die Kleine weinte, wenn ich sie zurücklassen musste. Ich durfte dem Kind nicht zeigen, wie schwer mir die Trennung fiel, ich musste ihr die Sicherheit geben: »Die Mama holt dich wieder ab, du musst überhaupt keine Angst haben.« Bald war für die Kleine das Vertrauen wiederhergestellt, und abends rannte ich im Laufschritt in den Kindergarten, um mein Kind in die Arme zu nehmen.

Es fiel mir oft schwer und ich hatte so manches Mal ein schlechtes Gewissen, wenn ich morgens um sechs Uhr die Kleine wecken und füttern musste. Mit dem Kind, das in der Kinderkarre warm eingepackt war, hatte ich einen Fußweg von zwanzig Minuten vor mir, um anschließend mit der S-Bahn zur Arbeit zu fahren. Elisabeths Vater hat in den zwei Jahren, in denen er noch bei uns war, nicht ein einziges Mal seine Tochter in die Krippe gebracht oder abgeholt und kannte auch keine der Kindergärtnerinnen, die am Tage für sein Kind zuständig waren.

Elisabeth war im Grunde ein sehr fröhliches und wissbegieriges Kind, das gerne lachte und viel Lebensfreude ausstrahlte. Sie konnte mit zehn Monaten schon laufen, und ich wollte sie zu einem Besuch bei Horst mitnehmen. Sein Geburtstag war am 10. Juli, die kleine Elisabeth ging mit einem Blumensträußchen auf den ihr unbekannten Mann zu, ohne Scheu ließ sie sich von Horst auf den Schoß nehmen. Ich glaube, mir fehlte bei dem Besuch das notwendige Feingefühl, ich hätte das Kind nicht mitbringen sollen. Horst sagte zu mir: »Stell dir mal vor, es könnte unser Kind sein.« Dabei standen Tränen in seinen Augen, und ich habe bei mir beschlossen, ihm einen weiteren Besuch zu ersparen. Ob es richtig war, weiß ich bis zum heutigen Tag nicht.

Elisabeth besaß bereits als zweijähriges Kind einen erstaunlich großen Wortschatz. Für Dinge, die sie nicht kannte, erfand sie ganz eigene Wortschöpfungen. So gab es folgenden Dialog: »Mama, ich möchte eine Fußkarre haben.« – »Was ist eine Fußkarre, so was kenne ich nicht.« – »Mama du weißt schon, eine Fußkarre, komm mit, ich zeig dir eine.« Wir gehen nach draußen, vor dem Haus, auf der Straße kurven einige Kinder auf Rollschuhen umher, damit war klar, was eine »Fußkarre« ist. Eine Gießkanne war bei ihr ein Spritztopf, und den kleinen englischen Nachbarn, mit dem sie gelegentlich spielte, begrüßte sie mit: »Hau dudiju, Paul!« Und weil die Kleine sich gerne bewegte, sang und tanzte, meldete ich sie mit drei Jahren in einem Turnverein zum Kleinkinderturnen an. Wir hatten genau das Richtige für den kleinen Wirbelwind gefunden, und Elisabeth entwickelte sich zu einer geschickten, manchmal etwas ehrgeizigen Turnerin. Mir machte es Freude, die Übungsleiterin bei dem vergnügten Gewusel der Kleinen ein bisschen zu unterstützen.

Im Kindergarten traten hin und wieder Kinderkrankheiten auf, was zu einem Problem wurde, wenn es die Kinder alleinerziehender Mütter traf. Für uns war es unmöglich, etwa vier Wochen das Kind zu pflegen, wenn es an Masern oder Keuchhusten erkrankt war. Es blieb dann nichts anderes übrig, als das Kind ins Krankenhaus zu bringen. Was nicht nur das Kind enorm belastete, auch als Mutter war es nur schwer zu ertragen, nicht selbst die Pflege und Fürsorge für das Kind übernehmen zu können. Im Sommer 1959 traf ich zufällig eine Mutter, deren Sohn den gleichen Kindergarten wie Elisabeth besuchte. Sie erzählte, dass dort mehrere Kinder an Hepatitis erkrankt waren und im Krankenhaus lagen.

Am 17. Juni, es war ein Feiertag, ging es Elisabeth nicht gut, es zeigten sich unklare Symptome bei ihr. Unser Kinderarzt wusste nicht recht, was sie da ausbrütete. Nachdem ich ihm von den Hepatitisfällen im Kindergarten erzählte, rief er umgehend nach einem Krankenwagen, der das Kind ins Krankenhaus brachte.

Meine kleine Tochter wurde in die Kinderklinik Altona gebracht, wo sie etliche Kinder aus ihrem Kindergarten antraf. Sechs lange Wochen mussten die Kleinen dort verbringen. Das Schlimme war, dass die Kinder nach damaliger Vorschrift nur am Sonntag- und am Mittwochnachmittag besucht werden durften. Obendrein war nur der Blickkontakt durch eine Glasscheibe möglich, Elisabeth weinte herzzerreißend, wenn ich mich von ihr verabschiedet hatte.

Auf dem Heimweg fing ich auch an zu weinen. Doch die Zeit der Trennung ging vorüber, einen Tag vor ihrem Geburtstag konnte ich mein Kind wieder in die Arme schließen. Die kleine Tochter war zwar blass und schmal geworden, hatte die Hepatitis aber zum Glück ohne bleibenden Schaden gut überstanden.

Wir saßen in der S-Bahn auf dem Heimweg, Elisabeth war aufgeregt und erzählte unentwegt, was sie im Krankenhaus erlebt hatte. Seit der Vater nicht mehr bei uns war, hatte sie wiederholt gesagt, wie gerne sie ein Brüderchen haben wollte. Ich machte ihr dann klar, dass die Mama ja Geld verdienen musste und keine Zeit hatte, für ein Baby zu sorgen. Nun, in der S-Bahn, sagte sie mit ihrer hellen Stimme: »Mammi, ich weiß jetzt, wie ich ein Brüderchen bekomme, die Reinmachefrau hat es mir gesagt. Du schreibst einfach an Papa, er soll dir Samenkörner schicken und die musst du essen und dann krieg ich ein Brüderchen. Und dann bin ich schon groß und pass auf ihn auf!« Die Leute in der Bahn, die es mit angehört hatten, amüsierten sich köstlich, doch ich wusste im Moment nicht, wie ich reagieren sollte. Es war eine Freude zu erleben, wie neugierig und fantasievoll meine Tochter sich entwickelt hatte. So war aus dieser verkorksten Ehe für mich doch ein großes Glück entstanden, das ich um nichts in der Welt hätte missen wollen.

Elisabeth ist im Frühjahr 1961 eingeschult worden. In ihrem ersten Schuljahr gingen wir morgens zusammen aus dem Haus, sie fuhr mit ihrem Tretroller neben meinem Fahrrad her, bis unsere Wege sich trennten, ihrer brachte sie zum Kindergarten, und mein Weg führte mich in das Postamt. Den Rest des Weges konnte sie allein bewältigen. Es gab wenig Autoverkehr auf den Straßen, wir übten seit der Kleinkinderzeit, im Straßenverkehr aufzupassen. Sie musste ja auch den Weg vom Kindergarten zur Schule und zurück allein laufen.

Im Jahr darauf ist sie morgens dann selbstständig zur Schule gegangen. Ich hatte ihr zwar den Wecker gestellt und das Frühstück zubereitet, doch für ein so junges Kind war diese Selbstständigkeit eine beachtliche Leistung. Der Sonntag war der Tag, an dem ich mir meistens die Zeit nahm, um mit ihr gemeinsam etwas zu unternehmen.

Im Sommer waren es oft Radtouren, die uns in den Klövensteen oder an den Elbwanderweg führten. Oder wir gingen ins Schwimmbad, Elisabeth konnte schon als Sechsjährige schwimmen und sprang auch mit Begeisterung vom Drei-Meter-Turm. Im Alter von neun Jahren wollte sie gern zur Leichtathletik wechseln und gleichzeitig auch in einen anderen Sportverein eintreten. Sie wurde Mitglied im Polizei-Sportverein, in dem eine Kinder- und Jugendriege für Leichtathletik trainiert wurde. Elisabeth wurde jährlich in ihrer Altersklasse Vereinsmeisterin und musste in der Funktion zu vielen Wettkämpfen antreten. Dabei habe ich sie oft begleitet, um sie anzufeuern. Manchmal auch, um die Mädchen zu betreuen. Wir hatten es ganz fein miteinander, meine Tochter und ich.

Mittlerweile hatte mein Vater wieder den Weg zu mir gefunden. Eines Tages stand er vor meiner Wohnungstür, augenscheinlich ein bisschen verlegen oder unsicher. Wir hatten uns jahrelang nicht gesehen, ich war älter geworden und hatte sicherlich auch ein wenig mehr Lebenserfahrung erworben. Für vieles von dem, was ich meinem Vater vorgeworfen und ihm als Jugendliche übel genommen hatte, konnte ich jetzt mehr Verständnis zeigen. Außerdem war ich mittlerweile der Meinung, dass es mir nicht zustand, über Vater zu urteilen.

Wir fanden langsam wieder zueinander, ich hatte den Eindruck, dass Vater vor allem unbedingt seine Enkeltochter kennenlernen wollte. Elisabeth war das zwölfte seiner insgesamt sechzehn Enkelkinder. Ich kann mir vorstellen, dass er seine Enkelkinder lieben konnte, weil er für sie

Vater, Mutter Anna (links) und Tante Lilli in Salzburg (1963)

nicht zu sorgen hatte und so auch keine Verantwortung tragen musste. Jedenfalls liebten alle Enkelkinder den Großvater und auch die »Oma Hoisbüttel«.

Mit Mutter Anna entwickelte sich ein gutes Verhältnis, wir schätzten uns und vertrauten einander. Elisabeth war gern in Hoisbüttel bei den neugewonnenen Großeltern und fühlte sich dort wohl, sie verbrachte auch einen Teil der Sommerferien bei ihnen.

Im Herbst 1962 wurde mir endlich eine kleine Dachwohnung zugewiesen. Wohnraum war immer noch nicht frei verfügbar und nur über das Wohnungsamt zu bekommen. Die Wohnung besaß kein Bad und nur in einem der zweieinhalb Zimmer gab es einen Kohleofen. Zuerst musste ich aber alle Räume scheuern und putzen, alles war entsetzlich schmutzig, die Türen und Fenster waren grau von Staub und Dreck. Ich weiß noch, dass ich eines Abends auf dem Fußboden gesessen und vor lauter Erschöpfung geweint habe.

Glücklicherweise war unser neues Zuhause in derselben Siedlung, so verursachte der Umzug keine großen Kosten. Elisabeth war glücklich über ihr eigenes Zimmer, sie bekam einen kleinen Schreibtisch und hatte ihr kleines Reich für sich. Im Laufe der Jahre habe ich eine Zentralheizung und eine Dusche installieren lassen, und schließlich ließ ich größere Dachfenster einbauen.

Das alles natürlich auf eigene Kosten. Am Ende war aus der doch etwas primitiven Behausung eine gemütliche Wohnung geworden, in der wir uns wohlfühlen konnten.

Im Spätsommer 1965 war ich auf dem Heimweg von der Arbeit, als ich eine ehemalige Nachbarin traf. Sie erzählte mir, dass Horst im Krankenhaus sei, sein Zustand sei sehr schlecht und er habe wiederholt nach mir gefragt. Ich bin sofort zum Krankenhaus gefahren, als ich auf die Station kam, sagte mir der Krankenpfleger, Horst sei in der letzten Nacht gestorben, und er habe bis zum Ende den Wunsch gehabt, mich zu sehen. Ich konnte es nicht glauben und auch nicht verstehen, dass seine Mutter dem letzten Wunsch ihres Sohnes kein Verständnis entgegengebracht hatte, und ich war sehr traurig. Horst ist nur zweiundvierzig Jahre alt geworden.

An der Beerdigung konnte ich nicht teilnehmen, weil ich um nichts in der Welt dort stören wollte. Nach der Trauerfeier bin ich auf den Friedhof zum Grab gegangen, habe einen Blumenstrauß hingelegt und meine Gedanken sind wieder einmal zurückgegangen. Ich dachte an die guten und an die schlimmen Zeiten, die Horst und ich miteinander durchlebt und erlitten hatten.

Nach einem Kurzlehrgang bin ich im Frühjahr 1962 zur Beamtin ernannt worden und war weiterhin in meiner Gewerkschaft aktiv. Im Laufe der Jahre nahm ich an mehreren Wochenendseminaren teil, die in der Schulungsstätte der Postgewerkschaft in Niendorf an der Ostsee stattfanden. Auch meine Arbeit als Mitglied des Personalrates und des Amtsgruppenvorstandes der Postgewerkschaft war mir wichtig. Meine Zeit war gut ausgefüllt, doch ich wollte mehr erreichen.

Einer meiner Vorgesetzten unterstützte und ermunterte mich, eine Ausbildung für die mittlere Beamtenlaufbahn zu beginnen. Meine Tochter war nun in einem Alter, in dem ich sie am Abend hin und wieder allein lassen konnte. Ich belegte bei meiner Gewerkschaft einen Abendkursus, um mich auf die Eignungsprüfung zur Ausbildung für die mittlere Beamtenlaufbahn vorzubereiten. Nachdem ich die Prüfung bestanden hatte, begann die praktische und theoretische Ausbildung, die ein Jahr dauerte. Gesetze und Verordnungen waren auswendig zu lernen, was wir für unsinnig und einen überflüssigen Ballast hielten, etwas, was bald wieder vergessen wurde, waren diese Dinge doch in den Dienstvorschriften und Verordnungen nachzulesen. Doch die Prüfungsordnung verlangte das Auswendiglernen.

Nach einem Jahr, in dem ich manchmal halbe Nächte über den Fachbüchern gesessen und gepaukt habe, sind alle Teilnehmer unseres Lehrgangs gut durch die Prüfungen gekommen, die drei Tage angedauert hatten. Diese Zeit der Ausbildung war recht anstrengend gewesen. In den folgenden zwei Jahren wurde ich erst als Urlaubs- und Krankenvertretung eingesetzt, bis ich endlich einen ständigen Dienstposten an einem Postamt zugewiesen bekam. Dann folgten die Beförderungen in die jeweils höheren Gehaltsstufen. Ich hatte beruflich nun das erreicht, was im Rahmen meiner Möglichkeiten lag.

Elisabeth wurde inzwischen von Freunden Lisi gerufen, daran konnte ich mich anfangs nur schlecht gewöhnen. Sie wuchs zu einer Jugendlichen heran, die man jetzt Teenager nannte. Lisi war eine gute Schülerin, die in der Klassengemeinschaft beliebt war. Noch heute bedaure ich, dass ich mich auf den Rat der Klassenlehrerin verlassen habe und mich davon abhalten ließ, meine Tochter für die Aufnahmeprüfung auf ein Gymnasium anzumelden.

Im Frühjahr 1971 verließ sie mit dem Zeugnis der Mittleren Reife die Schule. Die vergangenen Jahre waren für uns beide nicht einfach gewesen, es war eigentlich ganz normal, dass wir unsere Auseinandersetzungen hatten. Einerseits hatte ich schon immer das Bestreben gehabt, meiner Tochter ein gesundes Selbstbewusstsein zu vermitteln, ich habe sie ermuntert, sich eine eigene Meinung zu bilden und sie auch zu äußern. Nun hatte ich es aber auch zu akzeptieren, dass sie eigene Vorstellungen entwickelte, die nicht immer mit meinen Wünschen übereinstimmten. Andererseits sollte es um nichts in der Welt zu einem Bruch zwischen uns kommen, denn ich kannte den jugendlichen Eigensinn meiner Lisi gut genug, um zu wissen, dass sie ihren eigenständigen Weg ausprobieren musste. Sie zog als Siebzehnjährige zu Freunden in eine Wohngemeinschaft.

Wieder begann für mich ein neuer Lebensabschnitt mit neuen Aufgaben. Mein Engagement galt der Friedensbewegung, seit langer Zeit hatte ich mich an den Ostermärschen beteiligt und war dort auf großartige Menschen getroffen. Schon seit Anfang der siebziger Jahre war ich mit Mitgliedern der »Vereinigung der Verfolgten des Naziregimes« bekannt geworden. Mittlerweile hatte sich die Organisation in ihrem Namen mit dem Zusatz »Bund der Antifaschisten« erweitert. Aufgrund meiner Familienbiografie fühlte ich mich den überlebenden Widerstandskämpfern gegen die Nazidiktatur verbunden.

Der politische Widerstand wurde hauptsächlich von der Arbeiterschaft geleistet, dem sich selbstverständlich auch jüdische Frauen und Männer angeschlossen hatten. Durch die rassische Verfolgung waren diese Menschen besonders gefährdet und bei Gestapo und SS verhasst.

Ich kam zum ersten Mal in einen engen Kontakt mit jüdischen Menschen, von denen ich oft lange Zeit überhaupt nicht wusste, dass sie Juden waren. Sie waren, wie die Mitglieder der KPD und SPD, von den Nazis verfolgt, eingekerkert, und gefoltert worden. Einige der jüdischen Frauen und Männer waren im illegalen Widerstand gewesen, wenige von ihnen hatten überlebt, und das gemeinsame Anliegen »Nie wieder Krieg, nie wieder Faschismus« führte uns alle zusammen. Für mich war die Begegnung mit den VVN-Mitgliedern eine wichtige und bereichernde Erfahrung, so war meine Mitgliedschaft im VVN nur konsequent und richtig. Die Begegnungen und die Gespräche mit den Menschen, die den Nazis widerstanden hatten, waren für mich ungeheuer wichtig und gaben mir viele Anregungen und Einsichten.

Neben der Arbeit in meiner Gewerkschaft wurde es immer notwendiger, sich für die Belange der Friedensbewegung einzusetzen. Sie fand ihren Höhepunkt im Widerstand gegen die Stationierung neuer US-Atomwaffen in der Bundesrepublik. Am 10. Oktober 1981 reisten aus der ganzen Bundesrepublik Deutschland 100.000 Menschen nach Bonn und trafen im Bonner Hofgarten zu einer mächtigen Demonstration für Frieden und Abrüstung zusammen. Zwei Jahre später folgte die noch größere Friedensveranstaltung am gleichen Ort mit 200.000 engagierten Menschen. Ich war dabei!

Ein widerständiger Mensch

Meine erste Begegnung mit Lucie Suhling hatte ich 1972. Ich lernte sie durch meine Schwester Ursel kennen, die mit Lucie befreundet war. Lucie wurde für mich ein sehr wichtiger Mensch. Sie hatte mit ihrem Mann im Widerstand gegen das Naziregime gestanden, beide waren mehrfach verhaftet und zu Zuchthausstrafen verurteilt worden.

Sie berichtete mir von sich und von vielen anderen Genossen, die gleich ihnen Widerstand geleistet hatten. Die intensiven Gespräche mit ihr gaben mir Einblick in das Leben einer kommunistischen Widerstandskämpferin.

Zwischen uns entstand rasch eine enge, dauerhafte Freundschaft, die mir neue Einsichten vermittelte und die bis zu Lucies Tod anhielt. Lucie machte mich auf Geschichten aufmerksam, die ich bis dahin nicht gekannt hatte. Ich machte die Bekanntschaft mit Frauen, die wegen ihres Widerstandes gegen das Naziregime im Gefängnis gesessen hatten, die auch während der Haft ihrer Überzeugung treu geblieben waren. Der unglaubliche Mut der Frauen, die Bereitschaft, zu den Folgen ihres Handelns zu stehen, hat mich zutiefst berührt.

Es waren zumeist junge Frauen, die mit ihren Männern gemeinsam im Kampf gegen die Nazidiktatur gestanden hatten. Eine zusätzliche Belastung – für die Mütter unter ihnen – war die Trennung von den Kindern, die oft noch ganz klein waren. Im Laufe der folgenden Jahre, als ich Mitglied der VVN-BdA geworden war, entstand mit Frauen und Männern des Widerstandes, mit den Überlebenden der Nazibarbarei, eine freundschaftliche und solidarische Beziehung.

Die Eltern waren nun alt geworden, sie waren nicht mehr imstande, den Garten zu bestellen, deshalb hatte Vater auf dem größten Teil einen Rasen angelegt. Mutter Anna konnte das Haus nicht mehr allein sauber halten. Ihr Kurzzeitgedächtnis ließ sie immer mehr im Stich und langsam entwickelte sich bei ihr eine Altersdemenz. Deshalb fuhr ich etwa einmal im Monat nach Hoisbüttel, um den Eltern zu helfen.

Im Frühling mussten die Rosen beschnitten und andere Gartenarbeit erledigt werden. Elisabeth war dabei, so oft es ihre Zeit erlaubte, und im Herbst haben wir zentnerweise Äpfel von den Bäumen gepflückt. Unsere Zeit war eigentlich mit Beruf, Schule und sonstigen Aktivitäten hinreichend ausgefüllt, aber wir konnten die »Alten« nicht allein lassen und haben gerne geholfen.

Im Juli 1975 feierten wir Vaters 80. Geburtstag, im Garten war eine lange Kaffeetafel gedeckt, das Wetter war herrlich, für Vater und Mutter waren zwei bequeme Sessel bereitgestellt worden. Die beiden Alten freuten sich über viele Gäste, die gekommen waren, mit der Familie zu feiern.

Mutter war nicht davon abzubringen, allen Gästen zu erzählen: »Der Bürgermeister hat mir einen großen Geschenkkorb gebracht, weil ich Geburtstag hab!« Sie verstand gar nicht, weshalb sie uns damit immer wieder zum Lachen brachte. Wie so manches Mal, wenn die Sperlings zusammen feierten, sangen und musizierten wir im Schein der Gartenfackeln, die als Überraschung für den Großvater von den Enkelkindern mitgebracht worden waren.

Vaters Schwester, unsere Tante Elli, war auch zu Vaters Ehrentag gekommen. Sie war – mit ihren 85 Jahren – eine alte, etwas skurrile Person, ihre »Geschichten aus meinem Leben« waren legendär und lösten oft lange Heiterkeitsstürme aus. Tante Elli war eine stattliche, imposante

Frau. Mit ihrer Stupsnase und ihren kleinen, ein wenig blinzelnden Augen wirkte sie schon von ihrer Erscheinung her sehr komisch.
Die Erzählungen aus lange vergangenen Zeiten, sie waren oft von einer überwältigenden Komik. Im Ersten Weltkrieg musste Tante Elli als Nieterin auf einer Werft im Hamburger Hafen arbeiten. Davon und wie sie sich gegen die Männer und ihre oft deftigen Sprüche zur Wehr gesetzt hat, erzählte sie gern. Sie war eine der wenigen Frauen, die auf der Werft arbeiteten. Eines Tages fasste sie den Entschluss, ihre Arbeit dort zu beenden.

»Und dann bin ich zur Hochbahn gegangen«, so berichtete sie. Sie saß dort an der Sperre und hatte die Fahrkarten mit einer Lochzange zu entwerten. Sie erzählte weiter:» Ja, und wenn Weihnachten war, hab ich immer die Schicht gemacht. Da konnten die Kolleginnen bei ihren Kindern zu Hause bleiben. Weihnachten, das war nichts für mich, das war mir zu elegisch, da musste ich immer heulen!

Einmal im Winter hatte ich Halsweh und hatte ein weißes Tuch um den Hals gebunden. Und da kommt ein junger Mann an meinen Schalter und sagt: »Frollein, Sie haben wohl einen venerischen Hals«, dem hab ich aber mit der Zange eins übergezogen, ich lass mich doch nicht beleidigen!

Wenn sie in ihrem Hamburger Tonfall von »mein August« erzählte, haben wir oft Tränen gelacht. »Mein August« war einen Kopf kleiner als seine Frau und hatte eine spiegelblanke Glatze. Er war seiner Zeit anscheinend weit voraus, denn Onkel August besorgte den ganzen Haushalt. Dazu Tante Elli: »Mit Kochen und Nähen hatte ich ja nichts im Sinn, das machte alles mein August, auch das Waschen und Plätten hat er gemacht. Ich war ja mehr für das Grobe zuständig und war ja dann Hausmeisterin.«

Auch an diesem Abend erzählte Elli ihre Döntjes, und wir haben uns vor Lachen nicht halten können, wenn sie von ihrem Disput mit den »Leuten im Krankenhaus« berichtete. Im Alter von 82 Jahren war sie hingefallen und hatte sich den Oberschenkelhals gebrochen. Als sie nach der Operation aus der Narkose zu sich kam, fand sie sich in einem Zimmer, in dem nur alte Patienten untergebracht waren.

Tante Elli, die Älteste im Raum, beschwerte sich bei der Visite: »Also, Herr Doktor, mit all die alten Leute hier, da will ich aber nicht bleiben, das ist mir zu beschwerlich!« Sie hatte mit ihrem Einspruch tatsächlich Erfolg, wurde in ein anderes Zimmer verlegt, und Elli war's zufrieden.

Es war das letzte große Familienfest in Hoisbüttel, das wir in diesem Kreis der Verwandten und Freunden erleben durften. Tante Elli ist im

Alter von 88 Jahren gestorben, selbst bei der Trauerfeier spielten sich skurrile Dinge ab, die ihr sicher gefallen hätten.

Es begann damit, dass eine Cousine mit ihrem Mann in eine falsche Trauergesellschaft geriet. Sie saßen in einer der Kapellen auf dem Ohlsdorfer Friedhof und bemerkten plötzlich, dass ihnen niemand der anwesenden Trauergäste bekannt war. Als sie ihren Trauerkranz wieder zurückholen wollten, gerieten sie in den Verdacht, ihn stehlen zu wollen. Sie mussten einen Angestellten des Beerdigungsinstituts erst einmal über den Irrtum aufklären. Endlich hatten sie mit ihrem Kranz die richtige Feierhalle erreicht.

Nach der Feier in der Kapelle, auf dem Weg zur Grabstätte, begegneten sie einer anderen Trauergesellschaft. Die beiden Züge liefen durcheinander, und es kam zu einem hektischen Hin und Her, bis die Teilnehmer wieder da waren, wohin sie gehörten. Am Grab geschah ein weiteres Malheur: Beim Herablassen verkantete sich die Urne und musste wieder herausgezogen werden. Später konnten wir darüber wieder lachen, über die typischen Tante-Elli-Geschichten. Inzwischen wird in der Familie immer mal wieder davon erzählt: »Als wir Tante Elli beerdigten!«

Noch heute bin ich froh, dass Lisi und ich die Eltern am Weihnachtstag und Silvester 1975 besucht haben. An den letzten Abend des alten Jahres erinnere mich besonders gut. Eigentlich war es Lisi, die am frühen Abend sagte: »Lass uns doch zu den Großeltern fahren.« Ohne dass es verabredet war, trafen nacheinander einige der Enkelkinder in Hoisbüttel ein, um mit den Großeltern das neue Jahr 1976 zu begrüßen. Um Mitternacht standen wir alle draußen und schauten dem Feuerwerk zu. Mutter hatte meine Tochter an die Hand genommen, sie freute sich wie ein Kind und rief immer wieder: »Ach, wie ist das schön, und all die vielen Sterne!«

Zwei Monate später wurde Mutter Anna achtzig Jahre alt. Unser Schwager Bernhard hatte eine »Pankoken-Kapelle« engagiert. Da waren sie nun, die Posaune, die Trompete und die große Tuba. An Mutter Annas Ehrentag standen die drei Musiker bei uns in der Diele und spielten plattdeutsche Lieder. Mit dem alten Lied fingen sie an: »Lütt Anna-Susanna sto op un böt Fuer«. (»Kleine Anna-Susanna, steh auf und schüre das Feuer«.) Mutter meinte: »Ich heiß aber nur Anna und gar nicht Susanna. Und die hab ich aber nicht eingeladen, was woll'n denn die hier, das ist aber mein Haus.« Als wir ihr sagten: »Aber die Musiker sind doch gekommen, um nur für dich zu spielen«, klatschte sie in die Hände, freute sich und strahlte übers ganze Gesicht. Extra zu ihrem Geburtstag waren die Männer angereist, das hat ihr gut gefallen und ihr Freude bereitet. Zum großen Vergnügen der ganzen Familie hat sie dann mit einem der Enkelkinder ein Tänzchen gewagt.

Es war schön zu erleben, welchen Spaß sie hatte, an diesem ganz besonderen Tag im Mittelpunkt der großen Familie zu stehen.

Am Pfingstmontag des gleichen Jahres, am 6. Juni 1976, ist Mutter Anna an einem Schlaganfall gestorben. Während der letzten Jahre hat Vater sie fürsorglich bei den täglichen Verrichtungen unterstützt. Er bereitete morgens das Frühstück und war rührend um sie besorgt. An diesem Morgen hatte er seine Frau ins Badezimmer gebracht und wollte etwas aus dem Schlafzimmer holen. Als er wenige Augenblicke darauf zurückkam, fand er Mutter Anna leblos vor, sie war an einem Gehirnschlag gestorben. Dieser plötzliche Tod kam für uns völlig unerwartet, denn sie war nie vorher körperlich krank gewesen.

Es war für Vater tröstlich, dass ihr ein langes Krankenlager, dass ihr Schmerzen und Leiden erspart geblieben waren. Die ganze Familie fand zusammen, um von unserer zweiten Mutter Abschied zu nehmen und um unserem alten Vater beizustehen.

Nach der Beerdigungsfeier saßen wir alle im Garten beisammen und erzählten davon, was wir mit Mutter Anna erlebt hatten. Eine Biene umkreiste uns beharrlich und eine der kleinen Enkelinnen meinte ganz ernsthaft, es wäre die Oma, die uns noch einmal besuchen wollte.

Mit Lucie hatte sich eine feste Freundschaft entwickelt. Sie hatte begonnen, an einer Biografie zu arbeiten, an den Erinnerungen einer Arbeiterfrau. Die Haftstrafen und die Verfolgungen, denen sie als Nazigegnerin ausgesetzt gewesen war, die schrecklichen Erlebnisse und Entbehrungen hatten ihre Gesundheit und vor allem ihr Herz angegriffen. Soweit es meine Zeit erlaubte, brachte ich Lucie mit dem Auto zu ihren Veranstaltungen, zu den Vorträgen in der Universität und in Schulen. Auch wenn es ihr nicht gut ging, konnte ich sie nicht dazu bewegen, im Hause zu bleiben.

Lucie war eine starke Persönlichkeit und verstand es, energisch ihren Willen durchzusetzen. Freitag, der 13. Mai 1977, war wieder so ein Tag. Man hatte Lucie und vier weitere Frauen, die im Widerstand gewesen waren, zu einem Frauenseminar in die Universität eingeladen.

Das Thema war »Frauenwiderstand im Faschismus«. Als ich Lucie abholen wollte, merkte ich, dass es ihr gar nicht gut ging. Ich wollte sie zu einem Arzt bringen, aber das lehnte Lucie kategorisch ab und setzte mich unter Druck, als sie meinte: »Wenn du mich nicht fahren willst,

Anita Sellenschloh, Lucie Suhling (stehend), Gerda Zorn, Charlotte Groß, zwei Studentinnen, Katharina Jacob am 13. Mai 1977 im Hörsaal der HWP

bestelle ich mir ein Taxi!« Trotz meiner Bedenken fuhr ich mit ihr zur Universität. Im Seminarraum warteten die Studentinnen auf die Berichte der Frauen, die im Widerstand Zuchthaus und Konzentrationslager überlebt hatten.

Von dieser Veranstaltung existiert eine Fotografie, auf der man Lucie bei ihrem Vortrag sieht, umringt von ihren alten, vertrauten Mitstreiterinnen. Diese Frauen bleiben uns unvergessen: Charlotte Groß, Katharina Jacob, Anita Sellenschloh, Ille Wendt und Gerda Zorn. Sie und andere Überlebende waren uns, die wir damals »die Jungen« waren, Vorbild und Ansporn.

Ich saß also mitten unter den Studentinnen und beobachtete mit zunehmender Besorgnis, wie sich der Zustand meiner alten Freundin zusehends verschlechterte. Mir fiel die ungewöhnliche Rötung ihres Gesichtes auf, ihr Atem wurde schwer, ihre Sprache war nur mit Mühe zu verstehen. Ich wartete ungeduldig auf das Ende der Veranstaltung. Wir brachten Lucie dann zum Auto, ich wollte sie unbedingt in die nahe gelegene Uniklinik bringen, was Lucie aber vehement ablehnte. Um sie nicht noch weiter aufzuregen, machte ich mich mit ihr auf den Heimweg. Wir hatten fast das Ziel erreicht, als ich zur Seite schaute und sehen musste, dass Lucie in einem sehr schlechten Zustand war. So fuhr ich an den Straßenrand, rannte in das nächste Haus und klingelte Sturm, eine Frau öffnete die Tür und ich rief nur: »Herzinfarkt, Notarzt schnell.« Dann lief ich voller Sorgen zu Lucie zurück. Zum Glück war der Krankenwagen nach wenigen Minuten vor Ort, und nachdem ich gefragt hatte, wohin Lucie gebracht werden sollte, fuhr ich erst einmal heim.

Ich war erleichtert, dass meine Tochter zu Hause war, denn erst jetzt merkte ich, wie ich zu zittern anfing, so konnte ich nicht Auto fahren. Lisi ist sofort mit mir in das Rissener Krankenhaus gefahren, die Ärztin in der Notaufnahme teilte uns mit, dass Lucie nach Atem- und Herzstillstand wiederbelebt worden war und nun auf der Intensivstation lag. Ich konnte sie auch nachts und zu jeder anderen Zeit besuchen. Lucies Krankheit war lebensbedrohlich und es war notwendig, für die Tochter und den Sohn eine Reiseerlaubnis zu erwirken, denn Lucies beide Kinder lebten in der DDR.

Die Ärztin schrieb ein Attest, das durch einen Amtsarzt bestätigt und schließlich in einem amtlich beglaubigten Telegramm abgeschickt werden musste. Das alles zu erledigen, war umständlich und zeitraubend, zumal es Freitagabend, also am Wochenende war.

Spät am Abend war ich wieder bei Lucie, sie lag allein in einem Raum, mit Schläuchen an eine Maschine angeschlossen, die sie am Leben erhielt. Der kritische Zustand hielt einige Tage an. Ich fuhr täglich ins Krankenhaus, um nach Lucie zu sehen, auch wenn ich keinen Kontakt zu ihr aufnehmen konnte, so hat sie möglicherweise doch gespürt, dass ich bei ihr war. Die Behandlung im Krankenhaus war optimal, die Ärzte waren sehr bemüht, von ihnen bekam ich die notwendigen Informationen über Lucies Zustand. Es war schon ein riesiger Fortschritt, als endlich die Maschine abgeschaltet wurde und Lucie wieder selbstständig atmen konnte.

Lucie war noch sehr schwach, das Reden fiel ihr schwer, in großer, krakeliger Schrift stellte sie Fragen und schrieb einmal: »Alles Scheiße!« Ihr Witz und ihr unglaublicher Optimismus zeigten sich auch in ihrer gesundheitlich schlechten Lage wieder einmal. Bis sie wieder in ihre Wohnung zurückkehren konnte, vergingen noch viele Wochen. Aus dem Krankenhaus musste Lucie direkt in ein Sanatorium zur Erholung. Eigentlich war es ein Wunder, dass sie den zweiten schweren Infarkt überlebt hatte!

Lucie wurde von ihren Freundinnen, von der Familie und den jungen Menschen, denen sie über die Zeit des Naziregimes berichtet hatte, immer wieder aufgefordert, ihre Geschichte aufzuschreiben. Sie hatte eine erstaunliche Lebenskraft, dazu das unbedingte Wollen, mit dem Schreiben zu beginnen. Lucie schrieb ungefähr zwei Jahre an ihrem Buch, immer wieder unterbrochen von Herzattacken, die sie behinderten. Sie musste mehrfach ein Krankenhaus aufsuchen, wenn ihr Zustand sich verschlechterte. Als ich sie wieder einmal dorthin begleitete, sagte sie: »Was meinst du, ob ich es wohl noch einmal schaffe?« Ich kannte meine Lucie gut genug und konnte sie mit meiner Antwort: »Dein Buch ist ja noch nicht fertig, also hast du noch keine Zeit zum Sterben!« zum Lächeln bringen.

Es war für uns selbstverständlich, dass es auch zu Gesprächen kam, in denen Lucie vom Ende und vom Sterben reden wollte. Einmal sprach sie von ihrer Angst, dabei allein und ohne Familie zu sein, weil ihre beiden Kinder ja nicht in Hamburg lebten. Ich versuchte, sie zu beruhigen, und gab Lucie das Versprechen, bis zum Ende bei ihr zu bleiben. Sie war sich durchaus bewusst, wie schwer ihre Herzkrankheit war, dass ihr nicht mehr viel Zeit blieb, das Erscheinen ihrer Erinnerungen zu erleben.

Lucie hat es geschafft, sie hat ihr Buch geschrieben und fertiggestellt. Es wurde ein Verlag gefunden, und im Herbst 1980 ist ihr Buch »Der unbekannte Widerstand« herausgegeben worden! Obwohl es sie viel Kraft kostete, hat Lucie noch Lesungen ihrer Biografie durchführen können, die gut besucht und erfolgreich waren. Ich war fast täglich einmal bei ihr. Wenn ich Frühdienst hatte, fuhr ich anschließend zu ihr, musste ich zum Spätdienst, war ich vorher bei Lucie. Im Oktober 1981 musste sie wieder ins Krankenhaus gebracht werden, und dieses Mal wussten wir, sie würde es nicht schaffen. Ich bin in den letzten Tagen bei ihr gewesen und durfte sie bis zu ihrem Ende begleiten. Wir sind völlig ungestört geblieben, nur ihre beste und älteste Freundin, Anita Sellenschloh und ich, wir waren bei ihr, als Lucie starb.

Wie ich Irma wiedergefunden habe

Im Juli 1981 ist Vater 86 Jahre alt geworden. Das Haus und der Garten machten ihm zu viel Mühe, er wollte in eine Seniorenwohnung übersiedeln. Meine Schwester Dorle überredete Vater zu einem Umzug nach Ratzeburg, weitab von seinem Familienumfeld. Mich ärgerte es, weil Dorle ohne Rücksprache mit den übrigen Schwestern einfach gehandelt hatte. Der Vertrag war abgeschlossen und so schnell nicht zu ändern, also wurde der Umzug in eine Seniorenresidenz vorbereitet.

Vater bat mich, ihm behilflich zu sein, die Familiendokumente zu ordnen. Zum ersten Mal hielt ich die Sterbeurkunde meiner Schwester Irma in der Hand, ausgestellt von der psychiatrischen Anstalt »Am Steinhof« in Wien.

 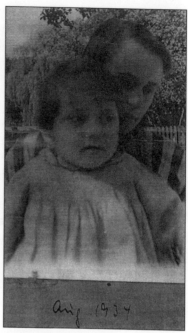

Irma in den Alsterdorfer Anstalten, Juli/August 1934

Mir fiel sofort auf, dass etwas nicht in Ordnung sein konnte, die Urkunde trug das Ausstellungsdatum des 4. Januar 1945, der Todestag war aber auf den 8. Januar 1944 datiert. Als Todesursache war angegeben: Grippe, Lungenentzündung, das lag noch im Bereich der Wahrscheinlichkeit. Ich las aber als todesursächlich die Diagnose »angeborene zerebrale Kinderlähmung«. Dieser Eintrag, angeborene Kinderlähmung, erschien mir seltsam und unglaubwürdig.

Während der vier Jahre, die Irma in der Familie lebte, hatten sich nie Anzeichen einer Lähmung gezeigt. Ich bezweifelte grundsätzlich, dass die Diagnose medizinisch haltbar war. Mir wurde sehr schnell klar, ich musste unbedingt erfahren, was mit diesem Kind geschehen war. Es war wichtig, zu wissen, weshalb wir nie nach unserer Schwester gefragt hatten, wie hatte es passieren können, dass wir Irma vergessen hatten, weshalb war Irma aus dem Familiengedächtnis verschwunden?

Zur gleichen Zeit hatte ein junges Mitglied der VVN-BdA, Stefan Romey, zum Thema NS-»Euthanasie« in Hamburg geforscht und eine Ausstellung dazu erarbeitet. Als ich die Ausstellung besuchte, zeigte ich

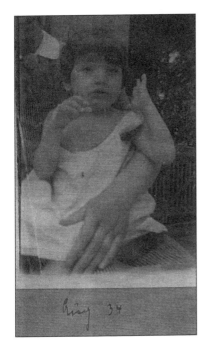 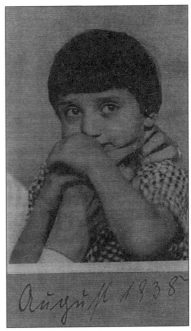

Irma vier Jahre später, August 1938

Stefan die Sterbeurkunde meiner Schwester und fand sofort den ersten Hinweis auf Irmas Schicksal. Unter den Dokumenten befand sich eine Deportationsliste mit dem Datum vom 16. August 1943, dort waren 228 Namen von Frauen und Mädchen aus den Alsterdorfer Anstalten aufgeführt. Es war gut, Stefan neben mir zu haben, als ich in der Deportationsliste unter der Nummer 63 den Namen lesen musste: »Irma Sperling, geb. 20. 1.1930«.

Stefan hat mich auch bestärkt, endlich dem Leidensweg meiner Schwester nachzugehen und mit Nachforschungen zu beginnen. Ich hatte damit ja überhaupt keine Erfahrung, und Stefan gab mir wertvolle Hinweise. Meine schriftliche Anfrage schickte ich an die Alsterdorfer Anstalten mit der Bitte, mir Kopien der Krankenakte zu schicken. Ein weiteres Schreiben ging an den Direktor der psychiatrischen Anstalt »Baumgartner Höhe« in Wien, die in der Nazizeit den Namen »Am Steinhof« trug.

Diese Anstalt war während der Nazizeit berüchtigt wegen der dort begangenen »Euthanasie«-Morde. In meinem Brief forderte ich Kopien von Irmas Krankenakte an, ich wollte wissen, was in der Anstalt mit Irma geschehen war, und ich fragte nach, wo sich die Grabstätte meiner Schwester befindet. Aus Alsterdorf bekam ich sehr rasch eine Antwort, die eine Einladung zu einem Gespräch mit einem Mitglied des Vorstandes enthielt. Der Besuch verlief in einer freundlichen Stimmung, ich konnte mein Anliegen vorbringen, und mir wurde Hilfe bei den Nachforschungen zugesagt. Doch über Irmas Aufenthalt in Alsterdorf, wo sie immerhin fast zehn Jahre verbracht hatte, gab es kaum noch Spuren. Wie mir ein Mitglied des Vorstandes, ein Herr Heine, mitteilte, waren die Krankenakten der Deportierten nach Wien überstellt worden.

Es fanden sich lediglich einige Krankenblätter aus dem Kinderkrankenhaus Rothenburgsort. Dort hatte Irma vor langen Jahren mit einer Lungenentzündung gelegen und war behandelt worden. Ich hätte sehr gerne mit einer der Pflegerinnen gesprochen, die Irma gekannt hatten, weil ich etwas darüber wissen wollte, wie es meiner Schwester dort in Alsterdorf ergangen war, wie sie dort gelebt und was sie erlebt hatte. Ich hätte gern mehr über sie erfahren. Eine der Pflegerinnen, die in einem Altenheim in Alsterdorf lebte, war aber nicht zu einem Gespräch bereit, was ich nicht verstand, aber schließlich akzeptieren musste.

Als ich mich immer intensiver mit dem Thema »Euthanasie«-Opfer und dem Schicksal meiner Schwester befasste, begegnete ich in den Alsterdorfer Anstalten Dr. Michael Wunder. Bei einer Veranstaltung, die sich mit dem Thema der Psychiatrie in der Zeit des Naziregimes beschäftigte, war er einer der Referenten.

Dr. Wunder wurde zu meinem wichtigsten Ratgeber und Helfer bei der viele Jahre andauernden Nachforschung und Aufarbeitung, bei dem Versuch, das Schicksal meiner Schwester aufzuklären.

Mit Michel Wunder gewann ich im Laufe der Jahre einen Freund, der mir bei vielen Schwierigkeiten half, der mich ermutigte weiterzumachen. Er gab mir wichtige Informationen und Hinweise, er war für mich da, wenn ich wieder einmal nicht weiter kam.

Von Michael Wunder habe ich zum Beispiel erfahren, dass dem Transport nach Wien am 16. August 1943 drei ältere Frauen angehörten. Sie hatten in den Bombennächten Ende Juli/Anfang August ihre Wohnung, ihre Habe, vielleicht auch Angehörige verloren. Sie waren völlig traumatisiert umhergeirrt und aufgegriffen worden. Mit der Diagnose »bombenverwirrt« sind sie deportiert und in Wien getötet worden.

Die Beantwortung meines Schreibens an die Anstalt »Baumgartner Höhe« in Wien erreichte mich Anfang April 1984. Prof. Gabriel, Direktor der Anstalt, schrieb u.a. auf die Frage nach der Krankenakte, ein wenig verquast und auch nicht der Wahrheit entsprechend:»In unserem Archiv habe ich nur die Krankengeschichte unseres Krankenhauses gefunden. In diesem Krankenhaus befand sich Ihre Schwester aber, wie Sie ja wissen, nur vom 17. August bis 25. September 1944 [sic]. Eine Kopie dieser Krankengeschichte lege ich Ihnen bei.« Woher ich »ja wissen« sollte, wann meine Schwester in Wien und in welche Station sie verlegt worden war, blieb unklar.

Die Kopie besteht aus vier Seiten, die mir allerdings darüber Aufschluss gaben, was man Irma und ihren Leidensgefährtinnen angetan hatte. Der Eintrag in der Akte am 21.8. lautet:»vollkommen verblödet, gibt nur unartikulierte Laute von sich. Lutscht an den Fingern. Motorische Unruhe.« Die abwertende Sprache der Mediziner und Pfleger setzt sich in der Akteneintragung fort. Bei der Ankunft in Wien hat Irma ein Gewicht von 40 kg gehabt.

Am 25.9.1943 wird sie mit dreizehn anderen Hamburger Mädchen in die Kinderfachabteilung, Haus 15, verlegt. Irma war mit dreizehn Jahren die Älteste, das jüngste Opfer dieser Gruppe war dreieinhalb Jahre alt. Im Deutschen Reich gab es, fast stets im Bereich einer psychiatrischen Anstalt, nachweislich 37 »Kinderfachabteilungen«. Hier sind an den Kindern, bevor sie getötet wurden, fragwürdige medizinische Versuche angestellt worden. Die unschuldigen, wehrlosen Kinder waren von ihren Mörderärzten furchtbaren Qualen unterworfen gewesen.

Am 25.9.1943 wiegt Irma nur noch 28 kg, schließlich lautet der letzte Eintrag, nur zwei Tage später, am 27.9., Gewicht 26,5 kg.

Man mag es sich nicht vorstellen, was es heißt, wenn eine Dreizehnjährige in einem Zeitraum von nur sechs Wochen mehr als 13 kg an Gewicht verliert. Die Kinder haben entsetzlich unter Essensentzug und Hunger leiden müssen. Dieses alles und weitere schreckliche Einzelheiten zu erfahren, war fast nicht zu ertragen. Die folgenden Eintragungen beweisen, dass Prof. Gabriel es mit der Wahrheit nicht genau nahm. Angeblich war Irma seit dem 25.9. nicht mehr im Bereich der Psychiatrie gewesen, die Daten der Akte enden aber erst mit Irmas Todestag, nämlich mit der Sterbeurkunde.

Die zwei Blätter aus der Krankenakte, die mir geschickt wurden, dokumentieren das ganze Elend, dem die Mädchen und Frauen durch diejenigen, die sich Ärzte nannten, ausgeliefert waren. Irma hat anscheinend gewusst, was ihr drohte, und sie hat sich bis zum Schluss gegen ihre Peiniger gewehrt. Am 27.9. der Eintrag,»war vorübergehend ohne etwas zu sprechen erregt, schlug sich an Kopf, Brust, Händen und Füßen ab – dann schlug sie eine große Fensterscheibe ein – ohne sich dabei zu verletzen, gibt keine Antwort«. Am 28.9.: »schlug wieder Fenster total ein, bekam die Jacke.« Anscheinend sofort danach ein weiterer Eintrag: »schlug trotz Schutzgürtel Fensterscheibe ein – Gitterbett«. So ein Gitterbett war nichts anderes als ein geschlossener Käfig auf Rädern.

Es gibt bis zum Ende weitere Beurteilungen, die das ganze Elend dokumentieren, das die Kinder erleben mussten. Dann der Eintrag: »Am 8. Januar 1944 17 Uhr 10 Exitus letalis, Todesursache: Grippe-Pneumonie. Grundleiden: angeborene zerebrale Kinderlähmung.« Was immer das sein sollte. Vom 28.9. bis zur Ausstellung der Sterbeurkunde gab es keinen Eintrag in der Krankenakte.

Auf die Anfrage nach Irmas Grab schrieb Gabriel: »Unsere Erkundigungen bei der Verwaltung des Wiener Zentralfriedhofes haben ergeben, dass Ihre Schwester in einem Schachtgrab begraben wurde.« (Ein Schachtgrab konnte nur ein Massengrab sein, mir fielen die schrecklichen Bilder ein, die ich in einer Dokumentation über die Befreiung des Konzentrationslagers Bergen-Belsen gesehen hatte.) »Nach der Friedhofsordnung wurde dieses Grab nach 20 Jahren aufgelassen, sodass es nicht mehr existiert.« Auch diese Geschichte sollte sich fünfzehn Jahre später als Falschinformation erweisen.

Prof. Gabriel hat bewusst die Unwahrheit geschrieben, oder er wollte sich nicht die Mühe machen zu recherchieren. Das eine ist so ungeheuerlich wie das andere. – Jedenfalls vertraute ich erst einmal den Aussagen des Professors und war damit, wie ich glaubte, am Ende meiner Nachforschungen angekommen. Mit dem, was ich über Irma erfahren hatte, konnte ich zunächst nur schwer umgehen. Ich träumte von meiner Schwester, sah sie aber im Traum nur als Kleinkind, so wie ich sie zuletzt erlebt hatte. Ich stellte mir die Frage, weshalb so viele Jahre vergangen waren, weshalb hatte ich eine so lange Zeit gebraucht, um mich an meine Schwester zu erinnern? Ich fand darauf keine Antwort und fühlte mich schuldig. Endlich konnte ich aber um dieses Kind, das meine Schwester gewesen war, auch trauern. Es war mir unendlich wichtig, dass das Gedenken an Irma und alle anderen Mordopfer der Nazibarbarei einen Platz in unserer Geschichte bekommen sollte, der dem angemessen ist, was sie erlitten hatten.

Deshalb machte ich mich nun daran, mich mit der Geschichte der Zwangssterilisation und dem »Euthanasie«-Mordprogramm der Nazis zu befassen. Der Begriff »Euthanasie« kommt aus dem Griechischen und bedeutet: »schöner Tod«, oder »sanfter Tod«. Wie viele andere Begriffe haben die Nazis auch dieses Wort für die Verwirklichung ihrer verbrecherischen Pläne missbraucht. Sie versuchten damit, die Menschen über ihre wahren Absichten zu täuschen. In Wahrheit wollten sie Menschen, die nicht ihrem Bild von Tüchtigkeit und Leistungsfähigkeit entsprachen, selektieren und letztlich ermorden.

Ich war überrascht über die vielen sehr guten Veröffentlichungen, die es zu diesem Thema gab. Wenn ich Fragen zu historischen Vorgängen hatte, konnte ich mich immer an Michael Wunder und Stefan Romey wenden. Sie waren stets bereit, mir Tipps und Hinweise zu geben, und so erschlossen sich mir neue Quellen. Besonders Michael Wunder hatte sich ein umfangreiches Wissen über die Krankenmorde während der Nazizeit angeeignet, er hatte sich mit dem Thema beschäftigt, seitdem er als Psychologe in den Alsterdorfer Anstalten arbeitete. Gegen den Widerstand der damaligen Anstaltsleitung hat er die Geschichte der Anstalt in der Nazizeit recherchiert, im Archiv geforscht und Überlebende befragt. Durch die ihm eigene behutsame, einfühlsame Befragung ist es Dr. Wunder gelungen, die Menschen zum Reden zu bringen, darüber zu berichten, was bis dahin noch niemand gefragt hatte und was bisher keiner hören wollte.

»Auf dieser schiefen Ebene gibt es kein Halten mehr.« Das ist der Titel des Buches, in dem Michael Wunder, gemeinsam mit der Theologin Ingrid Genkel und dem Historiker Harald Jenner, die Ergebnisse seiner Nachforschungen veröffentlicht hat. Die überaus sachliche, wissenschaftliche Darstellung des schrecklichen Versagens von Theologen und Medizinern macht das Buch auch für Laien verständlich und lesbar. Dort ist der Brief eines Mädchens zu lesen, das mit Irma zusammen nach Wien deportiert worden war. Der Brief, den ich hier in Auszügen wiedergeben möchte, war an eine Pflegerin gerichtet, die in den Alsterdorfer Anstalten mit der Pflege der Kinder betraut gewesen war.

»Meine liebe Tante Alwine,

nun möchte ich Dir schon einen Brief schreiben. Diesen Brief möchte ich Dir schon heimlich schreiben, was ich bis heute erlebt habe, als wir abends in Wien angekommen sind, sind wir den selben Abend verteilt worden. Wir sind nach Haus 21 gekommen, wo Du uns am anderen Morgen gefunden hast. Da liegen wir noch heute. Wir sind sehr unfreundlich empfangen worden. Wir sind auf Erde gelegt. Die Erde war sehr unrein. Die Schwestern haben unser Zeug von unsern Leib gerissen und am andern Morgen sind unsere Haare auch abgekommen. Ja, Du weißt, wie ich jetzt aussehe, du hast mich schon gesehen. So sehen wir jetzt alle aus. Wir haben alle geweint. Die Schwestern haben die erste Zeit so sehr auf uns Hamburger geschimpft. Wir sollen wieder hin, wo wir hergekommen sind usw. Dass die Hamburger uns so was schicken, dass wir noch alle leben. So ein Elend, und wir alle unrein, und alle müssen getragen werden. Wir werden jetzt so lieblos behandelt, wir kennen keine Liebe mehr. Ja, das ist sehr traurig.«

Frieda schreibt weiter ausführlich über das Hungern und die schrecklichen Verhältnisse, denen die Kinder dort ausgesetzt sind. Weiter unten heißt es:

»Wir haben so schwer Verlangen nach Alsterdorf. Wenn nur die Stunde bald schlagen möchte. Und nun hat eine Schwester von Alsterdorf an ein Mädel geschrieben. Sie schrieb, wir kommen nicht wieder nach Alsterdorf. Nun ist hier eine so große Aufregung, dass wir jetzt alle krank werden. Elfi hat jetzt so sehr Verlangen nach ihrem Vater. Ich möchte Dir Elfis Zustand schreiben, seit 10.9. ist sie mit Zittern angefangen. Es ist immer schlimmer geworden. Mit einem Mal sagt sie, oh Frieda ich kann nicht mehr alleine essen. Sie hat immer so Angst, wenn Alarm ist, dann werden alle Fenster geöffnet und wir bleiben allein. Nur alles was laufen kann, geht allein in den Keller. Nun sei gegrüßt von Deiner Elfi. Ich schreibe bald wieder.«

Frieda F. stirbt kurz nach der Befreiung vollkommen abgemagert an »Darmentzündung«, sie wurde nur 16 Jahre alt und ist verhungert.

Mich hat dieser Bericht ungemein bewegt. Als ich ihn zum ersten Mal gelesen habe, konnte ich die Tränen nicht zurückhalten. Hier und auch in anderen Veröffentlichungen fand ich Dokumente aus der Nazizeit, die in ihrer Ausdrucksweise auf die unerträgliche und inhumane Gesinnung der Verfasser hinweisen.

Da wird der Mord an Menschen, die der Hilfe und der Zuwendung bedürfen, mit dem Wort »Behandlung« oder als »Desinfektion« bezeichnet und so verharmlost und zu verschleiern versucht. Die Sprache der Täter ist dennoch entlarvend, umso weniger war es für mich damals, im Jahr 1984, zu fassen, dass es Akademiker sind, die sich in dieser infamen Weise geäußert haben, Ärzte, die sich zur Elite der Gesellschaft zählen.

Die ersten Antworten auf meine Nachforschungen haben mich veranlasst, mich intensiv mit den Themen »Euthanasie«-Morde und Zwangssterilisation zu befassen. Ich hatte mich aber auch mit dem Gedanken vertraut gemacht, über Irma keine weiteren Informationen zu bekommen. Eines Tages erreichte mich eine Anfrage des Bezirksamts Alsterdorf, wo zu der Zeit eine neue Wohnsiedlung entstand. Die Straßen sollten allesamt nach den Namen von Opfern des Naziregimes benannt werden. Man bat um die Zustimmung, eine Straße mit dem Namen meiner Schwester zu benennen. Jetzt gibt es seit 1986 in Hamburg einen »Irma-Sperling-Weg«, eine späte Ehrung, stellvertretend für viele andere »Euthanasie«-Opfer.

Vier Generationen in meiner Zeit

Unsere Familie vergrößerte sich ständig, Vater hatte mittlerweile siebzehn Enkelkinder, einige von ihnen hatten auch schon geheiratet, und er war Uropa von zwölf Urenkelkindern geworden.

Im Dezember 1982 haben Lisi und ihr Lebensgefährte Günter L. ihre Hochzeit gefeiert, sie wollten bald eine Familie gründen. Ein Jahr später, am 2. Dezember 1983, kam zu unserer großen Freude ihr Sohn, mein kleiner Enkelsohn Martin, auf die Welt.

Kurz vorher war ich – mit 55 Jahren – in den vorzeitigen Ruhestand versetzt worden, was für mich erst einmal eine ungewöhnliche Situation bedeutete. Seit meinem vierzehnten Lebensjahr hatte ich gearbeitet und meinen Lebensunterhalt verdient, hatte für mich sorgen müssen. Seit einiger Zeit war ich gesundheitlich ziemlich angeschlagen. Ich litt seit vielen Jahren unter schweren Migräneanfällen, die immer häufiger und mit unerträglichen Schmerzattacken auftraten. Mein Arzt hatte attestiert, dass der anstrengende Schichtdienst am Postschalter für mich nicht mehr zu leisten war. Angeblich war im Postbereich aber kein anderer Dienstposten frei, der meiner Qualifikation entsprochen hätte, sodass ich unversehens nicht mehr einsetzbar war.

Darauf war ich nicht vorbereitet, nicht mehr gebraucht zu werden, schien mir unvorstellbar. So hatte ich anfangs Schwierigkeiten, mit der Tatsache umzugehen, nicht mehr berufstätig zu sein. Ich glaubte mich auch von den Kollegen der Gewerkschaftsgruppe und des Personalrats im Stich gelassen. Es dauerte aber nicht lange, bis ich begriff, welche Chancen sich mir nun eröffneten.

Zum ersten Mal in meinem Leben konnte ich uneingeschränkt über meine Zeit verfügen. Wenn ich Lust auf eine Reise hatte, musste ich nicht bis zum Urlaubstermin warten, ich konnte einfach tun, wonach mir der Sinn stand. Ich genoss es, mit meinem Enkelsohn Martin zu spielen, ihm vorzusingen und ihm Gedichte und Geschichten zu erzählen. Ich war voller Freude über diesen kleinen Burschen, der sich prächtig entwickelte. Lisi war eine überaus liebevolle und fürsorgliche Mutter, mit großem Geschick und viel Fantasie bastelte sie Spielsachen für den Kleinen.

Martin war ein Kind voller Erfindungsgabe, er sang gerne und liebte es, lange Geschichten zu erzählen. Es war nicht lange vor seinem zweiten Geburtstag, wir standen abends am Fenster und schauten in den Abendhimmel, an dem der Vollmond stand. Es begann folgender Dialog: »Oma, guck mal, die Venus!« – Martin zeigt auf den Abendstern. »Woher weißt du das, Martin?« –»Hat der Papa mir gesagt«, und nach einer kleinen Weile: »Aber keine echte Nuss, Oma.« Es gab so viele und schöne Erlebnisse mit dem Enkelsohn, die ein eigenes kleines Buch füllen würden.

In der Seniorenresidenz in der Nähe von Ratzeburg, zu weit von seiner Heimatstadt entfernt, ist Vater ganz unglücklich gewesen. Seine Kinder und die Enkelkinder wohnten fast alle in Hamburg. Vater kam häufig in die Stadt und blieb auch manches Mal über Nacht bei mir. Das ließ sich für einen kurzen Besuch gut einrichten, meine Wohnung war aber zu klein, um Vater bei mir aufzunehmen.

Christel war Vaters älteste Enkelin, ihr Mann war bei einem Autounfall ums Leben gekommen und sie musste ihre drei Kinder allein durchbringen. Sie ist eine starke Persönlichkeit, immer bereit anderen Menschen zu helfen, wo es nötig ist. Weil einer ihrer Söhne in eine eigene Wohnung zog, holte Christel ihren Großvater zu sich. Sie bewohnte eine schöne große Wohnung, und nun sollte Vater bei ihr einziehen, er war überglücklich, voller Freude und lebte wieder auf. Bei Christel ist es Vater gut gegangen, er hat eine warmherzige Aufnahme gefunden. Er ging oft allein ins Kino und fuhr gern in die Innenstadt. Das nannten wir dann, Opa geht »butschern!« Wir freuten uns, den Alten in einer so mobilen, guten gesundheitlichen Verfassung zu erleben.

Ich hatte dem Plan meiner Lieblingsnichte hocherfreut zugestimmt und fand die Lösung, Vater nach Hamburg zu holen, hervorragend. In den letzten Jahren hatten wir endlich zu einem guten Vater-Tochter-Verhältnis gefunden. Zu der Zeit war die Fürsorge für den Vater vorrangig, wir hatten eine Gesprächsebene gefunden, die wir akzeptieren konnten. Vater wollte sich mit den Problemen der Vergangenheit und seinem eigenem Fehlverhalten nicht befassen. Deshalb vermieden wir es, über die belastenden Themen zu reden. Damit konnte ich umgehen, auch weil ich mit Christel ausführlich über alles das reden konnte, was lange Zeit verdrängt gewesen war. Jedenfalls war ich sehr froh, Vater bei ihr in so guter Obhut zu wissen, zu sehen, wie gut es ihm in diesem liebevollen Umfeld bei seiner Enkelin ging.

Trotz seines Alters, er war am 7. Juli 1983 achtundachtzig Jahre alt geworden, war Vater in einer unglaublich guten körperlichen und geistigen Verfassung. Er hatte den Winter ohne Erkältung oder dergleichen hinter sich gebracht, deshalb wurden wir Schwestern durch die Nachricht aufgeschreckt, dass Vater ins Krankenhaus gebracht worden war. Am Sonnabend, es war der 25. März 1984, hatte er plötzlich starke Bauchschmerzen bekommen.

Vater war am Tag zuvor noch zu einem Besuch in der Innenstadt gewesen, auch diese Mal ohne Begleitung. Im Krankenhaus ist erst nach dem Wochenende eine Diagnose gestellt worden, Vater hatte einen Darmverschluss. Eine sofortige Operation ohne Verzögerung war dringend erforderlich. Am Montag besuchte ich ihn, zusammen mit den beiden Schwestern Gesa und Dorle. Wir fanden Vater in einem Zustand vor, der uns große Sorge bereitete. Wir hatten den Eindruck, einen Schwerkranken vor uns zu sehen.

Ich habe dann mit dem Arzt gesprochen und erfahren, dass Vater am selben Abend operiert werden musste. Mir war bewusst, wie ungewiss so eine Operation ausgehen konnte, deshalb bestand ich darauf, im Ernstfall gerufen zu werden. Ich habe bei der Stationsschwester meine Telefonnummer hinterlassen, und wir mussten unseren Vater verlassen, der für die OP vorbereitet werden sollte. Als wir uns von ihm verabschiedet hatten und ich mich an der Tür umschaute, sah er uns so traurig nach, dass ich noch einmal zu ihm ging, ihn umarmte und küsste. Er hatte Tränen in den Augen und sagte:»Grüß alle ganz lieb von mir.« Es war mir, als hätte er Abschied genommen.

Am Abend gegen zehn Uhr hat mich der Arzt angerufen, der berichtete, dass Vater die Operation gut überstanden habe, er aber einen künstlichen Darmausgang legen musste. Unser armer Vater, der so viel Wert legte auf seine Körperlichkeit, der sich morgens immer noch kalt abgewaschen hatte, wie konnte er damit fertigwerden?

In der Nacht schlief ich nicht gut und wurde kurz nach fünf Uhr durch das Läuten des Telefons geweckt. Die Nachtschwester meinte, es wäre gut, so schnell wie möglich zu kommen. Wie es abgesprochen war, rief ich bei Christel und bei Dorle an, um ihnen Bescheid zu geben. Mit dem Auto war ich in zehn Minuten bei meinem Vater. Er war nicht bei Bewusstsein, und als ich seine Hand nahm, war sie glühend heiß, Vater hatte hohes Fieber.

Ich saß an seinem Bett, habe leise mit ihm geredet und ihm den Schweiß vom Gesicht gewischt. Alles was ich tun konnte, war, bei ihm zu sein. Ich bin der festen Überzeugung, er hat gespürt, dass er in seiner letzten Stunde nicht allein war. Man hatte uns ungestört gelassen, es war eine sehr ruhige, entspannte Situation. Irgendwann hat Vater seinen letzten Atemzug getan, ich blieb noch einige Minuten mit ihm allein, bevor ich die Schwester benachrichtigte, sie hat mich dann gebeten, das Sterbezimmer erst einmal zu verlassen.

Draußen traf ich Christel, die in diesem Moment eingetroffen war und sehr traurig war, von ihrem Opa nicht Abschied nehmen zu können. Kurz danach haben wir Dorle angerufen, ich wollte wissen, warum sie nicht gekommen ist, sie hatte mit dem Auto einen Weg von 15 Minuten und seit dem ersten Anruf war mehr als eine Stunde vergangen. Dorle musste erst duschen, wie sie sagte, und konnte es sich wohl nicht eingestehen, dass sie es nicht ertragen konnte, ihren Vater sterben zu sehen. Dafür hatten wir, Christel und ich, durchaus Verständnis.

Bald kam Dorle mit meinem Schwager Bernhard an, die Schwester ließ uns in das Krankenzimmer und wir konnten von Vater Abschied nehmen. Am Ende war es gut so, Vater war fast 89 Jahre alt geworden. Ihm war ein langes Siechtum erspart geblieben, er hatte ein langes, erfülltes, manchmal auch schweres Leben gehabt. Es war der Abschied von unserem Vater, der seine Schwächen gehabt hatte, der aber ein liebevoller Großvater gewesen ist. Und im Alter konnte er letztendlich auch ein verständnisvoller Vater sein, mit dem ich mich ausgesöhnt hatte – weshalb es mir so wichtig war, ihn bis zum Ende begleitet zu haben.

Als wir, die Familie, nach der Beerdigung beisammen saßen, zeigte sich wieder einmal die Komik in einer eher traurigen Situation. Ich will keinen Namen nennen und ich weiß auch gar nicht mehr, wer es war, aber als eine Schwester, die schon Enkelkinder hatte, unter Tränen sagte: »Nun bin ich ein Waisenkind«, konnten wir mit dem Lachen kaum wieder aufhören.

In den ersten Monaten nach Vaters Tod habe ich den »Alten« doch vermisst, und wenn das Telefon zu einer bestimmten Zeit klingelte, war der erste Gedanke: »Das wird Vater sein!« Bis ich begriff, dass er nicht mehr da war, er nicht der Anrufer sein konnte, hat es einige Zeit gebraucht. Inzwischen habe auch ich das Alter erreicht, in dem man sich von Familienangehörigen, von Freunden und ehemaligen Kollegen verabschieden muss, und man sich mit Gedanken an das eigene Ende befasst. Doch erst einmal bin ich voller Freude über meine Enkelkinder.

Martin war inzwischen zwei Jahre alt geworden und ein fröhliches und fantasievolles Kerlchen. Am 2. Februar 1986 wurde die kleine Sophie geboren. Früh am Morgen überraschte mich mein Schwiegersohn mit der Nachricht, dass ein kleines Mädchen angekommen sei, ein Sonntagskind. Wenige Stunden darauf wickelte ich meine Enkeltochter, es war ein ganz wunderschönes Baby. Aber nie vorher hatte ich ein so winziges zartes Geschöpf gesehen. Anfangs war es gar nicht so leicht, das kleine Wesen zu wickeln. Das Baby verschwand fast vollständig in der Windel, die für die kleine Sophie viel zu groß schien.

Die Kleine wurde mit großer Freude begrüßt, und ich freute mich mit Martin, der von seinem winzigen Schwesterchen begeistert war. Mein Schwiegersohn ist Österreicher, hatte aber lange in Hamburg gelebt und hier das Studium beendet. Nun plante er – aus beruflichen Gründen –, mit der Familie nach Tirol in seine Heimat überzusiedeln. Im Frühjahr 1987 hat Günter an einem katholischen Internat eine Anstellung als Lehrer gefunden. Der Gedanke, Tochter und Enkelkinder nicht mehr in der Nähe zu haben, war nur schwer zu verkraften, doch ich wollte Lisi mit meinen Beschwernissen nicht auch noch belasten. Sie hatte nun eine eigene Familie und ich musste versuchen, mit der Trennung von meiner Tochter und den geliebten Enkelkindern fertigzuwerden.

Drei Tage vor dem Umzug ist Lisi mit den Kindern nach Innsbruck zu den Schwiegereltern abgereist, denn für die Kleinen ist der Abschied aus ihrer Heimatstadt und der Umzug aufregend genug gewesen. Günter und ich haben die restlichen Kisten verpackt, den Großteil hatten Lisi und ich schon erledigt. An einem Sonntagmorgen stand der Möbelwagen vor dem Haus und wurde beladen. Nachdem er abgefahren war, habe ich mich mit meinem Schwiegersohn, in meinem vollgeladenen Auto, südwärts nach Schwaz/Tirol auf den Weg gemacht. Es hat dann einige Wochen gedauert, bis die Wohnung renoviert und eingerichtet war.

Ich half so gut wie möglich oder ging mit den Kindern zum Spielplatz. In der Zeit konnten Lisi und Günter ohne Störung die Wohnung renovieren. Lisis Schwiegervater ist dabei eine große und wichtige Hilfe gewesen, er übernahm den großen Teil der handwerklichen Arbeiten, angetan mit einer blauen Tischlerschürze, sägte und hämmerte er, bis alle Möbel aufgestellt waren.

Neue Herausforderungen ab 1987

Als ich nach Wochen wieder heimwärts fuhr, ist mir der Abschied nicht leichtgefallen, nun konnte ich nicht mehr meine Lieben ganz schnell mal besuchen, sondern musste eintausend Kilometer fahren, um sie zu sehen.

Es war ja auch nicht so, als ob ich jemals Langeweile verspürt hätte. Für mich gab es eine neue und interessante Herausforderung: Ich wurde erstmals als Zeitzeugin angefordert. Die älteren Frauen und Männer in der »VVN – Bund der Antifaschisten« waren zum größten Teil im Widerstand gewesen, sie hatten KZ und Verfolgung überlebt. Seit vielen Jahren hatten sie in Schulen über ihre Erfahrungen aus der Zeit des Hitlerfaschismus berichtet. Mittlerweile konnten manche von ihnen, die für uns Jüngere Vorbild und Ansporn waren, diese wichtige Aufgabe nicht mehr leisten. Mich hat es immer wieder erstaunt, dass sie zumeist bis ins hohe Alter über geistige Stärken verfügten, die sie gesundheitliche Einschränkungen oft vergessen ließen. Nun war aber der Zeitpunkt gekommen, dass die Töchter und Söhne der überlebenden Widerstandskämpfer, die Angehörigen der Naziopfer, die Arbeit der »Alten« fortführen sollten.

Im Laufe der Jahre hatte ich mich mit der Geschichte der Arbeiterbewegung vertraut gemacht und mich mit den Biografien der jüdischen Verfolgten beschäftigt. Erst einmal war es etwas ganz Neues und Ungewohntes, vor einer Schulklasse zu stehen und über schwierige Themen zu sprechen. Zunächst berichtete ich über »Arbeiterwiderstand und Verfolgung« und über die »Judenverfolgung« während der Nazizeit.

Meine Begegnungen mit den jungen Menschen waren durchweg sehr positiv, was auch von den VVN-Mitgliedern bestätigt wurde, die schon seit Jahren von Lehrern eingeladen wurden und die gleichen Erfahrungen machten. Wir erlebten in den Schulen junge Menschen, die wissbegierig und interessiert waren, die nachfragten und das wissen wollten, was in den Familien häufig mit einem Tabu belegt war. Mit der Zeit habe ich gelernt, mit den Jugendlichen auf einer guten Gesprächsebene zu diskutieren. Einer Einladung in eine Schulklasse gehe ich immer wieder gern nach.

Nicht mehr lange, dann leben die Zeitzeugen nicht mehr und es ist niemand da, der berichten und mahnen kann.

Seit Lisi mit ihrer Familie in Tirol lebte, besuchte ich sie zwei Mal jährlich für zwei oder drei Wochen. Die räumliche Trennung war nicht einfach gewesen, umso größer war meine Freude, Tochter und Enkelkinder wiederzusehen, zu erleben, wie gesund und vergnügt die Kinder waren. Bald sprachen sie im Tiroler Dialekt, sie erlernten das Skilaufen, und den Sommer verbrachten sie in einer Berghütte der Manschenalm. Sie machten mit den Eltern Bergwanderungen und wurden richtige Tiroler.

Wenn ich im Sommer bei ihnen war, machten wir die schönsten Wanderungen, oder ich besuchte sie auf ihrer Alm. Dort konnte man die Gämsen mit ihrem Nachwuchs aus nächster Nähe beobachten, wenn sie am frühen Morgen, wenige Meter vor der Hütte, ihr Futter suchten. Die scheuen Steinböcke kletterten weit droben über die Felsen, und wenn man ganz still war, waren die Warnrufe der Murmeltiere zu vernehmen, die wir manchmal auch beobachten konnten.

In der Zwischenzeit hatten Lisi und ihr Mann an einem Berghang ein Haus gebaut, man schaute weit über das Inntal und auf die gegenüberliegende Bergkette. Die Enkelkinder waren gesund und munter, und sie waren mittlerweile zu Schulkindern herangewachsen, neugierig auf alles, was ihnen an Neuem begegnete.

1994: neue Spuren von Irma

Die schönsten Wochen erlebten wir in der Vorweihnachtszeit. Lisi bastelte eine Adventskette, wir stellten mit den Kindern Unmengen von Weihnachtsgebäck her und sangen die schönen alten Advents- und Weihnachtslieder.

In der Adventszeit, vor dem Weihnachtsfest 1994, hatten Lisi und Günter einen Fernseher gekauft. Die beiden Enkelkinder waren nun elf und neun Jahre alt und die Eltern waren der Meinung, dass die Kinder nun auch gelegentlich fernsehen könnten. Ich habe mir in der Folge oft die Frage gestellt, ob all das, was nun geschah, wirklich nur ein Zufall gewesen ist.

War es Zufall, dass ich zu dieser Zeit in Tirol war und die Familie nach vielen Jahren den ersten Fernseher gekauft hatte, den wir ausgerechnet an diesem Abend eingeschaltet hatten?

Es war kurz vor dem Weihnachtsfest, als wir eines Abends die Nachrichtensendung »Zeit im Bild« gesehen haben. Dort wurde ein Interview mit dem Leiter des »Dokumentationszentrums des Österreichischen Widerstandes«, mit Prof. Wolfgang Neugebauer, gesendet. Neugebauer, der sich um die Geschichte des Österreichischen Widerstands und der Naziverbrechen sehr verdient gemacht hat, berichtete über eine Gehirnkammer im Keller der Pathologie in der Anstalt »Baumgartner Höhe« in Wien.

In diesem Keller, der als Gedenkraum bezeichnet wurde, so sagte Prof. Neugebauer, befinden sich Hunderte von Gläsern mit so genannten pathologisch-medizinischen Präparaten von Mordopfern der Nazi-»Euthanasie«. Die Kamera zeigte Bilder aus dem Keller, die erschreckend waren. Auf langen Regalen standen große Glasgefäße, in denen sich Gehirne und andere Überreste der Opfer befanden. In einem der Gläser war ein Kinderkopf zu sehen. Jedes der Gefäße war mit einem Etikett versehen, auf dem der Name, die Diagnose und das Geburts- und Sterbedatum zu lesen waren.

Es zeigte sich uns ein unordentlicher Kellerraum, im Hintergrund sah man aufgestapelte Möbel, die zum Teil mit Tüchern abgedeckt waren. Einen »Gedenkraum« hätte man sich anders vorgestellt! Nach den Aussagen des Fernsehberichtes wurde in Wien geplant, den »Gehirnkeller« in eine Art Museum umzuwandeln, das heißt, man hatte die Absicht, die sterblichen Überreste der Naziopfer der Öffentlichkeit zugänglich zu machen.

Ich war schockiert und mir wurde tatsächlich übel, es war mir auch sofort klar, dass ich dieses Vorhaben auf keinen Fall zulassen konnte. Ich wollte verhindern, dass die sterblichen Reste der »Euthanasie«-Opfer den neugierigen Blicken irgendwelcher Leute ausgesetzt werden. Auch meine Tochter war der Meinung, dass gegen ein Museum dieser Art Protest eingelegt werden musste, dass dieser Plan verhindert werden musste. Und dass alles getan werden musste, um für die sterblichen Überreste der Opfer einen angemessenen Ort der Bestattung zu finden. Die Menschen, denen so unsägliches Unrecht geschehen war, sollten endlich eine würdige Stätte des Gedenkens bekommen!

Anfang Januar war ich wieder in Hamburg und schrieb einen Brief an Herrn Neugebauer mit der Forderung, alle sterblichen Überreste der Naziopfer aus der so genannten Gehirnkammer zu bestatten. Außerdem verlangte ich die Errichtung einer Gedenkstätte mit Grabtafeln, auf denen die Namen der Ermordeten stehen sollten, um dem Vergessen und Verdrängen ein Ende zu machen. Nach wenigen Tagen bekam ich die Antwort. Prof. Neugebauer gab mir zu verstehen, er habe mit dem Plan der Umwidmung nichts zu tun. Er zeigte Verständnis für mich und meine Einwände und versprach mir, mich bei meinen Forderungen zu unterstützen. Eine Kopie meines Schreibens hatte er an Prof. Gabriel geschickt.

Ende März meldete sich Herr Gabriel mit einem Brief, er erinnerte an unseren Briefwechsel von 1984 und berichtete von einer Gedenkveranstaltung in der ehemaligen Mordanstalt, blieb aber in seinen Ausführungen unverbindlich und relativ nichtssagend. Ansonsten wurden meine Wünsche und Forderungen ignoriert, sodass ich den Eindruck bekam, nicht ernst genommen zu werden.

Am Ende des Schreibens, fast nebenher und lapidar, berichtete Gabriel von der »Sammlung«, die jetzt überprüft werden sollte, und weiter: »Dabei wurde gefunden, dass auch eine Präparation des Gehirns, der dem Leichnam Ihrer Schwester entnommen war, aufbewahrt wurde.« Auf diese Weise hat man mich damit konfrontiert, dass sich in dem schrecklichen Keller, in einem der Gläser, auch das Gehirn meiner Schwester befand. Ich konnte das, was Prof. Gabriel mir da fast nebenher mitteilte, zunächst nicht fassen.

Jahrelang, seit meiner ersten Nachforschung, war mir diese Tatsache vorenthalten worden. Ich war der Überzeugung, er hatte mir absichtlich die Existenz der Gehirnkammer verschwiegen. Es ist sogar möglich, dass Gabriel über die ganzen Jahre hinweg wusste, dass sich in der »Gehirnkammer« auch die sterblichen Überreste meiner Schwester befanden. Wie ich erfahren habe, veranstaltete er gern Führungen mit Ärzten und Journalisten durch den so genannten Gedenkraum. Es ist denkbar, dass ihm bei einer dieser Führungen auf einem der Glasgefäße Irmas Name aufgefallen ist, der ihm aufgrund meiner Anfrage bekannt war.

Ich fühlte mich getäuscht, war schockiert und zornig! Die Bilder aus der »Gehirnkammer« standen mir wieder vor Augen, die langen Holzregale mit Gläsern, in denen die sterblichen Überreste von Hunderten Mordopfern der Nazi-»Euthanasie« lagerten. Nun wollte ich nicht ruhen, bis wir erreicht hatten, dass den Opfern, und damit auch Irma, eine würdige Gedenkstätte gewidmet wurde. Zu der Zeit konnte ich mir allerdings nicht vorstellen, dass Jahre vergehen sollten, bis unsere Forderungen endlich erfüllt wurden.

An meiner Seite stand – wie schon immer – Dr. Wunder. Er engagierte sich seit langer Zeit für die Belange der Opfer und der Überlebenden der Nazi-»Euthanasie«. Mit meiner Empörung und mit meiner Trauer konnte ich mich an ihn wenden. Bei ihm fand ich Rat, Hilfe und Verständnis, wenn ich unsicher war, wie es weitergehen sollte. Michael Wunder war unermüdlich in seinem Bestreben, Angehörige der namentlich bekannten Opfer aufzuspüren.

Durch Michael Wunder hatte ich Wilhelm Roggenthien kennengelernt, auch über ihn und seine unglaubliche Geschichte muss ich unbedingt berichten.

Wilhelm ist 1921 als jüngstes Kind einer kinderreichen Arbeiterfamilie zur Welt gekommen, die dieses Kind wohl nicht mehr ernähren konnte. Das Kind wurde im Alter von zwei Jahren der Familienfürsorge übergeben. Der kleine Junge ist nun nicht in einem Kinderheim oder einem Waisenhaus untergebracht worden. Obwohl er anscheinend nicht krank war, hat man ihn in die Psychiatrie der Alsterdorfer Anstalten abgeschoben, wo er zwanzig Jahre lebte, reduziert und überwacht, wo ihm nur der Besuch einer Hilfsschule möglich war und wo er keinen Beruf erlernen durfte, der seinen Fähigkeiten entsprochen hätte. Wilhelm berichtete: »Da hab ich als Hilfsjunge gearbeitet und wir haben nur ein bisschen Taschengeld gekriegt. Manchmal war der Pfleger auch ganz brutal, da hat es auch mal Prügel gegeben. Zwischen der Männerseite und der Frauenseite, da war ja früher eine Mauer, da konnte man sich nicht treffen, nur sonntags im Gottesdienst, in der Kirche haben wir die Mädchen gesehen.«

In der Kirche hat Wilhelm dann auch eine junge Frau getroffen, mit der er sich angefreundet hat. Walli H. war eine »ledige Mutter«, was durchaus abwertend gemeint war. Als sie ihre Tochter zur Welt brachte, war sie gerade sechzehn Jahre alt geworden. Sie war ein Kind, als sie geschwängert und vielleicht sogar missbraucht wurde. Walli war Dienstmädchen in einer Familie, und anscheinend ohne den Schutz ihrer eigenen Familie. Damals war es nicht ungewöhnlich, dass sich der »Herr« oder ein Sohn des Hauses an ein Dienstmädchen heranmachten. Kam es zu einer Schwangerschaft, ist das Mädchen abgeschoben worden, oft als leichtsinnig oder triebhaft bezeichnet. Walli ist mit dem Baby in die Psychiatrie eingewiesen worden, da stellt sich die Frage, ob es sich um eine Strafmaßnahme gehandelt hat. Von Walli erzählte Wilhelm: »Wir hatten ja beide Ausgang und konnten in der Freizeit aus der Anstalt raus. Aber es war nur Freundschaft, denn wir hatten keine Gelegenheit, wir haben uns im Park getroffen, das durfte ja nicht rauskommen, manchmal auch in der Kneipe, aber viel Geld hatten wir auch nicht!« Willi erzählte als alter Mann immer wieder von »seiner Walli«, und dass sie am Ende doch kein Paar geworden sind.

Walli wurde mit der Tochter Gudrun am 16. August, zusammen mit Irma, in die Tötungsanstalt »Am Steinhof« nach Wien deportiert. Wilhelm berichtet davon: »Da sind wieder die grauen Busse gekommen und viele Mädels wurden abgeholt, wir wurden davon ferngehalten, aber Walli und Gudrun waren auch weg. Und dann hab ich rausgekriegt, wohin die gekommen sind, das wollte ich aber nicht zulassen, dass sie da bleiben, und ich bin denn ausgerissen.«

Wilhelm hat sich bei den Behörden dann als »Ausgebombter« gemeldet, der Lebensmittelkarten und Geld brauchte. Es klingt ganz und gar unglaublich, doch die Wahrheit ist, dieser junge Mensch hat es fertiggebracht, sich im vierten Kriegsjahr, unter den schwierigsten Umständen, über mehrere Tage von Hamburg bis nach Wien durchzuschlagen. In Wien hat Wilhelm eine Arbeit als Hilfsgärtner angenommen und sich auf die Suche nach seiner Freundin gemacht.

Wieder Wilhelm: »Im Steinhof konnte ich sie ja besuchen, wenn Besuchszeit war, das war normal. Und ich hab zu denen gesagt, ich bin Wallis Verwandter, da konnten die nix machen, ich war ja schon da.«

Wilhelm hat bei den Ärzten sicher einen guten Eindruck hinterlassen, denn Walli bekam sogar die Erlaubnis, mit ihrem Freund in die Stadt zu gehen, was ganz außergewöhnlich war. Bei der Ankunft in Wien hatte man Walli von ihrer Tochter getrennt, auch die anderen Alsterdorfer Frauen und Mädchen waren in verschiedenen Stationen untergebracht.

Von den Deportierten des 16. August 1943 sind bis zum Kriegsende 196 Frauen und Mädchen ermordet worden, nur sehr wenige konnten die Rückkehr in die Heimat erleben. Wallis Tochter Gudrun war eine der ersten Hamburgerinnen, die in Wien umgebracht wurden. »Vergiftet«, wie Wilhelm sagte, und weiter berichtete er: »Sie sollten ja beide mit nach Hause, aber nun mussten wir Gudrun beerdigen und ich musste Walli doch Zeit lassen, denn das war für uns beide ein Schlag, das mit Gudrun. Ich hatte Walli ja angeboten, zurück nach Hamburg, und dann hat sie zugestimmt. Und den Arzt, den hab ich so betrommelt, da musste er sie mitgeben.« Wilhelm hatte die Verantwortlichen in Wien wohl tatsächlich so »betrommelt«, dass sie von ihm genug hatten. Gegen eine Unterschrift konnte er seine Walli mitnehmen, und nach einer Reise mit vielen Hindernissen und Umwegen brachte er Walli zu ihrer Schwester nach Hamburg, wo sie ohne Wissen der Behörden bis zur Befreiung blieb. So hat Willi der Walli das Leben gerettet – und dies ist eine wahre Geschichte, so unglaubwürdig sie auch klingen mag!

Wilhelm aber musste wieder zurück nach Alsterdorf, von dort ist die Polizei über sein Auftauchen informiert worden, und er wurde wegen »Erschleichung öffentlicher Gelder« und seiner Schwindelei als Bombenopfer verurteilt und saß bis zum Ende des Krieges im Gefängnis. Nach dem Krieg hat er viele Jahre im Hafen gearbeitet und geheiratet. Wilhelm Roggenthien ist ein Mann gewesen, der sich immer und überall nachdrücklich und kämpferisch für die Anerkennung und die Erinnerung an die Opfer der »Euthanasie« und der Zwangssterilisation eingesetzt hat.

Als er Rentner war, hat er in Schulen als Zeitzeuge vom Schrecken während der Nazidiktatur berichtet. Wilhelm war bis ins hohe Alter in der Evangelischen Stiftung Alsterdorf tätig, als Betreuer einer geistig behinderten Bewohnerin. Mit ihr besuchte er sonntags den Gottesdienst und begleitete sie gelegentlich bei Ausgängen, einmal erzählte er, dass er mit seinem Schützling sogar im Hansatheater gewesen ist. Auf jeden Fall war Wilhelm Roggenthien eine bemerkenswerte Person, er hat sich durch sein Auftreten Anerkennung und Respekt verdient.

In Hamburg ging es weiter mit unserem Engagement, dem Gedenken an die Opfer einen würdigen und angemessenen Rahmen zu verschaffen.

Man hatte mich an den Wiener Stadtrat für Gesundheits- und Spitalswesen, Dr. Sepp Rieder, verwiesen, mit dem ein weiterer Briefwechsel begann, der zunächst zu keinem Ergebnis führte. Die ganze Geschichte war höchst unerfreulich. Ich hatte den Eindruck, dass die Herren in Wien überhaupt nicht begriffen, was unser Anliegen war.

Als Dr. Rieder seinen Brief vom 18.5.1995 mit dem folgenden Satz schloss: »Nicht nur aus persönlicher Betroffenheit habe ich die Entscheidung über die weitere Vorgangsweise mir selbst vorbehalten«, da war die Grenze dessen, was ich hinzunehmen bereit war, erreicht. Ich hatte nun genug von Unverständnis und Beliebigkeit und überlegte, wie ich weiter verfahren sollte.

Vom österreichischen Generalkonsulat besorgte ich mir die Namen und die Adressen des zuständigen Bundesministers, des Bundeskanzlers und des Bundespräsidenten.

Die Ministerin für Gesundheits- und Spitalswesen war Frau Dr. Krammer, an sie ging ein ausführliches Schreiben, in dem ich die Fakten schilderte und um ihre Unterstützung bei der Durchsetzung unserer Forderungen bat. Dann verlangte ich ausdrücklich, dass die sterblichen Überreste unserer Schwester nach Hamburg überführt werden sollten, damit sie in unserer Nähe, in Irmas Heimatstadt Hamburg, bestattet werden konnten. Dazu schrieb ich unter anderem: »Schon der Gedanke, dass es kein Grab für unsere Schwester gibt, ist schwer zu ertragen. Das zeigt mir auch, wie unsensibel die zuständigen Stellen in Wien mit Opfern des Faschismus umgegangen sind. Nun haben wir den dringenden Wunsch, dass die letzten sterblichen Überreste unserer Schwester nach Hamburg überführt und in unserer Nähe bestattet werden, was für uns umso wichtiger ist, damit wir in unserem Schmerz und unserer Trauer Ruhe finden können.«

Ich wiederholte meine Forderungen nach Auflösung der »Gehirnkammer«, nach der Bestattung aller sterblichen Überreste und der Errichtung einer Stätte des Gedenkens, die den entsetzlichen Leiden der »Euthanasie«-Opfer entsprechend und angemessen gestaltet sein müsste. Ich wollte unbedingt erreichen, dass die Namen dieser Menschen, denen die Nazis ihre Identität genommen hatten, in das Gedächtnis der Gegenwart zurückgebracht wurden! Das jahrzehntelange Verschweigen und Vergessen musste beendet werden. Es ging mir jetzt nicht mehr nur um das Schicksal meiner Schwester Irma. Die Opfer der Nazibarbarei, denen von Ärzten so unsägliches Leid zugefügt worden war, sollten endlich, nach mehr als fünfzig Jahren, einen Ort der Erinnerung und des Gedenkens finden.

Eine Kopie dieses Briefes schickte ich, mit einer Kurznotiz und mit der Bitte um Kenntnisnahme und Unterstützung des Anliegens, an den Bundespräsidenten Dr. Klestil sowie an den Bundeskanzler Dr. Vranitzky nach Wien. Nach wenigen Tagen kam die erste positive Antwort aus dem Ministerium für Gesundheits- und Spitalswesen, in der Frau Krammer ihre Unterstützung zusagte.

Nur wenige Tage später erhielt ich die Briefe des Bundespräsidenten und des Bundeskanzlers aus Wien. Beide Herren versprachen ebenfalls, sich der Forderungen aus Hamburg anzunehmen, was sich dann auch sehr bald bemerkbar machte. Zum ersten Mal äußerte sich Dr. Rieder in einem Brief an mich zustimmend und zeigte Verständnis für die – immer dringender werdenden – Forderungen von uns aus Hamburg.

Gleichzeitig wurde die Korrespondenz mit den Wiener Ämtern und Behörden intensiver. Schließlich erhielten wir, Michael Wunder und ich, eine Nachricht aus Wien. In der »Gehirnkammer« hatte man insgesamt zehn Gehirne von Hamburger Opfern gefunden. Diese sollten nun in Urnen nach Hamburg überführt und auf dem Ehrenfeld der Geschwister-Scholl-Stiftung feierlich bestattet werden. Es ist nicht einfach zu beschreiben, welche Gefühle der Erleichterung und der Genugtuung in mir aufkamen. So sehr hatten wir darum gekämpft, endlich hatte man unseren Wunsch verstanden, hatte begriffen, wie wichtig es für mich war, die sterblichen Überreste meiner Schwester und ihrer Leidensgefährtinnen in ihrer Heimatstadt zu beerdigen.

Währenddessen hatte sich eine Arbeitsgruppe zusammengefunden. Zu diesem Personenkreis gehörten Michael Wunder und ich als die Initiatoren. Außer uns befassten sich mit der Planung der Gedenkfeier und der Bestattung der Urnen der Landesvorsitzende der VVN-BdA, mein Kamerad und Freund Helmut Stein und mit ihm einige weitere Personen.

Michael Wunder hatte als Tag der Feier den 16. August 1995 vorgeschlagen, den 52. Jahrestag der Deportation von 228 Frauen und Mädchen aus den ehemaligen Alsterdorfer Anstalten und weiteren 72 Frauen und Mädchen aus der Psychiatrie der Anstalt Ochsenzoll.

Wenn ich wieder einmal das Gefühl hatte, in Wien kein Gehör zu finden, war es Helmut Stein, der mir Mut machte. Seine kluge und kompetente Argumentation hat mir oft in schwierigen Situationen geholfen, sie durchstehen. Wir kannten uns seit vielen Jahren, bis wir feststellten, dass in unseren Familien eine gemeinsame Geschichte existierte, von der wir bis dahin nichts gewusst hatten.

Es war auf einer Fahrt nach Braunschweig, um am Bundeskongress der VVN-BdA teilzunehmen. Während der Fahrt sprachen wir über die

Erlebnisse in unserer Kindheit, über die Nächte im Luftschutzkeller und über unsere Familien. Wir waren ja im gleichen Alter und hatten ähnliche Erfahrungen gemacht. Helmut erzählte von seinem Vater, dem kommunistischen Widerstandskämpfer, der von den Nazischergen hingerichtet worden ist. Er berichtete von geheimen Treffen mit Genossen, die im Untergrund lebten, und er sprach davon, dass sein Vater ihn – trotz seines jungen Alters – zu einigen Treffen mitgenommen hat. Weil der Vater, wie Helmut erzählte, sich darauf verlassen konnte, dass der Sohn schweigen konnte.

Ich begann zu erzählen, dass wir erst nach der Befreiung vom Widerstand und der Hinrichtung unseres Verwandten erfahren haben. Als ich den Namen unseres Onkels, Karl Kock, nannte, war Helmut ganz überrascht und sagte: »Dein Onkel Karl war der beste Freund und Genosse meines Vaters, und ich bin ihm bei geheimen Treffen begegnet und habe ihn gekannt!« Leider habe ich Karl Kock nicht gekannt, nur die großen Schwestern sind ihm begegnet, das war noch kurz vor den Jahren der Nazidiktatur und in der ersten Zeit des Regimes, bevor Karl in den Untergrund gehen musste.

Bei dem Gespräch über die damalige Verbindung unserer Familien stellten wir fest, dass Helmuts Vater, Wilhelm Stein, und unser Onkel, Karl Kock, im selben Prozess zum Tode verurteilt worden sind. Die Hinrichtung von Karl Kock, Wilhelm Stein und drei weiteren Genossen mit dem Fallbeil ist am 26. Juni 1944 im Hamburger Untersuchungsgefängnis vollzogen worden. Ihre Urnen wurden nach der Befreiung im Ehrenhain der Widerstandskämpfer auf dem Ohlsdorfer Friedhof bestattet.

Die Urnen der »Euthanasie«-Opfer sollten auf dem Ehrenfeld der Geschwister-Scholl-Stiftung bestattet werden. Mein Wunsch war es, die zehn Urnen in einem gemeinsamen Grab zu bestatten, hatten die sterblichen Überreste doch fünfzig Jahre zusammen in diesem unsäglichen Keller gestanden. Es schien mir nicht richtig, sie nun zu trennen. Doch unsere Geduld wurde noch einmal auf eine harte Probe gestellt.

Ende Juni 1995 wurde ich von verschiedenen Wiener Behörden angeschrieben und mit der Nachricht überrascht, die Staatsanwaltschaft habe alle sterblichen Überreste aus der Gehirnkammer beschlagnahmt. Der Justizminister hatte die Anweisung gegeben, die Ermittlungen gegen Dr. Gross, den einzigen der noch lebenden NS-Täter vom Spiegelgrund, aufzunehmen. Die Gehirne sollten als Beweismittel auf Giftspuren untersucht werden. Nach fünfzig Jahren wollte die Wiener Justiz Anklage erheben gegen einen alten Mann, der bis dahin zur guten Wiener Gesellschaft gehört hatte, der durch die Forschung an den Gehirnen seiner Opfer eine unglaubliche Karriere gemacht hatte. Für seine Forschung hatte Gross ein eigenes Institut bekommen, das Ludwig-Bolzmann-Institut. Außerdem war ihm, neben anderen Auszeichnungen, das Ehrenkreuz 1. Klasse für Kunst und Wissenschaft verliehen worden. Er hatte an der Stätte seiner Verbrechen, nämlich im Psychiatrischen Krankenhaus »Baumgartner Höhe«, bis zu seiner Pensionierung einen Posten als Primararzt/Chefarzt innegehabt und auch dort eine Dienstwohnung bis 1987 bewohnt. Er war der meistbeschäftigte Gerichtspsychiater in Österreich. Gross, der Mordarzt, ein Ehrenmann?

Ich empfand die ganze Angelegenheit als Farce, als Skandal! Mir ging es nicht gut, ich konnte schlecht schlafen, hatte schlimme Träume, dazu machte ich mir den Vorwurf, dass ich erst nach so langer Zeit mit meinen Nachforschungen begonnen hatte, erst nach so unendlich langen Jahren dem Leben und Sterben meiner kleinen Schwester nachgegangen war. Manchmal sah ich Irma als kleines Kind, so wie ich sie in meinen Erinnerungen aus der Kindheit kannte, die wieder lebendig wurden. Erinnerungen, die so lange Zeit verschüttet gewesen waren.

Ich hatte mit Michael Wunder und auch mit einigen Überlebenden der ehemaligen Alsterdorfer Anstalten ausführlich darüber gesprochen, wie es damals zugegangen ist, in Alsterdorf. Ich erfuhr viel über die Zustände, die in den psychiatrischen Einrichtungen herrschten und die dort an der Tagesordnung waren. Alles das, was ich in den vergangenen Monaten gehört und gelesen hatte, bedrückte mich, machte mich einerseits unendlich traurig, aber auch schrecklich zornig. Mein Ziel war es, nicht nachzulassen, bis alle sterblichen Überreste der »Euthanasie«-Opfer aus der Gehirnkammer der ehemaligen Mordanstalt »Am Steinhof« bestattet waren. Es schien mir besonders wichtig, die Namen der Opfer auf Grabtafeln öffentlich zu machen, um ihre Identität wiederherzustellen, ihr »Menschsein« musste endlich wieder dargestellt und dokumentiert werden!

Ich wusste Menschen an meiner Seite, die die gleichen Ziele verfolgten, denen ich meine Trauer und meine Wut zeigen konnte, bei denen ich Verständnis und Freundschaft fand. Wir warteten auf einen Bescheid aus Wien, der uns den Zeitpunkt der Urnenüberführung mitteilen sollte. Mitte Oktober habe ich mich schließlich an den zuständigen Staatsanwalt, Dr. Fasching, gewandt mit der Bitte, uns endlich einen Termin für die Überführung der Urnen zu nennen, weil wir vor Einbruch des Winters die Urnen bestatten wollten. Nach einem Monat kam ein Schreiben aus Wien, von einem Hofrat Dr. Adolf Korsche.

Der Inhalt des Briefes war: »Zu ihrem Schreiben vom 16.10.1995 betreffend das ha. [hier anhängige] Verfahren 15 St 83839/95 Dr. Heinrich Gross, ergeht die Mitteilung, dass die ha. Ermittlungen noch nicht abgeschlossen sind. Leitender Staatsanwalt, Hofrat Dr. Korsche.« Eine kurze Mitteilung, ohne Gruß, kein Eingehen auf meine höfliche Anfrage!

Ein Verhalten dieser Art konnte nur meinen Widerspruch hervorrufen. In meiner Antwort machte ich den Herrn Hofrat darauf aufmerksam, dass ich keineswegs nach einem Verfahren gegen Dr. Gross gefragt hätte, es mir vielmehr um die Überführung der sterblichen Überreste der Opfer ginge. Mein Zorn und meine Empörung waren so groß, dass ich in meinem Brief an den Hofrat Korsche den Unmut über den Inhalt seines Schreibens sehr deutlich zum Ausdruck brachte.

Dabei machte ich einen Fehler, denn ich adressierte den Brief irrtümlich an den Staatsanwalt Dr. Fasching. Kopien gingen wieder an Frau Krammer, Ministerin für Gesundheits- und Spitalswesen, an den Bundeskanzler und an den Bundespräsidenten.

Übrigens verweigerte Dr. Korsche zwei jungen Filmemachern aus Wien später ein Interview zum Inhalt seines Schreibens.

Auch Helmut Stein hatte einen Brief an die Staatsanwaltschaft mit klaren Forderungen abgeschickt. Der letzte Satz lautete: »Wir erwarten, dass der Bitte um Angabe eines unverzüglichen Zeitpunkts für die Freigabe und Überführung der sterblichen Überreste – gegebenenfalls im Wege der Dienstaufsicht – nachgekommen wird.«

Michael Wunder war ständig im schriftlichen Kontakt mit den Wiener Behörden und Instituten und war bemüht, eine schnelle Entscheidung zu erreichen.

Plötzlich ging alles ganz rasch, ein Mitarbeiter der Präsidentschaftskanzlei teilte mir mit, dass eine Anweisung des Bundespräsidenten an den Justizminister das Verfahren beschleunigen sollte. In dem Sinne haben sich auch der Bundeskanzler und Frau Dr. Krammer geäußert. Schon bald, Anfang Januar, bekamen wir, Michael Wunder und ich, den Bescheid von Dr. Korsche, »dass von einer gerichtlichen Beschlagnahme der beim Magistrat der Stadt Wien erliegenden Gehirnpräparate, sowie von deren gerichtsmedizinischen Untersuchung Abstand genommen wurde und daher einer Überführung und Beerdigung in Hamburg nichts mehr im Wege steht«. Es hatte also ein halbes Jahr gebraucht, um zu entscheiden, wann und ob die sterblichen Überreste überhaupt auf Giftspuren untersucht werden sollten. Mich wunderte bei der Wiener Bürokratie schon nichts mehr. Unsere Erleichterung, einen Teilerfolg erreicht zu haben, war unendlich groß. Die ersten Hinweise auf die Existenz der unsäglichen »Gehirnkammer« lagen mehr als ein Jahr zurück. Endlich war unser beharrliches Bemühen belohnt worden.

Die Redakteurin des Wochenmagazins »Profil« in Wien, Dr. Marianne Enigl, war seit Jahren mit der Geschichte der Psychiatrie und ihrer Rolle in der Zeit des NS-Regimes befasst. Sie hat wiederholt ausführlich über Dr. Gross und die Geschichte der Täter und der Opfer berichtet. Auch das »Tatblatt«, eine alternative Wiener Zeitung, meldete sich bei mir, bat um Information und hat darüber geschrieben. So wurden unsere Forderungen aus Hamburg in die Öffentlichkeit getragen, gaben Anlass zu Diskussionen, und diese hatten wohl auch dazu beigetragen, das Verfahren zu beschleunigen.

Wir erwarteten nun die Ankunft der Urnen mit den sterblichen Überresten der zehn Hamburger Opfer, die in der so genannten Gehirnkammer gefunden worden waren. Die Liste mit den Namen der acht Mädchen im Alter von fünf bis dreizehn Jahren hatte Dr. Wunder schon zugeschickt bekommen. Zwei weitere Urnen bargen die Überreste von zwei Frauen, die im Alter von neunundvierzig und fünfundsiebzig Jahren getötet worden waren.

Endlich, nach mehr als einem Jahr, konnten wir darangehen, einen Termin für die Bestattung und für die Gedenkfeier festzulegen.

Michael Wunder machte den Vorschlag, die Feier am 8. Mai, dem Jahrestag der Befreiung von Krieg und Faschismus, zu begehen. Dem konnten alle Beteiligten zustimmen, wir besprachen ausführlich den Ablauf der Gedenkfeier und der anschließenden Bestattung der Urnen.

Der größte Teil der Vorbereitung, die zum Gelingen einer würdigen und angemessenen Feier notwendig war, wurde von Michael Wunder geleistet. Dabei wurde er unterstützt von Mitarbeitern und dem Direktor der Evangelischen Stiftung Alsterdorf, Pastor Baumbach. Heute kann ich mir nur schwer vorstellen, wie ich die Zeit bis zur Bestattung ohne die Hilfe und die ständigen Gespräche mit Michael Wunder durchgestanden hätte. Ein wichtiger Ansprechpartner in dieser Zeit war für mich Helmut Stein, der immer für mich da war, wenn ich Rat und Zuspruch brauchte.

Der 8. Mai war ein schöner, sonniger Tag. Die Plätze in der Kapelle 13 des Ohlsdorfer Friedhofs waren bald besetzt, dann füllte sich der Vorraum, und schließlich mussten einige Gäste der Feier vor der Kapelle stehen. Dr. Wunder und Pastor Baumbach, begleitet von vielen Mitarbeitern und Bewohnern der Evangelischen Stiftung Alsterdorf, haben eine bewegende und würdige Trauerfeier gestaltet. Michael Wunder war es gelungen, durch seine Recherchen einige Angehörige zu finden, die ge-

Urnenbegräbnis der Gehirne von zehn »Euthanasie«-Opfern, am 8. Mai 1996. Geschwister Scholl-Ehrenfeld (Ohlsdorfer Friedhof) in Hamburg

kommen waren, um an dem Ereignis teilzunehmen. Meine Schwestern und einige meiner vielen Nichten und Neffen nahmen an der Feier teil, zum Gedenken an ihre Schwester und ihre Tante. Auch Persönlichkeiten aus Politik und Öffentlichkeit hatten der Einladung Folge geleistet, darunter die Bischöfin der Nordelbischen Kirche, Frau Jepsen, und die zuständige Senatorin, Frau Fischer-Menzel. Meine Freunde, die Mitglieder im VVN – Bund der Antifaschisten waren zahlreich vertreten und standen mir zur Seite.

Meine Freunde Angela Altmann und Peter Schenzer hatten es übernommen, mit ihrer Musik und ihren Liedern den musikalischen Rahmen der Feier zu gestalten. Der Schauspieler Michael Weber bewegte die Trauergemeinde durch die Rezitation einiger Verse aus der Ballade »Die Kinderschuhe von Lublin« von Johannes R. Becher.

Über die große Beteiligung der Medien war ich verwundert, es waren mehrere TV-Teams, Zeitungs- und Rundfunkreporter vor Ort, um über dieses Ereignis zu berichten.

Die Kapelle war mit Blumen und Kerzen sehr schön hergerichtet, die Urnen, mit Blumen geschmückt, standen auf einem Podest. Zum Gedenken an die zehn Ermordeten, deren sterbliche Überreste nun bestat-

Grabstein für zehn »Euthanasie«-Opfer auf dem Ohlsdorfer Friedhof

tet werden sollten, und um an die anderen Opfer zu erinnern, wurden bewegende Ansprachen gehalten. Sie brachten zum Ausdruck, was uns alle an diesem Tag berührte.

Auch ich hielt eine kurze Rede, die ich mit den Worten beendete: »In den letzten Monaten, während der intensiven Auseinandersetzung mit den Verbrechen an diesen wehrlosen behinderten Menschen, und insbesondere mit dem Leiden und dem Schicksal meiner Schwester Irma, stellen sich mir viele Fragen. Was für ein Mensch wäre Irma geworden, wenn sie hätte leben dürfen? Welche Fähigkeiten hätte sie entwickeln können, wäre sie gefördert und therapiert worden? Wie viel Lachen und Weinen, welches Maß an Wärme und Zuwendung, aber auch an Schwierigkeiten und Bemühen sind uns verloren gegangen? – Fragen, die ohne Antwort bleiben müssen!«

Nach der Trauerfeier in der Kapelle wurden die Urnen in einem gemeinsamen Grab beigesetzt.

Es war ungemein bewegend zu sehen, wie einige der Alsterdorfer Bewohner, die »Behinderte« genannt wurden, feierlich und fürsorglich, auch ein wenig stolz über ihre wichtige Aufgabe, die Urnen an das Grab trugen. Herr Pastor Baumbach sprach den Segen und nannte die zehn

Mordopfer noch einmal bei ihrem Namen, den Namen, die jetzt für alle Zeiten auf dem Grabstein zu lesen sind. Mir ist dieser Tag unvergesslich geblieben, ich habe vielen Menschen zu danken. Durch ihren unermüdlichen Einsatz, durch ihr Engagement konnte erreicht werden, dass wir es hier in Hamburg endlich geschafft hatten. Den lange »vergessenen Opfern« des deutschen Faschismus, die ich als ausgegrenzte Opfer bezeichne, ist eine Gedenkstätte errichtet worden, die an die Morde und an die Opfer der »Nazi-Euthanasie« erinnert. Seit 1996 wird jährlich am 8. Mai, dem Jahrestag der Befreiung von Krieg und Faschismus, dieser Menschen gedacht. Michael Wunder ist derjenige, der in der Evangelischen Stiftung Alsterdorf die Gedenkfeier organisiert, Dr. Michael Wunder und einigen seiner Freunde und Mitarbeiter ist es zu danken, dass sich immer mehr Menschen einfinden, denen es wichtig erscheint, bei den Gedenkfeiern und den Kranzniederlegungen dabei zu sein. Nach einem Gedenkgottesdienst wird am Grab der Euthanasie-Opfer an die Menschen erinnert, denen so Schreckliches geschehen ist. Und in jedem Jahr aufs Neue werden von Pastorin Hilke Osterwald die Namen der zehn Menschen aufgerufen, deren Gehirne hier bestattet worden sind. Zum Gedächtnis und stellvertretend für alle Opfer der Zwangssterilisation und der »Euthanasie«. Dieser Tag ist für die Angehörigen der Opfer, für die wenigen Überlebenden und alle, die dabei sind, zu einem wichtigen Ereignis im Jahresablauf geworden.

Unterstützung beim Kampf um eine Gedenkstätte

Die Beseitigung der Gehirnkammer in Wien blieb weiterhin unser gemeinsames Anliegen. Bis unsere Forderungen schließlich realisiert wurden, musste noch manche Hürde genommen werden. Möglicherweise hoffte man in Wien, wir würden uns nun mit dem bisher Erreichten zufrieden geben, doch nichts konnte uns davon abhalten, unser Ziel zu erreichen. Dabei bekamen wir die Unterstützung von Persönlichkeiten in Wien, die sich bereits intensiv für die Überführung der Urnen engagiert hatten. Durch die Berichterstattung, auch internationaler Medien, wurde die Geschichte um den Steinhof, heute Baumgartner Höhe, vielen Menschen bekannt.

Das Psychiatrische Krankenhaus Baumgartner Höhe liegt auf einem Hügel, am Rande Wiens, mitten im Grünen, in einer landschaftlich reizvollen Umgebung. Auf dem riesigen Areal befand sich damals eine Fürsorgeanstalt für »asoziale« Knaben. In Wahrheit ging es um Kinder, die ungeliebt und vernachlässigt, von Eltern und Erziehungsberechtigten abgeschoben, eingesperrt und sogar misshandelt worden waren. Von der benachbarten »Kinderfachabteilung« kamen die Ärzte und selektierten, töteten und missbrauchten die aussortierten Kinder für angeblich wissenschaftliche Forschungen.

Die Überlebenden der Fürsorgeanstalt hatten bisher nur wenig Gehör für ihre schrecklichen Erlebnisse gefunden. Als das Thema nun aktuell war, konnten sie endlich öffentlich das erzählen, was bis dahin niemand hatte hören wollen. Eines der als Kind misshandelten, gequälten Opfer ist der Wiener Alois Kaufmann, er hat sich häufig zu Wort gemeldet, um auf die Leiden der Kinder aufmerksam zu machen. Nach dem Ende der Hitlerdiktatur war ihr Elend nicht beendet, sie sind weiter ausgegrenzt worden, durch Verschweigen und Verleugnen ihrer furchtbaren Erlebnisse hat man diese Menschen wieder diskriminiert. In dem Interview der filmischen Dokumentation »Spiegelgrund« hat Alois sich so geäußert: »Es hat sich nichts geändert, außer dem Töten, was ja die Hauptsache war!« So ist es in Österreich und auch in der Bundesrepublik gewesen. Bis auf wenige Ausnahmen hat man das Personal in den Erziehungsanstalten und in den Psychiatrien nicht zur Verantwortung gezogen. Sie konnten in ihren Stellungen bleiben, es hat sich an den inhumanen Zuständen wenig geändert.

Alois Kaufmann und seine Frau Hermine haben, gemeinsam mit anderen, mit nie ermüdender Ausdauer und unglaublicher Tapferkeit viele Jahre um die Anerkennung als Opfer der Nazidiktatur in Österreich erfolgreich gekämpft. Alois hat in Schulen und bei anderen Veranstaltungen von den Misshandlungen und Demütigungen berichtet, die den Kindern in der Fürsorgeanstalt »Am Spiegelgrund« zugefügt wurden. Er hat darüber in seinem Buch »Totenwagen, Kindheit am Spiegelgrund« sehr anschaulich geschrieben, und auch in seinem Gedichtband »Wenn der Wind …« hat Alois Kaufmann seine Erlebnisse verarbeitet.

In einem seiner Gedichte hat Alois seinen Schmerz und den Zorn vieler Jahre zum Ausdruck gebracht:

Nur eine Sache.
Geboren warum, gelebt wieso, gestraft weshalb.
Das könnte ich dich fragen, Mutter. Doch du bist mir egal.
Denn du hast mich von Hölle zu Hölle geschickt.
Übersandt, gleich einem Paket an ein Naziheim.
Heil Hitler hast du geschrien bis dir fast die Adern platzten.
Ich habe geschrien bis mich der Schmerz stumm gemacht.

Ich habe überlebt eine Mörderklinik,
die Angst tausendmal durchlitten,
die Totenkarren mit Kindern gesehen.
Keine Träne Mutter werde ich weinen an deinem Grab.
Keine, verstehst du, wirklich keine!

Schließlich ist den mittlerweile alt gewordenen Überlebenden der Fürsorgeanstalt »Spiegelgrund« in der Anstalt »Am Steinhof« eine späte Anerkennung zuteil geworden. Man hat ihnen – sehr spät – eine kleine Rente zugestanden, ohne dass die Menschen, welche Zwangssterilisation und »Euthanasie« überlebt haben, darauf einen gesetzlichen Anspruch hätten.

In der Bundesrepublik Deutschland sind die Opfer der Zwangssterilisation und der Euthanasiemorde bis heute nicht als Verfolgte des Naziregimes anerkannt worden. Der Grund dafür ist für mich darin zu sehen, dass die meisten der Verantwortlichen nach 1945 ihre Karrieren fortsetzen konnten. Nach dem Ende des Krieges hat man zwar eine Entnazifizierung angestrebt, doch bis auf wenige Fälle ist es den NS-Tätern gelungen, sich der Verantwortung und der Bestrafung zu entziehen. Die Täter stellten sich gegenseitig »Persilscheine« aus, oder sie lebten mit gefälschten Papieren unter falschen Namen. Auch das war kurze Zeit danach nicht mehr notwendig, denn die meisten der gerichtlich belangten Täter wurden bald rehabilitiert.

Selbst zu hohen Haftstrafen verurteilte NS-Täter wurden nach wenigen Jahren amnestiert und kehrten oft an die Stätten ihrer Untaten zurück. Besonders die schwerbelasteten Ärzte und Juristen haben es verstanden, sich der Verantwortung für die Verbrechen zu entziehen. Über die Täter hat Ernst Klee in seinem Buch mit dem Titel »Was sie taten – Was sie wurden« ausführlich berichtet. Ich zitiere aus dem Vorwort des ausgezeichneten, mit Dokumenten belegten und hervorragend recherchierten Werkes:

»Unfassbares ist geschehen: Hunderttausende sind im Rahmen der ›Vernichtung lebensunwerten Lebens‹ ermordet worden. – Ein Massenmord, für den es in der Geschichte kein Beispiel gibt. Doch was wurde aus den Tätern? Und jenen, die beim Massenmord geholfen, ihn gefördert oder einfach zugesehen und nichts unternommen haben? Die Antwort ist erschreckend:

Ärzte, die in den Vergasungs-Anstalten eingesetzt waren, konnten weiter praktizieren – bis 1985. Professoren, die als Gutachter die Opfer selektierten oder ermordet hatten, bildeten nach wie vor den akademischen Nachwuchs aus. Juristen, die den Massenmord gedeckt hatten, blieben in hohen Ämtern; selbst eine Karriere am Bundesgerichtshof war möglich; der letzte Vorsitzende des Volksgerichtshofes lebte mit Wissen des Verfassungsschutzes unter falschem Namen – bis auch er Pension bezog. – Sie arbeiteten nach 1945 im Gesundheitsbereich, in staatlichen Betrieben, in der Wirtschaft, bei der Kirche. Viele bekleideten Regierungsämter.

Selbst in Polizeidienststellen, denen die Ermittlung von NS-Verbrechen oblag, fahndeten Mitarbeiter, die bei Massenerschießungen mitgemacht hatten.«

Weiter unten heißt es:

»Die Leiden der Opfer mussten unter diesen Umständen verdrängt, verschwiegen, geleugnet werden. Wer denkt schon daran, wie viel Menschen unter uns leben, deren Vater oder Mutter als lebensunwert ›desinfiziert‹ wurden, die als Kinder sterilisiert oder nur knapp einer Unfruchtbarmachung entkamen? Wie viel Hohn und Spott sie ertrugen? Wie tief sich der Makel eingeprägt hat? Um sie gab es keine Trauer, keine Wiedergutmachung, keine Rehabilitierung. Rehabilitiert wurden die Täter und ihre Helfer. Sie machten wieder Karriere, lebten gesellschaftlich anerkannt, wohldotiert, gut versorgt. Ein Blick in das Kapitel über den Geschäftsführer der Massenmord-Zentrale T4, der inzwischen als Justitiar bei der Deutschen Werft untergekommen war, zeigt die vielfältigen Querverbindungen: Prominente SS-Männer wie die kleinen Henkersknechte konnten sich sicher fühlen in diesem neuen Staat. Die Beziehungen reichten bis in die Ministerien hinein. Ein Stück Nachkriegsgeschichte, wie sie nicht in Geschichts- und Schulbüchern steht.«[4]

Ein weiteres schlimmes Kapitel in der Geschichte der Adenauer-Republik ist die Tatsache, dass Überlebende bei Prozessen um so genannte Wiedergutmachung vor den gleichen Richtern stehen mussten, die sie Jahre zuvor, als Richter eines Erbgesundheitsgerichtes, der Zwangssterilisation zugeführt hatten, dass Ärzte desgleichen als Gutachter über ihre damaligen Opfer eingesetzt worden sind. Die Opfer, durch die grausamen Leiden oft schwer traumatisiert, hatten keine Möglichkeit, sich dagegen zu wehren. Man hat sie weiterhin gedemütigt, ihnen ist weiteres Unrecht geschehen, was als zweite Verfolgung bezeichnet werden muss.

---

[4] Ernst Klee: Was sie taten – Was sie wurden: Ärzte, Juristen und andere Beteiligte am Kranken- oder Judenmord. 12. Aufl., Frankfurt a.M. 2004.

Um die Täter zu schützen, wurde gelogen, verschleiert und getäuscht, die Überlebenden der Zwangssterilisation und der Euthanasie, und die Angehörigen der Mordopfer wurden mit ihren schrecklichen Erlebnissen allein gelassen. Nur wenige Menschen wollten ihnen zuhören und dem, was sie zu erzählen hatten, Glauben schenken.

Die Medien hatten ausführlich über die Bestattung der sterblichen Überreste auf dem Ehrenfeld der Geschwister-Scholl-Stiftung berichtet, darunter auch die Tagesschau der ARD. Seitdem bekomme ich immer wieder Anfragen von Schulen und von Organisationen, die über die Geschichte der »Euthanasie« und der Zwangssterilisation informiert werden wollen.

Ich werde häufig gebeten, in Hamburg, aber auch in den angrenzenden Bundesländern, über ein dunkles, lange verschwiegenes Kapitel unserer Geschichte aus der Zeit der NS-Diktatur zu berichten. Zumeist sind es junge Leute, die neugierig und mit großem Interesse den Berichten unserer jüngeren Vergangenheit lauschen, die viele Fragen stellen und einfach wissen wollen, weshalb die meisten Deutschen bei den ungeheuerlichen, vielfachen Verbrechen, die im Namen des Volkes begangen wurden, zu- oder weggeschaut haben. Denn auch die Ausrede: »Wir haben ja nichts gewusst!« ist eine Legende.

Selbstverständlich wurden alle Verordnungen und Gesetze, die die Abschaffung der demokratischen Bürgerrechte betrafen, in den Nazi-Zeitungen und im Rundfunk veröffentlicht. Auch die Drohung, »wenn du nicht den Mund hältst, kommst du ins KZ«, war allgegenwärtig. Allerdings wurde mit dem Begriff KZ ein Arbeits- und Erziehungslager verbunden, was viele Menschen in Angst versetzte und sie einschüchterte. Die Existenz der Vernichtungslager in den besetzten Ostgebieten ist der Mehrheit in der Bevölkerung vielleicht nicht bekannt gewesen. Doch die Menschen, die in der Nähe der großen Konzentrationslager im Deutschen Reich lebten, müssen die Häftlinge gesehen haben, wenn sie zur Arbeit geführt wurden. Sie müssen die Rauchwolken und den Geruch wahrgenommen haben, wenn in den Krematorien die Toten verbrannt wurden.

Mit dem Leiter des »Dokumentations-Zentrums des Österreichischen Widerstandes«, Prof. Neugebauer, hatte ich in der Folge einen regen Briefwechsel. Wir forderten weiterhin, und auch immer dringlicher, mit der Auflösung der Gehirnkammer im Keller der Wiener Psychiatrie, mit der Bestattung der sterblichen Überreste, endlich den Opfern einen angemessenen und würdigen Ort des Gedenkens zu schaffen.

In einem der Briefe beklagte ich zum wiederholten Mal, dass es für Irma kein Grab gäbe, dass es nach zwanzig Jahren aufgelassen sei. Ich schrieb von meiner Enttäuschung und meinem Unverständnis, dass man in Wien ein Massengrab für Opfer der Nazidiktatur einfach aufgelassen hatte.

Herr Neugebauer antwortete darauf (Auszug aus einem Schreiben vom 8. November 2000):»Bislang konnte ich Folgendes herausfinden: In dem ›Leicheneingangsbuch‹ (auch ›Leichenprotokollbuch‹) der derzeitigen Kinderklinik ›Am Spiegelgrund‹ 1940–1945 ist bei Ihrer Schwester Irma Sperling geb. 20.1.1930, Todesdatum 8. Jänner 1944, in der Rubrik Friedhof, Zentralfriedhof eingetragen. Eine Nachfrage bei der Friedhofsverwaltung der Stadt Wien (MA 43) hat ergeben, dass der Leichnam Ihrer Schwester (nach Entnahme des Gehirns) am Wiener Zentralfriedhof in einer Schachtanlage (Massengrab) in der Gruppe 40 Reihe 24, Grabnummer 77, 4. Lage, bestattet worden ist. In dieser Gruppe 40 wurden auch andere Opfer des Nationalsozialismus, insbesondere Hingerichtete aus dem Wiener Landgericht, beigesetzt. – Ich bin mir bewusst, dass diese Informationen für Sie als Betroffene schmerzliche Erinnerungen hervorrufen, doch wir stimmen wohl darin überein, dass es notwendig ist, die Wahrheit über alle diese verbrecherischen Vorgänge zu Tage zu befördern.

Mit freundlichen Grüßen Prof. Dr. Wolfgang Neugebauer«

Die Aussage von Prof. Gabriel, Direktor der Psychiatrischen Anstalt in Wien, vom März 1984 war also falsch! Ich war unglaublich zornig und enttäuscht, entweder hatte Herr Gabriel sich überhaupt nicht um eine Auskunft der Friedhofsverwaltung bemüht, oder er hatte mir schlichtweg die Unwahrheit geschrieben.

Was auch immer der Grund dafür gewesen sein mag, es waren sechzehn Jahre vergangen, seitdem ich nach Irmas Grabstätte gefragt hatte. Mittlerweile war ich einige Mal in Wien gewesen, um vor Ort unseren Forderungen Nachdruck zu verleihen. Herr Gabriel hatte mir sechzehn Jahre lang die Möglichkeit genommen, das Grab meiner Schwester Irma zu besuchen, um eine Blume auf das Grab zu legen. Die Gründe dafür konnte ich über eine lange Zeit nicht verstehen und auch nicht verzeihen.

Sechs lange Jahre haben wir, hier in Hamburg und die mit uns gemeinsam engagierten Menschen in Wien, uns in Geduld fassen müssen, bis im Jahr 2002 die unsägliche Gehirnkammer aufgelöst wurde.

Bis dahin gingen noch manche Briefe zwischen Hamburg und Wien hin und her.

Meine Tochter gab mir den Rat, mich an die Grünen im Wiener Parlament zu wenden, die uns politisch unterstützen könnten, und vermittelte mir eine Kontaktadresse. Also schrieb ich im April 1997 an den »Grünen Club«, an die Fraktion der Grünen in Wien, in dem Brief erbat ich ihre politische Unterstützung, die sie mir sogleich zusicherten.

Schon am 5. Juni 1997 wurde das Thema der Auflösung der Gehirnkammer in der Psychiatrie Baumgartner Höhe und der Umgang mit den sterblichen Überresten von Opfern der »Euthanasie« in einer Debatte im Wiener Parlament behandelt. In der Folge wurden von Karl Öllinger und Freunden, von Abgeordneten und Mitgliedern der Fraktion des »Grünen Club« im Parlament mehrere Anfragen eingebracht, die für unsere Forderungen wichtig und hilfreich gewesen sind.

Im Herbst 2000 erreichte mich ein Anruf aus Wien, eine männliche Stimme, den Namen des Anrufers hatte ich nicht verstanden, sagte: «Wir haben bei der Begehung der Institute von Ihrer Schwester noch eine Gehirnscheibe gefunden, die in Paraffin gegossen ist. Was soll damit geschehen, soll sie zu Ihnen nach Hamburg geschickt werden?«

Ich war zunächst einen Moment geschockt, konnte mich wieder fassen und auf diese unsensible Frage eine ebensolche Antwort geben: «Wissen Sie, was Sie da gesagt haben? Wie soll ich es mir vorstellen, soll ich etwa hier in Hamburg das Grab und die Urne öffnen, um den letzten Rest meiner Schwester zu bestatten? Oder meinen Sie, ich stelle sie mir zur Erinnerung auf mein Buffet? Es ist doch selbstverständlich, dass es auf der Gedenkstätte in Wien dafür einen Platz gibt!«

Seit Jahren waren der Historiker, Prof. Wolfgang Neugebauer (Dokumentationszentrum des Österreichischen Widerstandes), die Redakteurin Dr. Marianne Enigl (Profil) und Dr. Peter Malina (Direktor am Institut für Zeitgeschichte), mit der Geschichte der Anstalt »Am Steinhof« befasst. Sie hatten darüber geforscht und Berichte geschrieben, hatten Kontakt zu überlebenden Opfern der Nazibarbarei gesucht und sich für die Anerkennung als Opfer des Faschismus eingesetzt.

Nachdem die Geschichte nicht nur in den deutschsprachigen Medien diskutiert worden war, mussten die zuständigen Behörden in Wien endlich zu einer positiven Entscheidung kommen. Nun wurde geplant, eine Gedenkstätte zu schaffen, die dem Gedenken an die Mordopfer der Nazibarbarei angemessen war. Die sterblichen Überreste der Opfer sollten endlich bestattet werden und ihre Angehörigen die Gelegenheit haben, an dieser Stätte einen Ort des Gedenkens zu finden.

Fast sechzig Jahre waren vergangen, seitdem Ärzte diese Menschen grausam getötet hatten, seit ihre Körper in Massengräbern verscharrt worden waren. Nun sollten die letzten Überreste dieser geschändeten Opfer endlich eine Ruhestätte finden.

Wien: Einweihung der Gedenkstätte für »Euthanasie«-Opfer am 28.4.2002

Die Planungen für die Urnenbestattung und die Gedenkfeier nahmen Gestalt an und gingen schnell voran. Frau Dr. Mosser, Mitarbeiterin im Magistrat für Gesundheits-und Spitalswesen, hatte mit viel Engagement und Herz die Gestaltung der Feier in der Kapelle des Zentralfriedhofs in Wien übernommen.

Drei Tage vor der öffentlichen Einweihung der Gedenkstätte für die Opfer der »Euthanasie«, am 25. April 2002, wurde die Urne mit Irmas letzten sterblichen Überresten dort bestattet. Die bewegende Feier, die allen lange Vergessenen gewidmet war, fand in Anwesenheit vieler Angehöriger und Überlebender der Nazibarbarei neben dem Gedenkstein statt. Der Generalvikar von Wien, Dr. Helmut Schüller, leitete die Trauerfeier, begleitet von zwei Pastorinnen und einem Rabbiner. Meine Tochter konnte an diesem Tag nicht bei uns sein, darum verlas Herr Dr. Schüller einen Text, in dem sie ihre Gedanken zu diesem Ereignis zum Ausdruck brachte (siehe den Kasten auf der folgenden Doppelseite).

Aus Wien erreichte mich die Einladung zur Teilnahme an der Einweihung zur Gedenkfeier, und Ende April 2002 reisten wir, Michael Wunder, Wilhelm Roggenthin und ich nach Wien. Meine Tochter kam aus Tirol angereist, und am 28. April ist die neugestaltete Gedenkstätte feierlich eingeweiht worden.

Elisabeth Lierschof zur Bestattung von Irma Sperling am 25. April 2002

Irma wird heute begraben, zum dritten Mal nun.
Das erste Mal vor 60 Jahren, hastig verscharrt, irgendwo hier in Wien. Ein Teil ihres Körpers wurde vor sechs Jahren in Hamburg gemeinsam mit denen von Leidensgefährtinnen bestattet. Heute nun wird ein winziger Rest von ihr in Wien begraben, in Gedenken an sie und 600 weitere Kinder, Jugendliche und Erwachsene, deren Urnen kürzlich bestattet wurden.
Irma hätte eigentlich meine Tante werden sollen. Ich hätte sie besuchen, mit ihr spazieren gehen, ihr beim Einkaufen helfen können, wir hätten zusammen gelacht, und sie hätte alle Familienfeste mit uns erlebt. Vielleicht wäre sie auch eine Tante gewesen, die ich nicht gemocht hätte, oder die uns viele Sorgen bereitet hätte.
Dazu kam es aber nicht, sie wurde getötet.
Irma starb nicht einmal 14jährig an Unterernährung, Verwahrlosung, Medikamentenvergiftung und Unterkühlung, gequält und verängstigt inmitten anderer Kinder in der psychiatrischen Anstalt »Spiegelgrund« hier in Wien.
So viele Menschen, so viele verschiedene Gründe, wie sie in diese Lage kamen. Manche von ihnen waren durch Geburt oder Krankheit auf die Hilfe anderer Menschen angewiesen, andere wieder hatten das Pech, Eltern zu haben, die im Leben nicht gut zurechtkamen. Einige waren verwirrt durch Bombennächte oder andere schreckliche Erlebnisse in der schlimmen Zeit.
Die Geschichte von Irma begleitet mich seit meiner Kindheit. Anfangs wurde nur in bestimmten Kreisen meiner Familie darüber gesprochen, heute steht die Geschichte ihres Lebens in ihrer ganzen Brutalität vor uns, belegt durch Dokumente und Zeugenaussagen.
Irma wurde 1930 in Hamburg geboren. Sie war das siebte Kind ihrer bereits schwerkranken Mutter. Irma war ein freundliches und fröhliches Kind, in der normalen Entwicklung etwas zurückgeblieben, sodass sie mehr Pflege und Aufmerksamkeit brauchte als ihre Geschwister. Als das zehnte Kind unterwegs war, mussten die Eltern sie in die Obhut der »Alsterdorfer Anstalten« geben. Später wurde sie nach Wien verschleppt, um sie, wie so viele andere, am »Spiegelgrund« zu töten. Dies geschah, wie wir jetzt wissen, durch Aushungern, durch medizinische Versuche, man setzte sie absichtlich der Winterkälte aus, damit sie Lungenentzündung bekommen sollten, spritzte ihnen Schlafmittel oder Gift.
60 Jahre lang wurden die sterblichen Überreste der 600 Opfer, die jetzt noch bestattet werden konnten, als Gehirnpräparate in einer staubigen Rumpelkammer aufbewahrt, es wurden sogar weiterhin durch die ehemaligen Täter Forschungen damit betrieben!

Alles wurde getan, um ihr Leben und Sterben aus dem Andenken der Menschen zu löschen und ihnen einen würdigen Abschied zu verweigern.

Heute endlich, nach vielen Kämpfen und Schwierigkeiten, erfahren sie ein spätes Gedenken und die Ehrung als Opfer eines grausamen Regimes. Die wenigen Menschen, die diesen Horror überlebt haben, werden Tag für Tag an die Angst und den Schrecken erinnert, erst seit kurzem gibt es Menschen, denen sie erzählen können, was damals geschah. Die Angehörigen der Getöteten sehen immer wieder ihr Kind, ihren Bruder, ihre Schwester vor sich, hilf- und schutzlos ihren Peinigern ausgeliefert.

Es gibt keinen Trost und kein Verstehen dafür, dass Menschen ihren Mitmenschen so etwas antun können. Die Vorstellung, dass die Täter von damals, die zuweilen eine enorme Phantasie und Kreativität entwickelt haben, um Qual und Leiden ihrer Opfer noch zu erhöhen, dass diese Täter unsere eigenen Großeltern, Onkel oder Tanten waren oder zumindest gewesen sein könnten, von uns geliebt und respektiert, ist so ungeheuerlich, dass 60 Jahre Verdrängung nur logisch und folgerichtig erscheinen mögen.

Neben den eindeutigen Tätern wussten oder ahnten viele, was mit den Insassen psychiatrischer Anstalten geschah. Damals waren die meisten Menschen beschäftigt mit dem Kampf um die tägliche Existenz. Zudem musste man befürchten, eingesperrt zu werden, wenn er Kritik äußerte.

Was aber ist mit uns heute?

In Zukunft werden Menschen Kinder aus dem Katalog bestellen wollen. Der Drang nach normierter Schönheit, Gesundheit, Intelligenz wird dazu führen, dass eine Familie mit einem Kind wie Irma als asozial betrachtet wird. Auch heute gibt es »Unwertes Leben«, Leben, das anscheinend nichts wert ist. Millionen von Kindern in der Welt werden als billige Arbeitssklaven, Sexualobjekte oder Kindersoldaten missbraucht. Straßenkinder werden ermordet, vorher werden ihnen manchmal noch Organe entnommen. Kinder hungern und frieren, erkranken an Seuchen, können nicht zur Schule gehen.

Wenn wir heute die Opfer von damals beklagen, bitte vergessen wir nicht jene, die genau so hilf-, schutz- und trostlos sind wie die Kinder vom »Spiegelgrund«!

Jeder von uns ist verantwortlich für die Fragen der Gegenwart und Zukunft, für das, was um uns herum und in der Welt geschieht!

Wenn wir moralische Verantwortung selbst übernehmen und sie nicht nur Staat, Kirche, Wirtschaft oder Forschung überlassen, waren Leiden und Sterben von Irma und den anderen nicht völlig umsonst.

Im Wiener Zentralfriedhof, in der großen Kapelle, hatten sich der Bundespräsident, der Wiener Bürgermeister und andere Persönlichkeiten der Stadt eingefunden. Am Eingang zur Kapelle standen Schulkinder Spalier und hielten Fotos getöteter Kinder in den Händen. Auf dem Vorplatz waren viele Wiener, man sprach von dreitausend Menschen, die ihrer Teilnahme Ausdruck gaben. Nach den Ansprachen ging es zur Einweihung der neuen Gedenkstätte für »Die Opfer der Euthanasie«. Irgendwo auf diesem Areal ist meine Schwester Irma 1944 in einem Massengrab verscharrt worden. Die große Anteilnahme der Wiener Bevölkerung hat mich besonders berührt und gefreut.

Mir war eines besonders wichtig gewesen: Die Namen der lange vergessenen, wehrlosen Menschen sollten endlich wieder sichtbar sein und so ihre Identität wiederhergestellt werden.

Auf acht großen Grabtafeln waren nun hunderte Namen zu lesen, die Namen von Menschen, denen unsagbares Leid zugefügt worden war. Das Gedenken an sie soll in unseren Köpfen und in unseren Herzen bewahrt bleiben.

Der Sozialpsychologe Harald Welzer schrieb:

»Das Vergessen der Vernichtung ist Teil der Vernichtung selbst.«

Das trifft insbesondere auf die Opfer der »Euthanasie« und andere der so genannten Vergessenen Opfer zu. Diesen Opfergruppen sind auch die Roma und Sinti zuzurechnen. Überlebende und Angehörige streiten mit den zuständigen Behörden bis in die Gegenwart um Anerkennung ihrer Ansprüche und um »Wiedergutmachung«.

Die Gedenkstätte in Wien wird für alle Zeiten an ein unsägliches, grausames Verbrechen der NS-Regierung und ihrer Helfershelfer erinnern.

Viel Zeit ist vergangen, die Gewissheit, die Wahrheit über Irmas Schicksal, über das, was sie erleiden musste, ist oft schwer zu ertragen gewesen. Doch auch die Bekanntschaft zu wunderbaren Menschen kam in diesen Jahren zustande. Einige von ihnen sind Freunde geworden, die mein Leben bereichern, an die ich mit Dankbarkeit und Zuneigung denke. Ihre Hilfe und ihre Anregung haben mich bestärkt und ermutigt, nicht aufzugeben, wenn es wieder einmal nicht weitergehen wollte, mit dem Bestreben, unser Ziel zu erreichen. Am Ende waren viele großartige Menschen daran beteiligt, einen wichtigen Teil der so furchtbaren und fast vergessenen Geschichte der »Euthanasie«-Morde in das Gedächtnis der Gegenwart zu bringen.

Die folgende im Auszug wiedergegebene Aussage einer angeklagten Pflegerin soll noch einmal deutlich machen, wie in den Anstalten vorgegangen wurde:

Die Autorin als Zeitzeugin (2001)

»Es geschah, dass Kinder, denen am Morgen zwei bis drei Tabletten Luminal verabreicht worden waren, am anderen Tag immer noch lebten. Es hat mir leid getan, wenn sie nicht schnell sterben konnten. Auf meiner Station befanden sich Säuglinge und Kinder bis zu acht Jahren. Die Größeren ab zwei Jahren etwa bekamen die Tabletten in Milch aufgelöst oder zerkleinert im Essen. Meist Luminal, aushilfsweise wurde auch zu Veronal gegriffen. Wenn die verabreichte Menge keinen Erfolg hatte, wurden entweder, falls noch ein Schluckreflex vorhanden war, erneut Tabletten gegeben; sonst eine kleine Spritze Morphium: Scopolamin. Säuglinge und Kleinkinder bis zu zwei Jahren bekamen gleich ihre Spritze. Wie gesagt, ich hab's nicht gern gemacht, das mit den Kindern. Und immer nur auf Anweisung. Was hätten wir denn sonst tun können?«

Bis zur Befreiung waren von 228 Frauen und Mädchen, die am 16. August 1943 nach Wien deportiert worden waren, 196 verstorben, ermordet. Nachweislich haben nur 18 Menschen aus den Alsterdorfer Anstalten die Wiener Psychiatrie überlebt.

Die Anzahl der »Euthanasie«-Opfer wird von der Forschung mit 300.000 angegeben, die Zahl der Zwangssterilisierten mit 500.000. Es waren Menschen, die nicht den Vorstellungen der Nazis entsprachen, geistig oder körperlich behindert waren, an unheilbaren Krankheiten oder an Altersdemenz litten. Sogar schwerstverwundete Soldaten befanden sich unter den Opfern.

Nach der Befreiung von Krieg und Faschismus wurden nur wenige der Täter zur Verantwortung gezogen. Die meisten konnten unbehelligt ihre Karrieren fortsetzen und gelangten zum Teil in hohe Positionen. Ein Beispiel von vielen: Prof. Severing, Mitglied der NSDAP und der SS, wurde nach der Befreiung zum Präsidenten der Bundesärztekammer ernannt. Als man ihn zum Präsidenten der »World Medical Association« wählte, wurde er von seiner Vergangenheit eingeholt. Nach der Enthüllung seiner Nazivergangenheit wurde er 1993 auf Druck der Bundesärztekammer zum Rücktritt gezwungen.

Die von Zwangssterilisation und »Euthanasie« Betroffenen sind bis heute nicht als Opfer des NS-Regimes anerkannt.

Zum Abschluss noch dieses

Heute leben noch fünf von uns »Sperlingsschwestern«. Gesa ist kurz vor ihrem 90. Geburtstag verstorben. Nun sind wir, Dorle mit ihren 88 Jahren, Gertrud (unsere Engländerin) mit 86, Käte mit 84, Luise, die bald 78 wird, und ich, wir sind die Vertreter einer Generation, die Faschismus und Krieg erlebt und überlebt hat.

Inzwischen wächst die vierte Generation heran, denn vier der Schwestern sind mittlerweile schon Ur-Großmütter geworden. Wenn heute alle direkten Nachkommen meiner Eltern zusammenkommen würden, es wären mehr als hundert Personen. Eine Familie, die man als »multikulturell« bezeichnen kann, weil einige der jungen Frauen unserer Familie sich Partner aus verschiedenen Ländern Europas ausgesucht und sie geheiratet haben. Andere Familienmitglieder der jüngeren Generation leben in den USA, in Thailand und in Kenia.

In Kürze werde ich 83 Jahre alt. Es ist an der Zeit, sich zu fragen: Was habe ich in meinem Leben bewirkt? Was ist mir gelungen, welche Fehler habe ich begangen, wen habe ich gekränkt, wo konnte ich helfen und wann habe ich versagt? Es ist mir wichtig, mir diese Fragen zu stellen und mich damit auseinanderzusetzen, welche Spuren ich einmal hinterlassen werde. Damit komme ich noch einmal zurück zu den Themen, die mich in den letzten Jahren bewegten: das Erinnern und das Vergessen.

In meiner Ansprache am 8. Mai 2001 auf dem Ehrenfeld der Geschwister-Scholl-Stiftung zum Gedenken an die Opfer der »Euthanasie« habe ich gesagt:

»Das Vergessen ist die Verweigerung von Erinnerung! Sich zu erinnern kann sehr schmerzlich sein, aber auch befreiend wirken. Erinnerung muss erarbeitet werden, das heißt, sich der Vergangenheit zu stellen und Verantwortung zu übernehmen!«
Ich denke, das gilt auch für das, was ich hier beschrieben habe.

Bei der Arbeit an dieser Geschichte einer Familie in den Zeiten des deutschen Faschismus und den Nachkriegsjahren ist mir deutlich geworden, wie wichtig es ist, sich mit der eigenen Geschichte zu befassen. Manchmal war es schwierig und schmerzlich, sich zu erinnern, es zuzulassen, dass die Bilder der Vergangenheit wieder lebendig werden.

Doch es sind manche gute, auch witzige und schöne Bilder wieder aufgetaucht und letztlich auch die Erinnerung an Menschen, die schon fast vergessen gewesen sind. Es ist wohl wahr, Erinnerung kann befreiend sein!

Für mich trifft das besonders auf die Geschichte meiner kleinen Schwester Irma zu, die ich immer noch als Vierjährige vor mir sehe, so wie ich sie einst gekannt habe. Dieses Kind war so lange aus dem Familiengedächtnis verschwunden, was eine schreckliche Tatsache ist. Irma ist mir, durch das Schreiben und das Beschreiben, durch das Erforschen ihres Lebens, ihres Leidens und ihres Sterbens, wieder ganz nahe gekommen.

Ihr Schicksal, und das ihrer Leidensgefährtinnen, werden nie mehr vergessen sein!

Der Stolperstein für Irma Sperling in der ehemaligen Rönnhaidstraße (heute Adolph-Schönfelder-Straße), wo Irma während der ersten vier Jahre ihres kurzen Lebens wohnte

Chronik der Sperlingskinder

1. Gesa, geb. 10. November 1919, gest. 4. August 2009
2. Ursula, geb. 18. November 1920, gest. 27. Januar 1986
3. Annedore (Dorle), geb. 17. Juni 1922
4. Gertrud, geb. 15. September 1924
5. Käte, geb. 21. Oktober 1926
6. Antje, geb. 6. November 1928
7. Irma, geb. 20. Januar 1930, am 21. Dezember 1933 Transport in die Alsterdorfer Anstalten und am 16. August 1943 nach Wien, getötet dort am 8. Januar 1944
8. Bruno, geb. 22. Juni 1931, gest. im Februar 1963 bei einem tödlichen Verkehrsunfall
9. Luise, geb. 13. November 1932
10. Erika, geb. 25. April 1934, gest. 1995 in den USA
11. Christel, geb. im Juni 1936, plötzlicher Kindstod Mitte Februar 1937
12. Ein Junge 1937, eine Frühgeburt kurz nach Christels Tod. Das Kind lebte nur wenige Stunden. Der Vater fährt mit dem kleinen Sarg auf dem Fahrrad fort.
13. Eine Fehlgeburt 1940 in Antjes Gegenwart

Zwei weitere Fehlgeburten jeweils im 3. Monat 1923 und 1930

Über Geburts- und Sterbedaten der beiden jüngsten Kinder existieren keine Dokumente.

Die Mutter, Anna Katharina Helene Sperling, geborene Pappermann, geb. am 13. August 1897, starb 44-jährig am 24. April 1942.

Der Vater, Bruno Hans Julius Sperling, geb. am 17. Juli 1895, starb am 27. März 1984.
Am 27. Februar 1943 heiratete er seine zweite Frau, Anna Bremer.
Sie starb am 6. Juni 1976.

Literaturhinweise

Die anderen: Widerstand und Verfolgung in Harburg und Wilhelmsburg. Zeugnisse und Berichte 1933-1945. Hrsg. von der VVN-BdA Harburg. Neu bearbeitet von Christian Gotthardt und Hans-Joachim Meyer. Hamburg-Harburg: Vereinigung der Verfolgten des Naziregimes, Bund der Antifaschistinnen und Antifaschisten, Kreisvereinigung Harburg, 2005

Hochmuth, Ursel: Niemand und nichts wird vergessen. Biogramme und Briefe Hamburger Widerstandskämpfer 1933-1945. Eine Ehrenhain-Dokumentation in Text und Bild. Hamburg: VSA, 2005

Kaufmann, Alois/Mechthild Podzeit-Lütjen: Totenwagen. Kindheit am Spiegelgrund. Wien: Mandelbaum, 2007

Klee, Ernst: Auschwitz, die NS-Medizin und ihre Opfer. Überarbeitete Neuausgabe. Frankfurt am Main: Fischer Taschenbuch-Verlag, 2. Aufl., 2002

Klee, Ernst: Deutsche Medizin im Dritten Reich. Karrieren vor und nach 1945. Frankfurt a.M.: Fischer, 2001

Klee, Ernst: »Euthanasie« im Dritten Reich: die »Vernichtung lebensunwerten Lebens«. Vollständig überarb. Neuausgabe. Frankfurt a.M.: Fischer Taschenbuch-Verlag, 2010

Klee, Ernst: Was sie taten – was sie wurden : Ärzte, Juristen und andere Beteiligte am Kranken- oder Judenmord. Frankfurt am Main: Fischer Taschenbuch-Verlag, 1987

Lebensunwert – zerstörte Leben: Zwangssterilisation und »Euthanasie«. Eine Publikation des Bundes der »Euthanasie«-Geschädigten und Zwangssterilisierten e.V. Detmold. Hrsg. von Margret Hamm. Mitarbeit durch Walburga Borget und Sabine Hennig-Blome. Frankfurt a.M.: VAS, Verlag für Akademische Schriften, 2005

Lehmann, Oliver/Traudl Schmidt: In den Fängen des Dr. Gross. Das misshandelte Leben des Friedrich Zawrel. Wien: Czernin-Verlag, 2001

Schwarberg, Günther: Der SS-Arzt und die Kinder vom Bullenhuser Damm. Göttingen: Steidl, 2006

Spurensuche Irma: Berichte und Dokumente zur Geschichte der »Euthanasie-Morde« an Pfleglingen aus den Alsterdorfer Anstalten. Vereinigung der Verfolgten des Naziregimes (VVN) – Bund der Antifaschistinnen und Antifaschisten Landesverband Hamburg. Bearbeitet von Antje Kosemund. Hamburg, 2011

Suhling, Lucie: Der unbekannte Widerstand. Erinnerungen. Frankfurt a.M.: Röderberg-Verlag, 1980

Wunder, Michael/Ingrid Genkel/Harald Jenner: Auf dieser schiefen Ebene gibt es kein Halten mehr: die Alsterdorfer Anstalten im Nationalsozialismus. Hrsg. vom Vorstand der Alsterdorfer Anstalten, Rudi Mondry. Hamburg: Agentur des Rauhen Hauses, 2. Aufl., 1988

VSA: Faschismus-Forschung

Ursel Hochmuth
Niemand und nichts wird vergessen
Biogramme und Briefe Hamburger Widerstandskämpfer 1933-1945.
Eine Ehrenhain-Dokumentation in Text und Bild. Hrsg. von der VVN – Bund der Antifaschisten e.V. Hamburg
256 Seiten; zahlr. Fotos; € 17.80
ISBN 978-3-89965-121-8
Mit diesem Buch wird an eine Hamburger Gedenkstätte erinnert, die für den antifaschistischen Widerstand gegen NS-Herrschaft und Krieg, für Frieden und Freiheit von besonderer Bedeutung ist.

Prospekte anfordern!

VSA-Verlag
St. Georgs Kirchhof 6
20099 Hamburg
Tel. 040/28 09 52 77-10
Fax 040/28 09 52 77-50
Mail: info@vsa-verlag.de

Gine Elsner
Schattenseiten einer Arztkarriere
Ernst Wilhelm Baader (1892-1962): Gewerbehygieniker & Gerichtsmediziner
160 Seiten; € 12.80
ISBN 978-3-89965-466-0
Anhand des Lebenslaufs von Ernst Wilhelm Baader deckt Gine Elsner auf, wie zögerlich sich auch die Arbeitsmedizin den unbequemen Seiten ihrer Vergangenheit in der NS-Zeit öffnet.

Florian Osuch
»Blüten« aus dem KZ
Die Falschgeldaktion »Operation Bernhard« im Konzentrationslager Sachsenhausen
Karl-Richter-Edition I Band 3
Mit einem Vorwort von Anne König
144 Seiten; € 12.80   sFr 23.00
ISBN 978-3-89965-389-2

www.vsa-verlag.de

VSA: ZeitzeugInnen berichten

Fanny Englard
Vom Waisenhaus zum Jungfernhof
Deportiert von Hamburg nach Riga:
Bericht einer Überlebenden
Herausgegeben von Gine Elsner
96 Seiten; Hardcover, Halbleinen; Fotos;
€ 12.80
ISBN 978-3-89965-388-5
Die bewegende Geschichte der Deportation eines jüdischen Mädchens nach Riga und seines unwahrscheinlichen Überlebens.

Karin Guth
Z 3105
Der Sinto Walter Winter
überlebt den Holocaust
228 Seiten; mit Fotos und Karten;
€ 18.80
ISBN 978-3-89965-337-3
Karin Guth schildert die Lebens- und Leidensgeschichte des Sinto Walter Winter, der die Konzentrationslager Auschwitz, Ravensbrück und Sachsenhausen überlebt hat.

Bernd Steger/Peter Wald
Hinter der grünen Pappe
Orli Wald im Schatten von Auschwitz –
Leben und Erinnerungen
256 Seiten (mit Fotos); € 16.80
ISBN 978-3-89965-322-9
Eine tragische Lebensgeschichte aus dem »Jahrhundert der Extreme«.

Prospekte anfordern!

VSA-Verlag
St. Georgs Kirchhof 6
20099 Hamburg
Tel. 040/28 09 52 77-10
Fax 040/28 09 52 77-50
Mail: info@vsa-verlag.de

www.vsa-verlag.de